U0903247

百年甘南实录

2

中国人民政治协商会议甘南藏族自治州委员会 编

民族出版社

《百年甘南实录》编委会

第一届（2016年2月 — 2017年5月）

名誉主任：俞成辉　赵凌云

主　　任：杨继军

副 主 任：车建军　赛仓·洛桑华丹　丁目迪　王春华　王亚男
赵宏才　丁科仓　才　尕　杨晓南　李维平

编　　委：安旭林　董振国　杨振林　陈克仁　夏家立　牛述林
冉毅峰　周恒亮　楞本塔　尕藏南杰　王永祯　宝　珠
梁吉效　朱凤翔　徐　进　范卫平

编辑部主任、主编：陈克仁

编辑部组成人员

主　　编：陈克仁

特聘专家：洲　塔　尕藏才旦　杨士宏　索　代

特邀编辑：张来成　吴建国　祁殿臣

编　　辑：冉毅峰　马廷义　王　力　虎玉生　马胜杰　敏建新

史料编校：冉毅峰　敏建新　陈　晖　拉毛草　马胜杰（部分参与）
王　莉（部分参与）

参与征文：旺　杰　虎玉生　杜　娟　包文文

编　　务：陈　晖　拉毛草　才让卓玛　王晓薇

书名藏文翻译：尕藏东知

封面藏文题签：桑吉扎西

扉页图片摄影：后　俊

目录

甘南见闻

甘南回忆

甘南钩沉

甘南见闻

洮西区域调查简报

张其昀[①]

一、区域概说

本篇所述包有甘省九县青省二县共十一县之地。其范围则东有鸟鼠山，西有西倾山，北为积石，南为叠山，叠山在岷山之北，乃洮桓二水之界岭，亦江河二大流域之分水岭也。白水江上流所谓叠部之地，虽属临潭岷县，风土近于陇南，当别述之。是区本为西羌旧地，汉唐以来，设官移民，屡经开拓，明代以后，回民迁入甚多，致成今日汉回藏三族杂居之形势。而夏河有拉卜楞寺，可称为西北藏族之重心，临夏为西军故里，可称为西北回族之重心，故言开发西北，是区实居重要地位。

二、历史上之回顾

洮西原为藏族所居，古时称为羌人或西戎，至番人之名，似起于元代以后。秦始皇筑长城，西起临洮，今临洮县境内尚存残

① 张其昀（1900—1985），浙江鄞县人，地理和历史学者。毕业于国立中央大学（现南京大学）史地部，曾在上海商务印书馆、国立中央大学、浙江大学工作，1934年到拉卜楞调查。

址，当日防御西羌盖甚重视。西汉赵充国屯田政策，欲不战而胜羌，是为汉人移民之始，枹罕为一汉县，即今河州之起源。三国以后，为吐谷浑所据。唐代再度移民，名将李晟李愬。以陇西世家寓居临潭，其最著者。史称吐蕃俟积石军（即今临夏积石关）麦熟，岁来取，莫能禁，天宝间哥舒翰破之。惜天宝乱后边防空虚。吐蕃强大，致有清水之盟（清水县在今天水之东北），洮西陇南悉陷于羌。至宋神宗时，王安石当国，命王韶收复熙（临洮）河（临夏）洮（临潭）岷（岷县）叠（即上述之叠部）宕（今岷县之宕昌镇）六州。王韶言西人所嗜惟茶，当以马至边贸易，于是始置茶马司。南宋时，熙河二州没于金。明初徐达统率诸将，冯胜克临洮，邓瑀克河州，沐英克洮州，李景隆克岷州，所谓“大明久已混花夷”，当日设施确有可称。一曰筑城置堡，如洮州有新旧二城，旧城远起吐谷浑，新城乃沐英所筑。二曰移民屯垦，是谓屯丁，尤以凤阳人为多。三曰茶马互市，河州洮州岷州均设茶马司，以牧易农。四曰封建世守，许其世袭，又封国师禅师，许其神道设教，藉以约束番人，如卓尼杨土司兼慑护国禅师，起于明永乐年间，至今传二十一世。明初洮西多旷土，又募回民开垦，与汉民杂居，更有自哈密迁来者，即今循化撒拉尔回之起源。万历以后，渐有回乱，河州一地竟成清代甘肃省之乱源，此则明代之失计也。清康熙末年，废茶马之制，除不法土司。雍正四年实行起科，番族俱纳粮当差，与汉民无异。但亦有例外者，如卓尼名属洮州，而免纳粮赋，拉卜楞名属循化，而几同化外。拉卜楞系番语，正译应曰拉章，乃办事处之义，意为嘉木样活佛之办事处，其寺院番语曰扎西溪，坝子名也。嘉木样（系人名番名正译应曰嘉样协巴）第一世为拉卜楞开山祖，故里在甘家滩（与拉卜楞同属今夏河县），居拉萨四十年，中兴佛教，称宗喀巴后一人，康熙四十七年东返建寺。于荒鄙之地大起梵刹，宗风丕振，贤哲辈生，蔚为宗教中心，实为近代藏族之一大事，嘉样协巴亦可为近代甘肃之伟人。今拉卜楞虽设夏河县，但县政府之力不能直达本邑之藏民，而嘉木样（现为第五世）之力反能远达于夏河以外之藏民，拉萨以外，实以此为重镇。

三、汉回藏三族杂居之现状

是区民族杂居之情形，可举数县为代表，如甘肃临夏县人口约九万人，内汉民四万九千，占百分之五十五，回民四万一千，占百分之四十五，藏民几乎绝迹。青海循化县人口约一万三千，回民占百分之六十五，藏民占百分之三十，汉民占百分之五。循化撒拉尔回，操缠语，又称循回，以别于临夏之河回。青海同仁县人口约二万六千，内藏民占百分之九十五，回民占百分之四，汉民占百分之一。甘肃夏河县人口约三万四千，除县城系杂居外，殆尽属藏民。县城又分二部。一为市场，一为寺院，各有二千六百人，共五千二百人，居全县人口百分之十五。寺僧固全系番民（间有汉人为喇嘛者，系极少数）市民之中，藏民占百分之四十五，回民占百分之三十六，汉民占百分之十九。以此计之，夏河县汉民仅占人口总数百分之一点四，回民仅占百分之三点六，合计占百分之五，与同仁县情形相似。

河回与循回久与汉族杂居，其衣食住行生活状况，大都与汉族相类，故又称“汉回”，惟循回操缠语，为其特征。汉人居循化者或能操三种语言。本区汉回之别，纯在信仰不同。

循化乡间有八工六沟之名，回民居八工，藏民居六沟，此最足代表二族生活之异。大抵回民多务农业，居于平川，清水中流，杂树参天。工字即由于水利工程，其农村风物颇见佳胜。在汉回藏杂居之地，藏民大抵退守山沟，及山沟以上之草原，畜牧而外，森林狩猎亦其副业，皮毛木材均为出口大宗，开山垦田甚属少见，人工河渠更渺乎不可复迹矣。藏民境内工艺贸易多由汉回二族为之代理。

回民聚落必有清真寺，掌教者居之，其规模较小。藏族每家必有一子为僧，有男女各一，则男子为僧，女子继产，故喇嘛寺多甚宏大，僧人众多，自成聚落。藏民习佛经，诵藏文。回民习天经，诵阿剌[拉]伯文，一以拉萨为趋归，一以麦加为仰止。清真寺内洞若无物，喇嘛寺内种种庄严，表面观之，适成反比，而彼此信仰，同其热烈，自相团结，一致对外，宗教势力洵不可侮也。

藏民之中，依其与汉民距离之远近，同化程度之深浅，复可分为半藏、近藏、远藏三类。半藏俗称半番，向化内附，为日已久，与汉人踪迹甚密，混有汉人血统，居川口，成农村，生活习惯倾慕华风，只妇人服装略仍其旧，最近多改土归流，如临洮赵土司岷县宕昌镇马土司所属者是。近藏俗称熟番，近城市，通汉语，半耕半牧，渐成熟地，其房屋亦有甚高大者，惟灶突多在卧室中。熟番之政治关系，尚未确定，如卓尼杨土司所属藏民，民刑诉讼送临潭县受理，但权限时有冲突，省府近拟设立卓尼设治局兼理番专员，闻杨土司尚未同意。夏河县政府虽已成立，但县长所治理者，仅为人口二千余之市集，全县熟番，皆听命于嘉木样。远番俗称生番，不通汉语，不受影响，插帐迁徙，不知庄稼，其帐房多为黑色，状如覆斗，称为黑帐房，以别于蒙古包。远番野性不驯，好行劫夺，亦称为野番。青海大积石山以南之果洛，中外人士鲜有入其境者。

拉卜楞寺附近有蒙古黄河南亲王府，考青海和硕特二十一族，为蒙古固实汗之后，明季徙居青海，一部分居于黄河以南，分为三旗，属于河南亲王，其牧地在西倾山之西，黄河沿岸，以前头旗为中心，地曰支曲，乃黄河之支流也。拉卜楞寺旧为河南亲王所辖之地，清康熙中，蒙古王公请嘉木样第一世回籍弘法，献地建寺，遂以地主，变为寓公。今王府虽仍在拉卜楞，牧地相距五日程，亲王不常居此。三旗蒙民约三千户，因其环境被藏族包围，语言文字及一切习惯均已藏化甚深，能操蒙语者反居少数。孤立汉民亦易藏化，同仁县有吴屯者，其先盖江南人，亦有河州人，系明初立屯时迁往，历年既久，言语衣服渐染藏风，其人自认为土人，而官亦曰之为番民。

拉卜楞嘉木样活佛兼握政权，其组织分二大部，拉章为办事处，扎西溪为寺本部。办事处有总办一人，曰襄资，辅弼嘉木样，领袖各僧官，处理一切公务。寺本部亦曰磋经，意即大聚会所，其下分设五学院，曰扎仓，院各有方丈，曰尺哇，总其成者为寺方丈，曰尺巴。嘉木样所属人民分为三种，一曰拉德，意为神民，二曰墨德，意为政民，三曰服德，意为教民。神民直接受嘉木样治理，每部设有谷草一员由寺中遣僧官任之，如拉卜楞附近十三庄居民即为神民，不向县政府纳粮。政民归世袭土司治理，如夏河县之买雾土司是，对嘉木样奉命惟谨，上述黄河南亲王三旗，其性质亦近似。教民则散处远方，而以宗教关系，受嘉木样指导，蒙古青海西康各地，四川松潘所属，及本省洮西数县，皆有教民，号称一百零八庙。此类教民每一年或数年，须至拉卜楞为全寺僧众献纳供养。拉卜楞寺建筑极为宏壮，可容四千人，寺内藏经极富，积学高僧，名曰格西，意即博士，戒律清严，不堕宗风。其僧徒籍贯自东省蒙古、青海、西康之人皆有之，汉人亦有入寺为喇嘛者，如著名之杨喇嘛，乃临夏汉人。平日寺前市场贸易颇盛，遇有会期，则香客云集，商贾辐辏，皮毛出口，此为总汇。故拉卜楞不特为一宗教中心，亦政治经济之都会。

四、发展本区之要点

(1) 道路修理问题。本区表里山河，前人尝谓“不通舟车”，故凿山开道，通行汽车，俾运费减轻，货畅其流，实为本区急务。

(2) 农田水利问题。本区农地可分为川原坂三种，川即平川，或称坝子；原即台地，稍高而平，如临夏城北之万顷原是；坂则急水高山，起伏不平。高山之上往往重见高原，极目无际，是为草地，草莱未辟为天然牧场。以农田言，川为水田，原为上旱地，坂为下旱地。洮西气候，夏苦旱，秋苦潦，非必雨量稀少，患在雨泽愆期，故灌溉事业极为需要。草原洼处，偶见平川，其名曰滩，亦宜耕植，如夏河县之甘家川（一名甘家滩），乾隆年间兵部屯垦有案可稽，青稞一百二十日熟，为草地惟一作物。本区水车水磨颇见流行，昔武侯发明木牛流马，水车可称木牛，水磨殆为流马。水车多在黄河干流，水磨多在黄河支流，若能应用学理，改造水车，普及支流，以溉原坂，使瘠土变为膏腴，复以新式电机，利用黄河水利，使效率远胜旧日水磨，以实农事机械化最可注意者。

(3) 森林保存问题。林业为藏民之利薮，临潭、循化之番地，均以木材为出口大宗，洮漓之运，实为木筏，松杉桦杨，为用至广，黄河木筏更多大材，兰州建筑皆仰给焉。惟伐而不造，林场日见缩小，空山之期不远，亟宜设法造林。回民多居平川，村树连绵，多属冲天白杨，甚为可取。

(4) 牧畜改良问题。古称“洮州之马天下闻”，自茶马之制度，而马政遂不讲。目前军用马匹甚感缺乏，马种退步尤为可虑，况牝马产骡，民间需要亦殷。至牛羊野性，皮毛乳酪，衣食原料多所利赖；兰州将来为中国毛织业之中心，欲期制品之益精，当从改进牧业入手。

(5) 工艺促进问题。永靖木匠冬出春归者千余人，分赴兰州甘凉一带。盖本区冬期甚长，农事多闲，宜提倡家庭工业，补助农民生计。

(6) 教育倡导问题。本区自清初以来，屡遭兵燹，其导线皆为宗教，亦可谓为宗教战争。甘肃回教有新旧教之分，实则妄分畛域，无关宏旨，其初藉口争教，引起纠纷，继而同教释嫌，殃及汉族，乾隆同治光绪及最近民国十七年之回乱，皆以河州教案为其症结。“洮河周遭处，强半成战场”，漫延所及，全省糜烂，汉人回人同遭浩劫。如洮州旧城，本为贸易重镇，汉回与藏，农牧互易，五方杂处，较新城为繁盛。十七年乱事以前，居民二千五百户，回族占一千七百户，今则一片焦土，满目萧条，户口仅及从前十分之一，商业遂移于夏河。今夏河县立国民学校，汉回藏民共同求学，以汉为教授，此实边疆之新气象，亟应鼓励者也。

五、本区在国防上之地位

明人毕自严曰：“番族吾藩篱也，未有藩篱不固而能御盗者。”诚哉斯言。回藏二族与新疆西藏，深有渊源，藩篱之说，于今益信。回军组织较早，同治回乱，左宗棠驻节安定，河回马占鳌率众倒戈，至安定投诚，光绪回乱，其子安良亦助讨有功，河州西军乃渐成系统。藏兵明清以来，亦著功绩，屡有赏赉，同光回乱，汉人多托庇于番。夏河藏兵组织较迟，起于回番战役以后，回藏二族皆勇敢善战，藏民生长鞍马，射手尤佳，其生活极简单，糌粑为餐，长裘当被，利于行军，尤擅长驱。当国家有事之秋，汉回藏三族之领袖人才能团结御侮，共赴国难，济之以现代设备，因势利导，西北保障实利赖之矣。

本文原载《地理学报》，1935，2（1）：63—72；选自《西北民族宗教史料文摘》，甘肃省图书馆丛书第一辑，1984。

甘边藏民民情述略

杨友墨①

甘边近青海四川一带，有一部分藏民，人口虽仅二三十万，而占地颇广，东自甘肃之临夏、岷县、西固、文县，西至青藏交界，北至青海之循化保安，南迄四川，几达十万余方里，其居民均由各酋长统隶。计全境共分三大部落：一为拉卜楞加木样加巴活佛所属之上下火尔藏及十三庄（庄小于部落）；一为卓尼杨土司所属上下立加及铁布；一为买吾红布（酋长）所辖之二十四寨（寨亦小于部落）及刚察三庄。

一、宗教

所有人民，上自酋长，下迄庶黎，均笃信佛教。计全境喇嘛，约占全人口四分之一强，致僧侣在社会上，形成一种特殊势力，地方之大计，辄取决于喇嘛寺。各地喇嘛寺，推测当在百所以上，每寺喇嘛人数不等，自数十以至数千，最大者厥为拉卜楞寺，计有喇嘛三千，中尚有一女性活佛。这些喇嘛，均奉行黄教。此外尚有一种本布僧者，与上者大异其趣，本布僧得居家，娶妻，

① 杨友墨，生卒年不详，约于1935年进入拉卜楞调查，从拉卜楞及周边地区藏族的概况、宗教、语言文字、婚姻丧葬、风俗习惯等方面介绍其在甘肃西南藏族聚居区的见闻。

并蓄全发，且结以牛羊毛红绫等，务使发毛结合，其长者可及踵，平时缠发于头，故其头大如麦斗。所至念咒，多行不义，相传为红教之遗徒，但人数既少，社会亦不信仰，故其势力甚微弱。先是藏民均信佛教，自光绪间乃有耶苏［稣］教传入，迄今已有三四十年之历史，教徒亦有千余人之多，教堂散行于奥地者，有十余所，每所教徒，竟有数十或达百者。外人以传教为藉口，深入腹地，摄制要隘照片，测绘山川地形，且包庇匪盗，离间汉藏间感情，无恶不作。

二、语言文字

语言，就大体言，与西藏无甚轩轾，然以地域所限，发音上间有不同耳。至于文字，仍沿用藏文，字母计三十，一如拉丁文之由各字母相合成为单字，再以单字相合而成为句。喇嘛所诵经堂，即由此藏文编缀而成。故佛经精通之僧侣，即为学问渊博之人士；但其书法，至为笨拙，书时以竹片染墨写之，一染一写，殊觉不便。藏文之学习，仅限于喇嘛，庶民既无学习机会，而其本身亦不愿自讨麻烦。只活佛之亲属，酋长之子弟等，尚多学习。但女子能藏文者，虽踏遍周境，亦无一人。

三、衣食住行

藏人以游牧为主，其衣食住行，均取自牛羊马匹。此区域地势高耸，兼多山林，种植五谷，十九不熟。食品以牛羊肉及牛酪牛乳为主，以炒面为佐品，终一身世，犹不得一食面饭者。味嗜辛辣，故入藏汉商，每多携辣椒、大蒜。男女嗜饮砖茶，而以僧侣为甚。至酒，因价过昂，除酋长贵族宴宾外，平民无由一尝酣味。衣著俱为皮革，或毛织之粗褐，喇嘛纯红色，平民则杂而有之。若着棉布汗衫或衬套外衣，则其阔绰，已至顶点，至狐皮大衣，豹皮外领，则较普遍，因野牲易获，绸缎难得。喇嘛及妇女，例不着裤，故其衣极长。至于卓尼杨土司所属之铁布男子，亦不着裤，仅以一长皮袄裹而卫之。至所住皆帐幕，居室厨房，均在其中。至于行，因地广人稀，少路径可寻，初至者，时有迷径之苦。

四、婚姻丧葬

婚姻采一夫一妻制，与西藏之一妻多夫制迥异。惟盛行赘婿，多不娶妻，故财产之继承，男女概有均等权利。男子如与某女双方眷爱，或已发生性的关系，既往女家入赘，赘后如感情不洽，亦可脱离关系。但于结婚时，须向大红布奉犛牛一头，向地方头目送羊一只，以示通官立案之意。如系赘婚，须向女家赠骏马一匹，作为进见之仪。……其次尤有抢婚者，即男女相爱，而女之父母作梗，或男方单爱，女方不愿时，即发生抢婚。先男方乘女家之不注意，邀约数人或数十人，携带枪支，骑乘骏马，强迫女子上马，然后策马而去。如女家遣人追逐，必响以刀枪，因是致酿成惨剧者，时有所闻。然于女子安全抢去后，男方即拉牛羊向女家认亲，亲戚亦因之和好。至于丧葬，尤为奇风异俗。当人垂危时，由其亲属不待呼吸停止，即以皮绳勒周身，务使尸成三叠为止。据云若待呼吸全行停止，则四肢僵硬，不能三叠。呼吸完全停止后，请喇嘛三名，葬者一二，用犛牛将死尸运至山顶葬地，尽剥其衣，由喇嘛放香讽经，嘱告神鸟，啄食务尽。盖藏民均以此卜死者生前行为之善恶，即不待剖解而即食者，则行为善；若必剖解狼藉而后始食者，则行为恶。

五、风俗习惯

多于汉人无异，然民性强悍，男子应征当兵，其余如畜牧、烹饪、制革，统由妇女任之。凡男子均有当兵之义务，其兵役既无年岁之规定，亦无常备后备之分野，只于防卫外侮，及进攻邻部时，依酋长之招集，集合于指定地点，故每家平时，即备枪马，所需粮秣，概归自备，酋长只负用兵指挥调度，却不顾辎重之补给运送。至于武器装备私有。故人民以枪支视为财产之一部，家计稍殷实者，必置钢枪一枝，多则益善。枪支极贵，步枪或手枪一枝，可卖大洋三四百元，或易犛牛十数头，或马五六匹；手枪弹一粒价一元有奇，步枪弹一粒，价二三角不等。

此外，犹有一特奇者，即酋长之互争。缘藏地习惯，仅大酋长例为世袭，而以下之小酋长，概决于强霸者之互争。如某为甲地之霸者，某乙为乙地之霸者，照例两霸各不抵首，势必出于决斗，于是胜者便为甲乙两地之小酋长。

藏民迷信神鬼，不信医药，每逢疾病，不投药石，只请僧侣讽经祈祷。若传染病流行，死亡动辄数千；牲畜亦然。

本文原载《开发西北》，1935，3（5）；选自《西北民族宗教史料文摘》，甘肃省图书馆从书第一辑，1984。

拉卜楞番民的经济生活

唐茑[1]

首先这里所说的番民，指住在这些深山里的番民，保持着原始式的牧畜生活。在这个极不同的经济社会里，依然使用着现金，钞票只能流转于各机关和商号里；主要的原因是由于他们的消费品多半是自己生产着，需要外面输入的太少，所以这里见到银元、银块、元宝和金条周转着。

这里不用尺和秤，交易的方法是很别致而有趣的，布匹是量对方，以一方块一方块的计算，盐油酒是用碗来估算，以一碗为单位。“盐，一元四碗，布，一元两方”，以一元为根据，度量衡在这儿没有用。

“傍山吃山”，这里有天然的牧场，普通每个番民家庭，以三四口人者居多数，他们所养牲口大约有羊四五百头，牛五六十头，马二十余匹；每年产仔数目约在百分之五十左右，靠了这些，他们终年无忧无虑的生活着。这里的主要交易是牲畜，若按中等牲畜及普通价格来估算：骒马每匹五十元左右，阉马约一百五六十元，最好者值三四百元。牛每头价二十元，母牛较公牛为贵。羊每只五元左右，春季二月最贵，可值七八元，母羊则不肯出卖。除了出售牲口外，次要的收入便是皮毛，老羊皮每张

① 唐茑，生卒年不详，约于1939年进入拉卜楞调查，著有《拉卜楞番民的经济生活》《新年在拉卜楞》等文章。

一元至一元五，黑羔皮价一元以外，一头羊每年剪毛三至四斤，每斤价二角。所以一个中等的藏民，光牲口及皮毛的收入，每年至少在千元以上。

在深山里生长着成群的孤狼鹿麝，草地上河岸边出产水獭，但价值不知较内地低多少倍。狼皮每张四元余，水獭最高亦不过二十几元，狐皮每张售价约八元钱，麝香每两值十一二元，每一整个值五十元，鹿角（连皮毛）每个二十元。虽然价值很低，但从副业上来说，收入也相当可观了。

木头，在这里几乎不值什么钱，直径四尺许，两人合抱的大树，每每有长达七八丈者，一元可购五棵。

关于番民经济的支出少的可怜，一年四季穿着皮袄、皮裤、皮帽，这些全系自造，购来的皮靴，一双只值三元，然足可穿一年之久。饮食方面主要是“藏粑”，酥油是他们自己的出产，不仅不需要买，而且还可大批卖（每斤价五角），炒面也是自己磨制，大宗购来的便是燕麦，每个番民吃炒面四十斤，不过三元。吃的羊肉不用调料，甚至盐也不用一粒。其次是茶，他们用的确实不少，一个番民每年得一块府茶，值洋七元，此外便是几匣火柴，三根针、二两线，再也没有什么需要的了。

这儿有件奇怪的事，就是他们穿的皮袄、皮裤以及老少的穿着，完全由男人缝制，女人则连针都不会用。她们主要的职务是管理牲口、挤牛奶、做酥油。酥油是牛奶制成的奶油，每十五斤奶可产酥油一斤。这里犁牛每年可产酥油二十斤，犏牛年产八十斤。至于制酥油的副产物“屈腊”是番民的一种必要食品。

番民输出品多，需要品少，为什么番区看不到很富裕的家庭呢？原来，他们把剩余的钱财完全用在敬佛上了。他们对佛无上信仰，一旦聚集了相当数目的银元，便全部送到佛寺，让喇嘛们享用。

本文原载《西北论衡》，1939，7（14）；选自《西北民族宗教史料文摘》，甘肃省图书馆丛书第一辑，1984。

论西北藏民区应用创化教育

李安宅①

所谓创化教育，即因时制宜，因地制宜，对准了真问题来想办法的有生力的教育。反过来，即不是创化的教育，而是因袭的教育，形式的教育，死的教育。创化教育是针对事实的，形式教育是只管经籍的诵读与文章的习作的。

整个的创化教育，原则上全国都在迫切的需要着。但原则尽管一致，应用到各地的方式，则可因个别的环境而不必尽同。作者在藏民区，请谈藏民区的创化教育。

这里所说的藏民区，限于甘肃、青海、四川三省的边区。其实，这一带的边区，各部落各寺院个别统治不相系属的范围，总起来也有普通一省之大。因为无人整个研究过，面积与人口，都不得其详细。即有设了县治的，也多半不能亲民。

这一区除了已经藏化或未藏化的蒙古人，以及外来的回汉等民外，越到三不管的地带，越是少与中原接触的藏民。外国游记所载，所有藏民当中，最慓悍的为果洛族（“三渡黄河”南）。然

① 李安宅（1900—1985），河北省迁安县人。字仁斋，笔名任责。1926年燕京大学社会学系毕业，后赴美国深造。1938年赴甘肃拉卜楞寺进行藏传佛教实地调查，后任教于成都华西大学和四川师范学院。一生专治民族学、宗教学、社会学、藏学的研究，颇有成绩；有《藏族宗教史之实地研究》《拉卜楞——李安宅的调查报告》《宗教与边疆建设》等专著。

实际情形，果洛远不如较北的欧拉①。欧拉族已入拉卜楞寺的统治范围，果洛土官亦与拉卜楞保安司令有姻亲的关系。欧拉与果洛之间的峨阿洼，近与拉卜楞的关系亦好。此外，比较慓悍者为铁布②，已渐入卓尼设治局的统治范围。

这一区域值得我们重视，主要乃是因为它的本身价值与关系价值。

(甲) 西北区的本身价值

论山有积石西倾居其中，岷山贯其东南，祁连障其西北，巴颜喀拉贯其西南，更有高与喜马拉雅山相伯仲的马勒山峙其南，以与“世界脊背”相毗连；论水，有黄河的发源及其两曲，长江上游的许多支流，以及洮河、大夏河等灌溉区；不但自成天然区域，且有高屋建瓴，摄制其他区域之势。汉藏、蒙藏、回藏等冲突，在历史上层出不穷，概由于此。此一区域，倘不建设，不为国家之利，必为国家之累。倘以拉卜楞为中心，分设工作站于各处，当比任何其他区域为易有办法。拉卜楞一带在种族宗教及一般文化的接触上，方面比较多，过程比较自然，问题比较富于代表性，作为服务、研究、训练，三而一,一而三的工作中心，也比较容易推广。

(乙) 西北区的关系价值

至于此一区域的关系价值，则有两种可说：一为对于西藏本身的关系；一为对于蒙古及回民的关系。

(1) 对于前后藏的关系

西藏为中华民国平等分子之一，在理论上当无问题之可言。不过帝制时代利用愚民政策，夷狄视之，初末代以真正国民之礼；民国以还，内乱相因，致使四川的少数军人伤透了边区藏民的心；再加上英帝国主义的挑拨离间，遂使藏人视汉人为仇雠。而且入

① 欧拉：今玛曲县欧拉乡。

② 铁布：今迭部县。

藏之路，由印度当为外国所阻挠，由川滇过西康，亦为拉萨正面注意的焦点。只有西北藏民区，每年朝藏者络绎于途，从未中断，为惟一的通衢，即就西南人不耐藏地的高寒，西北人已久与藏人生活条件相符一点而论，也证明由西北入手，当比西南事半而功倍。倘与西北区运用创化的教育，不但可以探用西北对于西藏的交通，而且逐步表证，逐步成功。

(2) 对于蒙古及回教徒的关系

西北藏民区对外关系的第二种价值，为与蒙古及回教徒的影响。回教徒全国的中心，除新疆外，为与拉卜楞接壤的临夏县，即古之河州。临夏的回教，虽属异军特起，然为新教派，比较开明，问题不甚特殊。倘于文化宗教种族等接触的问题在拉卜楞之数的交汇区因工作而有所得，必与回民教育增加了办法。至于蒙古，问题更较简单。除蒙民已经藏化者应与藏民有一致的办法，以及蒙民已经回化者应与回教徒有一致的办法外，其他蒙民均信喇嘛教，读藏文经，且以畜牧为生，倘于西北藏民有办法，即不啻对于一切蒙民也同样有了办法。况且说，喇嘛寺院倘有创新作用，则其风声所及，除外蒙一部例外以外，当使一切蒙古寺院顺势景从，而直接影响其所属的蒙民。

上略述西北藏民区本身的价值，及其关系价值，以证明应用创化教育的需要。

(3) 西北区现状

就西北藏民现状而论，居帐幕者约四分之三，居土房者四分之一。居土房者有农耕，并畜牧；居帐幕者无农耕，只畜牧。家庭手工业，如织毛袋织毛帐幕之类，两种区域，都有存在。论到学校教育，一般百姓没有份，那是僧侣的专利品。僧侣的学校，自然是寺院；不似西藏，还有在家的文人学者。况且说，僧侣集中在寺院，即形式的复古教育，也是深居高处，不与老百姓发生影响的。寺院与民众的关系，除了以教权而兼政权以外，便是替他们念经。这一点而论，不管经典本身是否有针对现实而创化的力量，已远不如回教或耶苏［稣］教的组织，可与民众有接触。回教的阿訇，耶苏［稣］教的神甫牧师，都是习经以后散布在民间，以百姓为牧民，所以老百姓可以得到他们的教诲。他们也可以因为老百姓的进步而得到更较大的资助。佛教的自救救人，远远超各教之上，然而反倒式微于中土，灭亡于印度及西域，仅仅保留传统于藏蒙之间，而不能发挥；此其故，是值得一切人的深长思考的。按现在情形来说，回民操藏民的主要经济权，藏民又操蒙民的主要经济权，汉人则逶迤于各种人之间。

(4) 可能的展望

试以藏民与蒙民来比，虽同信喇嘛，同事畜牧，然有可耕之处，藏人尽多农夫，蒙人则否；蒙人容易帖服于外力，藏人则否；藏人可以吸收外人，使之同化（如藏化了的蒙古、撒拉，及汉人），蒙人则否。凡此三例，俱是证明藏民文化的生力。至于藏民所以迟滞于现在水平线者，非藏民之过；乃因高原崇山有以障其交通，而负指导责任的较高文化未以平等的权利义务以相对待的缘故。

(5) 当前的需要与过去的误失

那么，展望如此，现状如彼，西北藏民区所缺乏的，只是生产水平的提高，享受水平的上升，以及促进生产与享受的创化教育了。创化教育，因地而异，正不必强不同以为同。所以西北藏民区应以产生良好的牧人，新式的农夫，制革制毛的工人，作为创化教育的基础；而以鼓舞知识分子，热心服务民间，为其张本。

然而过去的设施怎样呢？设官任职，又不能严其考核，有人而不尽其正用。来者既无比较文化的眼光，遂无权衡轻重的魄力。

然而改弦更张之道，形似迂远，实甚切近；不思则错综困难，思之则清楚而容易。道在那虽？即应用创化教育是。

(6) 创化教育的实施

在西北藏民区提倡创化教育，约有两点可述：一为关于原则者；一为关于方案者。

原则方面，第一要有长久的计划。朝作夕辍，必无是处；能长久，方能见事功。一个负责任的人，纵有天大本领，环境不熟悉，人望不信孚，语言不通达，也是良医不能治病，良师不及收徒，更不用说先事预防，先机倡导的事功了。

第二，要有统一的机构。事不统一，你作你的，我作我的，必无是处；分工合作，截长补短，始能见诸事功。

第三，当地应与最高机关有直接的报告。我说当地如何，你说当地如何，当地本身则不发言，为无是处；下情上达，才会所作为所求者。此事最难，然最容易收效。不但遇有严重问题，可以弄个水落石出，即于外来的工作员，也是十分有力的保障。

第四，要重用并且考核合格负责的人才。用非其人，人而不久，久而不考核，均无是处，慎选择，责久效，严考绩，才会成功。无合格者，宁可不用；虽不成事，也不偾事。遇有合格者，加以重用，用而能久，久而能考，斯尽人皆知者。在边疆服务，因为所接触者，文化信仰等因素易与己异，所以预先应习过比较宗教学，文化演进史，语言学，最好是作过文化人类学的实地研究。不然误认文化现象为种族现象，或于某种宗教已有入主出奴的偏见，纵有热心，也不免于南辕而北辙。

第五，要造就当地的人才，以为永久之计，同时训练外来的人材济当前的急需。一手包办，或以外来人才而永远越俎代庖，均无是处；必能以身作则，而且广储人才以趋一的，即试办，即表证，即为百年大计，方始有效，且能效而益永。造就一批崭新的边疆人才，除了以下方案所包括者外，可以充实已有的学校，并可训练已入寺院的热心僧侣，总期上下并进，由本地产生的领袖，倡导本地的建设事业。

（丙）创化教育的方案：

（1）即时可办者：

①学校教育

即时可办者，更可分学校教育与社会教育。学校教育，如有的学校，均需大加充实；未立的学校，尚有加添的必要——然未有的加添，又非俟社会教育有了相当的成功不可。至于充实一方面，最要者应将教材加入本地材料，如地理要多讲西北地理，尤其是藏民区域的地理；历史要注意当地移民的变迁，寺院与其他机关建设的由来；公民要打通当地的社会关系；自然科学要顾到当地的鸟兽草木，气候风土；职业教育尤该设法尽量在当地学习；语文，除国语外（注音字母是多处所忽略的），藏文要作到同级僧侣的程度。念了书而不能应用，当然会减低当地对于教育的信任。教育本有两重的着重点。一致处，要授以全国公民所必备的最低限度的常识；个别处，则应因地制宜，授以当地比较充分的经验。一致中有区别，所谓枝叶扶疏是，个别中有一贯，所谓殊途同归是，相成而不相害，只有教育家有创化精神，有随机应变的技术。国家与地方如此，一个国民生产与消费的关系，也是如此。

学校教育，除充实当地已有的学校及加设未有的学校以外，应使当地高材生有入内地留学的机会。这一点，但应注意者，离开当地之前与入了内地学校以后，都要着重回到本地服务的观点；留学系为服务桑梓的预备，不是梯荣致显的捷径。当地尤宜顾到这样的设备，以免学生归来没有用武的余地。

②社会教育

即时可办的社会教育，似应以包括许多专家的服务团为基础。这些专家，至少应包括：地学家、生物学家、畜牧林艺农业一方面的人，尤其是制草、制肥皂、作毛织品一方面的人，医生、社会科学家、藏文学者，尤其是热心德高的喇嘛。

这样的服务团，有几位真是内行的专家，又有各种等级热心服务即以研究的助理，居则成为民众服务馆，行则成为民众服务队。

服务队的工作，应以两种功用自限：即表证启发的功用，与贡献消息及联系专门机关的功用。有实事的表证，即可启发当地的热心。不但当地的热心，即全国创化教育的实施，区域课本的编制，教育政策的重新参订，也要靠着某一地方有了成功的表证。另一方面，服务队不能包办一切；所以当地能自办者，倡导之；小力可资助者，提携之。服务团体的主要任务，即使彼此需要的两方，彼此知道，各尽其用。服务团体的基本精神，即为社会事业的工程师，所以就此点而论，服务团体正不必与人争功。

关于巡回教育，拉卜楞已请求教育部，且已成立“巡迴施教队”。初步的试验，颇为成功。

(2) 方案——久而后效者

以上略述西北藏民区施行创化教育的方案，仅即时可办的一方面。至于久而后效者，亦有两层可说。一层是继续并修正即时可办的方案。

另一层，是个别的发展。此层已经约略的道及，然其重要性及其罕人注意处，颇有重复申明的必要。

第一，我们缺乏边区人才，自是不容讳言的事实。

第二，边区人才，不但应造就大、中学的毕业生，而且要造就当地已有的人才。

本文原载《甘肃教育科学馆学报》，1940（2）；选自《西北民族宗教史料文摘》，甘肃省图书馆丛书第一辑，1984。

拉卜楞民族史话

葛赤峰[①]

拉卜楞古为西羌地，羌戎民族所居。羌戎势力极大，屡与汉族角逐于甘肃、陕西甚至河洛一带。羌戎民族或谓即今之藏族，例如张其昀在甘肃省夏河县志略中云："甘肃省西南部洮河以西，统称洮西区域，洮西原为藏族所居；古时称为羌人或西戎，即今所称蕃人也。"亦有的认为羌族藏族完全不同，羌族系苗民与青海土著之混合种，蕃族则为羌苗之混合种。

秦代羌人屡为边患，而拉卜楞附近，亦常为汉羌两族角逐之地；汉族势力有时尝逾拉卜楞而西，若史载："延熹二年，烧当羌犯塞，护羌校尉段颖讨之，追出塞，至积石山斩首而还，羌悉平。"今名积石者有二，一在循化，一在河曲，均在拉卜楞以西，而拉卜楞一带，金代即属于积石州也。

晋代满族之吐谷浑，曾居是地达三百余年之久。吐谷浑为鲜卑别种，亦为东胡族之一支，原居于中国之东北，嗣塞外度陇山而居河湟拉卜楞一带，至甘青一带后，传数代而趋于强盛。东晋以后，五胡十六国时代，氐族之后凉及鲜卑族之南凉，似均曾盘踞拉卜楞一带；至隋代，炀帝尝大败吐谷浑，甘、青、新疆一带，

① 葛赤峰，生卒年不详，约于1941年进入拉卜楞调查，撰有《拉卜楞民族史话》《藏边采风记》等文稿。

尽入隋之版图，是则拉卜楞又入于汉人掌握。吐谷浑势衰，与藏族之党项联合，至隋末天下大乱，吐谷浑又恢复故有疆域。

居初，吐谷浑为李靖、侯君集击败，其国从此衰弱，代之而兴者，为藏族之吐蕃，吐谷浑建国三百五十年，至此而告结束。唐世以后，拉卜楞舞台主角，已由满族之吐谷浑易为藏族之吐蕃矣。

吐蕃之进破吐谷浑以及氐羌，据史载是为了尚唐公主。当时异民族之尚唐公主，已成一种风气，吐蕃既日趋强盛，也对唐室提出此项要求，唐帝不许，吐蕃以为系吐谷浑从中作梗，乃发兵进破吐谷浑。史载："吐蕃四境开辟至万余里，自汉魏以来，西戎之盛未之有也。"其时中国西部各民族，若吐谷浑、党项、氐羌，均在吐蕃统治之下。

宋代，汉族之宋以及满族之金，兵力之均曾到达拉卜楞一带。史载："宋神宗时，王安石当国，命王韶收复熙（临洮）河（临夏）……等六州。王韶言西人所嗜唯茶，常以马至边贸易，于是始置茶马司；南宋时熙河二州复没于金。"按拉卜楞历史上即属于河州，若北魏与唐，均属河州，元属河州路，明属河州卫，金兵占领河州后，曾在此设积石州，管怀羌一县，循化、大通、来羌三城，拉卜楞即属于积石州。

蒙古民族之来拉卜楞，史载："宋理宗宝庆三年，元破西宁州，宝祐二年，降吐蕃，会诸王于库库诺尔之西，祭天于日月山，始于河州置吐蕃宣慰使都元帅府，于青海等处设尕思甘宣抚司，以统羌蕃。"是则该时拉卜楞一带乃至整个吐蕃民族，均在蒙古人统治之下矣。

元代以后，明初，汉族之势力，一度又远逾拉卜楞而西。

蒙古族之大举侵入青海并到达拉卜楞一带，系在清代。清世祖顺治元年，额鲁特顾实汗兴，建青海蒙古，顾实汗与青海蒙古之关系最大，其后青海所编和硕特二十一旗，其中十九旗为顾实汗之后裔，拉卜楞一带之和硕特前首旗即为顾实汗第五子伊勒都齐之后。

拉卜楞一带之黄河南亲王，系青海蒙古和硕特部前首旗王爷之俗称，最初受封者为察汗丹津，即顾实汗第五于伊勒都齐之子。康熙四十年来朝，封多罗贝勒，其后屡经升迁，至民国二年后，晋和硕亲王；十三年，龚噶环觉袭爵。该旗牧地，在青海同仁县南部西倾山一带，东邻拉卜楞，南界四川，西至黄河什则寺，北与土尔扈特南前旗为界，所辖百姓约有三千余户。

回民势力，直到最近，始伸入拉卜楞一带。至于今日，已执拉卜楞商业之牛耳。但回民之来洮西区域，则已有数百年之历史。

民国元年，马麒任镇守甘肃西宁等处总兵，辖循化等七县，马麒即为河州回教徒也。直至民国十三年，马麟所部与拉藏民冲突，十六年夏河划归甘肃省。拉卜楞藏民始脱回教徒之统治，同年河州大乱时期，马仲英所部回教军队，又曾侵入拉卜楞，焚毁寺院之一部，藏民抵抗失败。

本文原载《新西北》（月刊），1941，5（1、2）；选自《西北民族宗教史料文摘》，甘肃省图书馆丛书第一辑，1984。

卓尼之过去与未来

明驼[①]

在甘肃的西南部，岷州以西百二十里，洮河以南三十里，靠洮河北岸的谷地上，跨山沟筑一座土城，城内外共有百数十户僧俗聚居着，“庄窠”栉北，寺院错落，这就是卓尼。

什么时候才有人到卓尼来住居的呢？就史籍记载和传说，大约在隋唐间，这是吐谷浑的本土，亦曾一度为洮州辖地，其后汉人势力渐渐向西扩展，卓尼的土著便慢慢退向拉加寺一带；到元朝，一部分蒙人移进来；至明朝初年，又有一部分康藏的人们搬进，看到当地有两个松树，就把地名叫“卓尼”，他们的头人“些尔的”领导拓荒垦殖；永乐二年，些尔的率白水江流域洮山及达拉各族内附洮州卫，以功授世袭土指挥佥事，四传旺秀，正德间进京觐见，赐姓“杨”名“洪”。又四传至朝梁，清康熙五十一年朝梁曾孙冲霄助平黑番之乱有功，遂将前山十八族，后山十九族黑番都给其管辖。又四传至宗基，兼摄禅定寺世袭僧纲；同治中，宗基子元，助陕甘总督左宗棠参加循化之役，收复洮州有功，其子作霖兼摄护国禅师，声势日渐庞大，于是附近之赵、马、昝、

① 明驼，生卒不详，约于1936年到甘南卓尼、临潭、夏河等地调查，著《卓尼之过去与未来》一文，对卓尼地区的历史地理、政治经济各方面进行全面叙述，全文约2万言之多。本文为其有关民族宗教部分，本文最后涉及洮州一带回教另一教派组织——西道堂，故一并摘录之。

侯、后各土司的属地都渐遭兼并，阿拉善旗以及洮岷一带汉家闺秀，都每与通婚；光绪二十八年，作霖曾孙积庆承袭，仍以土指挥司兼僧纲司，领有四十八旗，号称五百二十族，辖地近三万方里，治民约一万三千七百五十户，男女凡六万二千七百五十口，在甘肃要算是首屈一指的大土司。

在这四十八旗中，除了卓尼、博峪、杓藏等若干杨氏宗族赋有特殊地位不列于旗外，首先要算朱札、上下朱盖、朋的、破汞古、麻汞、达子多、上下卡车等七旗最有地位，他们七旗自有会议处决公务，杨土司不过总其成而已；其次是包吾、巴童、卓逊、他那四旗，内中多为杨土司的戚属或亲兵间有百户左右租佃的回教徒；他们把这四旗叫做“四什哈”，又称为私吾什、那麻那、大峪沟等四旗，叫做“下四旗”，这里的藏人大都汉化，还有近三千口的汉人佃农、雇农掺杂其间。以上都是洮河下游两岸文化程度较高之藏民部落。此外像北山地区的上冶构哇、土桥、拉卜什、班麻、代麻等旗洮河上游两岸，木布、达加、迭当、车巴沟等旗，概以“竹娃”称之，其意即生番；至于上叠部的拜扎、哇巴、什巴、达麻卡送、亦哇、然麻童的吾等六旗，下叠部的占牛沟、泥俄、旺藏、旗拉、阿西、多力沟、当多等八旗，黑番的阴山、阳山、铁坝、代巴等四旗，是贡方物的属地子民，除黑番地区和叠部白水江两岸的谷地中，还有二百多户的汉商佃农以及农奴以外，他们概被认为是化外之民。

依据“兵田”和“僧田”制度，杨土司治下每一住民均须当兵，才领种一份兵田，或舍身喇嘛寺院才可领得一份僧田，兵田或僧田每份均在十亩左右。僧田只准转佃不准典卖，人死应还土司；每份兵田，每年额定租粮一斗，租钱百五十文，也可用砂金、麻菇、角麻、竹木、麝香或酥油抵交，当兵亦可雇人顶替或纳金代役，至于无限制的临时征发，亦颇盛行。杨土司也可用竹筒或在竹筒上添插一根烧去一角的鸡毛当作翎箭去召集民兵或征收财物。

各旗各族均设首领一至二人，在旗为“德管”，在族为“洪布”，而在七旗下则另有“大总承”。杨土司为便利传达政令及征发兵马钱粮，又于各旗常设“掌宪”一人至二人，以司其事。

杨土司积庆曾引兵征讨叠部，民国十八年河湟之变，他亦到土门关一带参与战役。二十五年红军由川入甘他也尽了最大力量，设法使其辖地不受其灾，政府为此给予支队司令、洮岷路保安司令等职衔。民国二十六年秋季，杨积庆被反对派暗杀。甘政府乃委任杨积庆次子复兴为洮岷路保安司令，并设立卓尼设治局。但从此，杨氏政令不畅，统治范围日趋缩小，由过去平均长度四百里渐缩至百里以内，乃至三数十里不等。教权也因此旁落到禅定寺丹珠呼图克图手中。

卓尼最大寺院为禅定寺。禅定寺是清朝敕建的寺院，除了掌管卓尼本部的“内九寺院”，还遥领卓尼辖地的“外十八寺院”，如北山的恰尔盖等，远到叠部的旺藏寺，都应包括在内。其所辖僧众无虑数千，在西宁鲁沙尔之塔儿寺，夏河的拉卜楞寺外，亦算西北上一大寺，像《甘珠尔》《丹珠尔》两部著名的佛教大经典，当年禅定寺所保存，可惜经过河湟事变，卓尼事变，数度兴灾，大部分寺院及著名藏经，都付之一炬。

大经堂西首是护法神殿，护法神殿的西首对门是“尚书楼”，围绕大经堂、护法神殿和尚书楼四周，则是些零星错落的僧寮。

禅定寺的香火租粮，每年究竟能收多少？据估计有二百至五百担以上。由于藏族不善经营商业贸易，所以在甘肃西南部藏人住区贸易的，却要算洮州的“西道堂”。

西道堂是住在洮州旧城一带回教徒宗教派别上的名称，在清朝，洮州有位马善人首创之。像河湟事变及其他历次事变，这一派都站在正义的一方面，而没有遭到兵灾的损失。他们在一个宗教首领领导下，集合居住在一起，教徒的财富，都听由首领支配，教徒的生活，亦听由首领核定。总之，在教堂里，他们无论男女老幼，都是过着共同的集体生活，他们没有吃饭不做活的人，亦没有做事无饭吃的人。在当初，堂里人口并不多，经过历年生聚增殖，最近有五百多户了。其中虽有些原是“华寺”的，有些原是“白庄”的，可是进了西道堂，他们不说原来的教派或门宦，却改称是“堂”里的。他们因为宗教上的团结和经济力的集中，于是在宗教上形成一个严密的组织，在经济上亦成为财力宏厚的商业组织。

现在西道堂的宗教首领是马教主，一般人称为慈善老人家，他是一位魁梧精干善于辞令的伊斯兰教信徒，他还有位副手是敏教主，是位熟悉教义的忠厚长者。至于堂里一切实业的经营，是由马教主的哥哥马寿山来主持。他们有大量的资金和土地、山林、水磨、驮牛、马羊等，每年春秋二季，西道堂商队一批批向草地进发，到处都有他们活动的市场。商队归来时，就是洮州旧城皮毛市场最活跃的时候。

西道堂教徒住区，在洮州旧城、临潭县城，在白土、太平寨、汪家嘴、卓洛等地，似乎局处一隅地区。但商业的活动，向北在太子寺，在河州、在贵德、保安、兰州，在宁夏，在张家口；向西在拉力关、浪木寺、阿哇，向南在松潘、成都、甘孜、打箭炉等处都有他们的分号或代办所，这是一种伟大的力量，然而仅有数百户的西道堂做到这份事业，在刻苦耐劳，共同奋斗的精神上来说，这很为一般创业的个体或团体做参考。

本文原载《边政公论》，1941，1（1）；选自《西北民族宗教史料文摘》，甘肃省图书馆丛书第一辑，1984。

叠部概况

任美锷①

一、位置和疆域

叠部在甘肃西南角，当甘青川三省交界之处。其辖境向无明确界线，大概叠山以南，岷山以北，白龙江上游河谷多属之。郎木寺当白龙江发源之处，为甘省最西南之点，有上下两寺，隔白龙江相望，白龙江以南即属川境。叠部为一地理区域之总称。唐置叠州于本区，志称以群山重叠而名。

在政治区域上，叠部大部属卓尼杨土司统辖，分上下叠部及黑番三区，另有口外叠部七寨，属于四川松潘。大概言之，顺白龙江下行至卡巴路附近，为上下叠部，卡巴路至代古寺间称下叠部，而黑番则在下叠部东南，大概杨北口以南之地属之。

叠部人口估计约二万余，上叠部六旗，约千二百户，下叠部八旗约千五百户，黑番四旗约二千五百余户，另加松潘叠州约一千一百余户，总计六千四百余户。藏民向例一家生子两人，则以一人为喇嘛，故每户人口较少，如以每户平均三口计之，约合二万人，再加各喇嘛寺之喇嘛约二千人，故总计全区人口当在

① 任美锷，生卒年不详，约于1936年进入拉卜楞及周边地区考察，著有《叠部简报》《拉卜楞之建筑》等文。

二万至二万五千之间。

二、历史沿革

叠部古为羌戎地，至后周武成二年，逐诸羌，始置五香郡，寻又置叠州，唐初曰合川郡，乾元初复称叠州，此后其地又沦为番区，文献无考。蜀汉时，姜维北伐，屯田沓中，当在今岷山以南白龙江上游南坪一带。至于古叠州遗址，因年代久远，亦难稽考；大致当在那光寺东南，贼尕寺以南之台地上，州址南临白龙江，自江边向北，层递而上，尚有雉堞形迹。按那光寺一带，白龙江河谷稍宽，平川较广，垦殖较易，古时置郡，或即在此。

三、地形

叠部群山重叠，平川甚少。白龙江为本区主要水道，但山高水急，峡谷深陷，冲积甚狭，仅那光寺及哇藏一带，有较广之局部平原，村落较多，阡陌整修，为上下叠部精华之所萃。叠部全境几尽为山地，叠山耸峙于其北，自西至东，绵延二百余公里，直至西固以北。在本区境内，大率海拔较低，常在三千五百公尺以上，夏无积雪，仅扎尕那以北峰峦较高，四时戴雪，此处俗称光盖山，南麓即为石门，两崖对峙，中缺如门，形势极险，为卓尼至上下叠部之必经要道。石门金锁与雪横叠山，均为洮州八景之一。

四、气候与农业

境内气候寒暖悬殊，以白龙江谷地而论，大概愈向下游，气候愈暖，如下叠部之哇藏一带，仅三个月见霜，终年少雪，农事年可两熟。小麦收获后再种荞麦，且可种植桃李葡萄红枣等果实。自哇藏溯江上行，气候愈寒，大概卡巴路以上，作物生长仅四个月半，年只一熟。

五、高山环境与人民生活

白龙江南北诸山大都森林苍郁，其少砍伐。藏民生活以农牧为主，惟因牧地甚少，故所有牲畜（以牛为主）多驱往大峪沟什坝等地草地放牧，在该处自建房屋，留家人终年长住；而牧地系向当地居民租借，年纳酥油若干斤，以为租金。大概上叠部一带，每家多有牛五十头以上，所产酥油，为其一年收入之大宗。每年四至八月间，牧草最佳，乳牛产乳最富，为制酥之季节。如扎尕那等处，是时全村人民大部移往牛场协助榨制酥油。下叠部一带气候较暖，农事较佳，食粮多可自给，以农为主，以牧为辅。

本文原载《思想与时代》，1942（6）；选自《西北民族宗教史料文摘》，甘肃省图书馆丛书第一辑，1984。

甘肃西南边区之农业

王匡一[①]

面积与耕地

本区的面积，据估计约有二万五千平方公里，等于江苏省的四分之一。耕地在全面积中所占的比例很小，多分布在几条河流的流域。

大夏河源出于拉卜楞西南四十公里的西倾山北麓。在夏河县境内有二百三十华里长。张其昀因大夏河所经地形之不同，分大夏河为三段。自拉卜楞三科平滩以南为高原草地，自拉卜楞至土门关为峡谷地带，出土门关后，入临夏平原，夏河县境内大夏河流域的农业，只拉卜楞至土门关之峡谷地带才有。既是峡谷地带，自然不会有很广大的耕地，窄的地方，仅容一河身；宽的地方，也不过六百公尺。

其次是哈家河流域。哈家河源出黑错附近，北流至拉卜楞以东之沙沟附近，汇入大夏河，长百余里。哈家河流域的平川，尚不如大夏河流域的川地广，但十余里的小盆地（当地称之曰滩）及坡地平缓的山坡，还有不少的农山，却较大夏河流域的还要多。

① 王匡一，生卒年不详，约于1942年进入甘南藏族聚居区调查，主要关注甘南的农业，著有《甘肃西南边区之农业》一文。

（单位：市亩）

作物＼县别	夏河	卓尼	临潭一部分	共计
青稞	20000	80000	2000	102000
马铃薯	5000	3000		8000
小麦	3000	40000		43000
蚕豆	7000	15000		22000
豌豆	5000	15000		20000
其他	5000	15000	2000	22000
休闲地	5000	5000	1000	11000
总计	50000	173000	5000	228000

本区内计算地亩的单位是石、斗或升。通常多以斗为标准。这种石或斗，并没有一个标准的容积，随地而异。当地计算作物每耕地单位的产量，是以种子的倍数为单位，如收获量为种子的四倍，便说是四分田。

兹列示夏河与卓尼两县农作物收获倍数，并折合成每亩产量如下表：

（产量单位：市石）

地名	倍数与产量＼农作物	青稞	马铃薯	小麦	蚕豆	豌豆	燕麦	芸苔
夏河	当种子倍数	5倍	7倍	3倍	2倍	2倍	收草	2.50
	每亩产量	1.30	1.75	0.75	0.50	0.50		
卓尼	当种子倍数	5倍	7倍	3倍	4倍	4倍	收草	
	每亩产量	1.30	1.30	0.80	1.00	1.00		

下叠部一带有些地方的产量，较上表所列为高，但地域是有限的。其余各地之产量，尚不及此。

兹估计本区数种主要农作物平常年之总产量如下表：

（单位：市石）

农作物种类	青稞	马铃薯	小麦	蚕豆	豌豆
常年总产量	102000	9600	34000	17600	16000

作物栽培

本区内的农业停留在三个不同的阶段，一部分停留在自然农业时期，种子播下后静待收获；这一块不能种了，又转移到另一块去。一部分已进到休闲制度时期，有行二田制的，也有行三田制的。还有一部分已进到豆科植物轮栽时期，行一定的轮作制度。通行的有两种：第一种，第一年青稞，第二年小麦，第三年豌豆或蚕豆。第二种，第一年青稞，第二年豌豆或蚕豆，第三年燕麦，第四年休闲。

本区农作物之播种与收获期，与内地迥异。下叠部一带气候温和，一切同于冬麦杂粮区。其他各地播种与收获期，大体相同。列表于下：

项目＼作物	小麦	青稞	燕麦	豌豆	蚕豆	芸苔	马铃薯
播种期	4月中	4月中	5月中	4月下	4月下	5月下	4月中
收获期	9月中	8月中	9月中	9月上	9月上	9月下	10月上

本区耕作技术落后，经营粗放。八九月的收获物，通常在十一月才打场。原因不外是有些作物生长很短，不管成熟否必须收割，否则逢霜，一年辛苦尽付东流；另外这里十月还是雨季，必须躲过它，晒过粮食，才好贮藏。通常收获后忙于耕地，自然打场没有工夫。打场工具常用连架，很费人力，必须晒干，才收事倍功半之效。

灾害

本区第一种灾害是秋季早霜，有时在夏末便要降临。这时作物多未成熟。霜重时可颗粒不收。其次是雹灾，尤以临潭旧城一带，及洮河流域的农业，受害最烈。这种雹灾，几乎无年不有，但大多是局部的。再是冻害。

本文原载《西北经济通讯》，1942，1（7、8）；选自《西北民族宗教史料文摘》，甘肃省图书馆丛书第一辑，1984。

甘肃西南边区之畜牧

顾少白

甘肃西南边区就行政区域言，包括夏河、卓尼的全境，以及临潭的藏民区域。它的面积估计二万五千平方公里，约当江苏省全面积四分之一。土门关是汉藏民族的分界线，自此西南，即为藏民的游牧地带。本区域并非全为畜牧区域，大概的分法，在完科罗（卓尼属）以西为畜牧区，完科罗以东、洮河以南的地区为森林区。其他如大夏河、洮河以及白龙江流域，都以农业为主。至于游牧的藏民，大部分布于本区西部及西南部。

本区的藏民全信佛教，行政事务另有土官头目以为其部落的行政官，一切设施均世世相传，永矢遵行。本区究有多少人口？若干牧民、农民？无以稽考。兹根据夏河卓尼两县政府的调查及估计列表如下：

县区 土房或帐房	全区	夏河全县	临潭区	卓尼全境
总计	24748	11689	2670	10389
帐房	4258	2558	1700	
兼有	3607	1980	500	1127
土房	16123	6391	470	9262
市区	760	760		

说明：1. 夏河及卓尼之户数，系根据县政府之调查。惟夏河之户数，除市区及塔哇外，因调查数字太低，统计时曾增加百分之十；土房与帐房之数字，除夏河县系根据县政府调查外，余为估计。2. 帐房系牧民之帐篷，蒙民之蒙古包。凡住帐房之人民，均为游牧。3. 帐房土房兼有的藏民，是某一区域内一部分是帐房，一部分是土房。还有一部分藏民，既有帐房，又有土房，占本区总户数百分之十五。土房的户数，占总户数百分之六十五。4. 市区七百六十五户，是夏河县沿黑错及陌务的市区，卓尼设治局所在地及临潭市区未列入。

畜牧现状

本区的牲畜以马牛羊为主。马产于甘、青、川边境一带之土尔胡、左格尼马、欧拉等族，俗称为南番马。其体躯高大，既适于骑用，尤宜于军用。牛有毛牛、犏牛、黄牛三种，毛牛富耐寒，壮者性暴，能越高山，冲雪地，行砾地、渡河水。犏牛为黄牛与毛牛之间生种，具有黄牛与毛牛的优点，壮者宜役用，牝者乳量较黄牛多，且泌乳期亦长，羊为小尾藏羊，游牧区内几全为绵羊，农业区内山羊为多。此外尚有少量的猪，分布于陌务、黑错以东的农家与牧户。每头肉量仅四五十斤，甚至二三十斤者。

本区牲畜数量，过去没有统计，兹根据教育部拉卜楞巡回施教队的四十六份调查结果如下（四十六牧户牲畜统计）：

	牛	羊	马	附注
总　计	1507 头	3907	448	四十六户分配不甚匀称、康撒一族有 24 户之多。事实上在草地不能抽样调查，这样往往失去代表性，据调查羊的数目似属太低，牛的数目，却嫌过高
平均每户	32.7 头	84.9	9.7	

每一百牧户（或农家）所有牲畜估计：

县名	部落名称	户数	每百家所有牲畜头数					备考
			绵羊	山羊	马	牛	猪	
夏河	阿木去乎	2552	12000		970	2500		卓格尼马、三科乎、科泽、甘家
	欧拉	330	10000	2000	800	2250		作里、日安日多马、哇得族在内
	麦秀	330	8000	1750	400	1500		麦加及八角城在内
	陌务	660	7000		300	1750	125	执执、执格郎哇在内
	卡加	660	4000		300	1200		
	黑错	880	4500		300	1250	250	
	我乌祖	2486	6000	1500	400	1300		
	隆洼	220	1800		175	650		
	日火藏	1595	750	300	175	450		
	搭哇	400			30	125		
临潭	唐洼	1700	12000		970	2500		双岔等族在内
	西仓	500	8000		500	2000		
	其他	470	1200	450	150	500	125	临潭已编保甲之藏区
卓尼	洮河流域 1	1361	600	500	265	150	780	
	洮河流域 2	1120	100	150	100	330	320	
	洮河流域 3	536	750	750	115	200	300	
	杓哇等四族	986	1150	2800	125	1400	300	
	上叠部	1093	750	1400	188	1050	350	
	下叠部	1582	650	1300	150	320	300	
	车巴沟各旗	1141	1500	3500	950	1850	300	
	若哇各旗	2570	750	750	175	250	340	

根据上表的估计，统计本区内所有牲畜数如下表：

（1941 年）

项目＼地区	户数	牲畜总数	绵羊	山羊	马	牛	猪
全区	24160	1521615	1071079	215354	102511	295078	37593
夏河全县	11018	1051788	741913	75048	56474	175318	3025
卓尼全境	10388	342939	79516	138191	26342	64910	33980
临潭藏区	2760	126888	49640	2115	19695	54850	588

各种牲畜对牲畜总数所占百分比统计表：

项目	牲畜总计	绵羊	山羊	马	牛	猪
畜牧区	100%	70.6	7.1	5.4	16.6	0.3
农业区	100%	23.2	40.3	7.7	18.9	9.9

牲畜价值统计表：

项目	数量（头）	单价（元）	价值（元）	备注
总计	1521615		170723325	
绵羊	1071079	36	37487756	占牲畜总值 22%
山羊	215345	30	6460620	占牲畜总值 3.8%
马	102511	650	63632150	占牲畜总值 39%
牛	295078	200	59015600	占牲畜总值 34.6%
猪	37593	30	1127190	占牲畜总值 0.7%

草山的地区，大概说来，其最高的主权，大部属诸寺院，也有一部分属于土司头目的。而所有草地的使用权，却完全属诸各部落的藏民。藏民的牲畜，是每一户藏民的私产，但草地使用权，却是各部落的藏民公共所有。然草地界线，大都各部落间都有一定；但有一部分却不清楚，为了争夺草地，常起纠纷。这种纠纷，大都经过打仗方式，打完了仗，双方再举行谈判，有时到土司头目或寺院去“吃官司”。

牲畜贸易

本区的牲畜市场，其最大的有拉卜楞及临潭旧城两处。其他各处均有零星贸易，但为数不多。拉卜楞的牲畜市场有二：(1) 马牛市场，在拉卜楞寺旁所设之“崔拉”(译音) 市集，距夏河县只不过二里；(2) 羊的市场，在拉卜楞的唐纳海 (译音)，距夏河约三里。临潭旧城的牲畜市场，在该处各客店内，并无集中的市场。

拉卜楞交易牲畜的来源，为其附近及其西南的各部落，如三果乎、阿木去乎、甘家、日恩、铁五、杂曲、波拉、科泽、达村、苏乎、土尔胡、卓格尼马、欧拉等族。但因拉卜楞寺之威望极大，每逢该寺定期的大会时，则青、川、康诸省边境的藏民，来寺院敬活佛转“古拉”时，常常带牲畜若干来此交易。故拉卜楞市场的牲畜来源至广。临潭旧城 (简称旧城) 的牲畜贸易，过去较拉卜楞为大。自拉卜楞设县之后，有一部分交易，转移于该处。旧城牲畜的来源，为临潭的藏民区、卓尼的全境以及夏河的东部。有些小贩则到草地交易，市场范围，能随时扩大。

上列市场牲畜的交易数量究有若干？根据夏河、临潭两县畜税局 1940 年一年的纳税统计，加上免税、偷税、漏税以及少报等情况予以估计如下：

区域 \ 牲畜 \ 项目		交易出口		本地销
畜牧区	马	3500	2950	550 出口 (占交易额 85%)
农业区	牛	4700	2000	2700 出口 (占交易额 42%)
畜牧区	羊	64000	10000	54000 出口 (占交易额 14%)
农业区	马	1500	1200	300
畜牧区	牛	3500	1000	2500
农业区	羊	60000	9000	51000

续表

区域 \ 牲畜 \ 项目		交易出口		本地销
畜牧区	马	2000	1750	250
农业区	牛	1200	1000	200
农业区	羊	4000	1000	3000

再根据此项交易数量，照1940年11月份的价格，马以每匹九百六十元，牛以每头三百元，羊以每只三十六元计算，则得全年之交易额如下表（单位：国币1000元）：

区域 \ 牲畜 \ 项目		交易总额	出口总额	本销总额
全区合计	总额	7073	3793	3282
	马	3359	2830	528
	牛	1410	600	810
	羊	2304	360	1944
拉卜楞	总额	4649	1774	2874
	马	1440	1151	288
	牛	1050	300	750
	羊	2160	324	1836
旧城	总额	2424	2016	408
	马	1920	1680	240
	牛	360	300	60
	羊	144	36	108

本区牲畜市场分配的组织，极为简单。从生产者手中以迄目的市场，只有两种小贩。依其性质言之，可称之谓贩运商，一种贩运商，主要是旧城一带的汉回人民，他们在旧城或岷县购买铜器、布匹、铁器、火柴等，一切藏民所需的日用品，他们带了帐房、牛、马、锅等到草地去履行物物交换。交换时，仍以价格为

标准，并不是以一匹布换一头牛，他们将售出的商品作一价格，同时再将买进的货物也定一价格，如有多少，则以银元作找。他们每到草地去一次，至少也要四五个月，甚至一年多。此项小贩，在民二十八年时约有一百人，旧城者约占十分之七，拉卜楞十分之三。他们的职能，是到产地零星收集，而后到市场整批出售。另一种小贩，是本区以外各处来的客人，他们定期到旧城或拉卜楞收买牲畜，然后贩至西安、平凉等地出售。外来的小贩，以贩马的最多，牛次之，羊最少。除此，在旧城及拉卜楞两市场都有经济人，称为“牙子”。牙子并非专业，他们都熟谙汉藏二语，并熟悉商业情形，他们的职能是周旋买卖双方，使交易得到成功。拉卜楞的牙子成交马或牛一匹，收牙佣银一元，羊一头收铜元二串（当十铜元五枚），由买者负担。旧城的行佣，随时议定。集货的方式有二种，一种到产地集货，多数是本地的小贩，一种在旧城或拉卜楞集货，多是外来的商客。到拉卜楞集货，价格虽然低些，但风险负担极大。因为在陌务与完科罗之间，数十里无人烟，抢劫掳掠，日常所有。故须结队而行，且须备有武器。

至于牲畜交易的时间与季节，在崔拉市集，平时每天都有，有交易而无固定的商店，与欧洲中古时代的市集（Faiy）相似。但主要交易，在拉卜楞寺的定期的公开大会，例如九月、十月、七月、二月、正月等六次大会。这些会虽为宗教上的集会，但参加者多，渐渐兼有商业集会的性质。旧城的交易，主要在旧历六月及十月两个会。

牲畜销售，牛去岷县、临夏等地较多，羊则全销临夏。马的销售地在西安、平凉、泾川、岷县等地。

畜产贸易

绵羊毛的出口量，抗战前约为二百五十万斤至三百万斤。全在夏河出口。此项羊毛的来源，本区所产者十分之六至十分之七。其余为川、青、康边区所产。战前青海当局统制甚严，而四川边区所产的羊毛，因松潘市价高涨，而转移市场于该处。故现时可在夏河出口的羊毛，仅限于本区所产者，约在一百五十万至二百万斤。至于羊毛的重量，因掺杂很多，凡羊粪及一切污秽均混在其内，故并非净毛，称为混庄毛。每百斤可洗净毛四十五斤至五十五斤。藏区羊毛的消费不多，但羊皮则不然。藏民的衣服，全用羊皮为之，每户每年消费羊皮平均十张至十五张，全区每年消费约为三十万张。

项目 地区	羊毛（单位：千市斤）		羊皮（单位：百张）	
	绵羊毛	山羊毛	绵羊皮	山羊皮
全区	2331	288	633	184
夏河全县	1669	113	445	64
卓尼全境	100	172	38	118
临潭藏区	562	3	150	2

最近几年中每年可能出口量及其价值如下表：

项目 品种	可能出口量		价值（单位：元）		备注
	单位	出口量	单价	总值	
共计				6825000	羊毛以净毛计算，估计每年可能出口750000至1000000市斤。兹以平均数计之。输往国外之羔皮品质最好，国内销售者较次
羊毛	1000市斤	875	3	2625000	
洋庄羔皮	1000张	225	10	2250000	
本庄羔皮	1000张	50	4	200000	
二毛皮	1000张	50	13	650000	
老羊皮	1000张	100	12	1200000	

上表出口的数额，亦即交易的数额。夏河与旧城二市场比较，则旧城的交易额较之夏河为大，约占全区总交易额十分之六，夏

河占十分之四。

这里的贩运商，普遍称为庄客，亦称洋庄客。他们大都向小贩收货，然后运至天津、兰州等地，售于出口商。他们的职能，到产地大量集货，作初步的分级运输之，而后整批售于出口商。这种贩运商，旧城与拉卜楞二处约有十家。另一种大多数是拉卜楞及旧城的一般商人，他们收买市上零星或小批的皮货，至目的市场出售，有时亦售于第一种贩运商。但这种商人大都兼营其他商业，在拉卜楞及旧城约有十五家。此外还有一种制造商，他们大部分是做皮货的，他们到产地来集货，是为了制造而收购原料。这种商人一般人称为“本庄客”或称“熟皮坊”。他们每年春天来收货，三四月间运至兰州陕西各地，从事制成皮统后出售。

羊毛集货的季节，普通在六七月间，皮货则在十月至翌年的二月。

羊毛的运输，自夏河至永靖，则全用驮运。自临夏至夏河每天平均有一百头以上的驮子运粮食及其他商品，返程时运羊毛极为便利。自永靖至兰州则有皮筏运输，运费极为低廉。现由夏河运羊毛一百斤至兰州，约需运费四十元，约占羊毛成本十分之三。皮货的运输，因皮货价贵，所以运费占成本的少数。自夏河、旧城至兰州，均系驮运。

羊毛与小毛羔皮，战前几全运至天津售于出口商（洋行）而后出口。二毛羔、老羊皮在本区所产者，几全销于西北各地。因板子厚，毛不美观，不适于南方之用。

本文原载《西北经济通讯》，1942，1（7、8）；选自《西北民族宗教史料文摘》，甘肃省图书馆丛书第一辑，1984。

拉卜楞寺一瞥

高一涵[①]

拉卜楞在汉代为白石县之徼外地，元明以来为河州之边外地，清乾隆二十七年移河州同知治循化，拉卜楞遂属循化厅。民国建元后，一仍旧制，迨十七年始在拉卜楞寺附近之他洼市置夏河设治局，逾年改县，因县治在大夏河上游，故名夏河。

拉卜楞寺距临夏县昔称二百四十里，今以各站路程计，仅二百零五里。西与青海之同仁同德二县壤地相接，商旅云集，为汉藏蒙回各民族往来贸易之中心，故蔚为西鄙一大市场，今欲述拉卜楞小史，不得不先述拉卜楞寺与河南亲王之以往关系。

所谓河南亲王者，即指青海之蒙古和硕特前首旗旗长而言，此旗俗称索乎，旗长为河南郡王。青海和硕特部为元太祖弟哈布图哈萨尔之裔，九传至博贝密尔咱，称卫拉特汗，即额鲁特汗，子哈尼诺颜洪果尔继之，其弟四子图鲁拜琥，号顾实汗，侵入青海，分部众为左右二翼，令其子十人分领之。康熙三十七年顾实汗第十子达什巴图尔入朝，诏封和硕特亲王，领青海和硕特二十一旗。河南亲王为和硕特前首旗，系顾实汗第五子之后，其牧地在黄河曲，今为青海贵德县黄河之南。民国二年晋封和硕亲王，十三年贡噶环觉袭爵，三十年逝世，无子，尚未立嗣。

① 高一涵，生卒年不详，约于1941年进入拉卜楞，在调查后著《拉卜楞寺一瞥》一文。

拉卜楞寺兴建于康熙四十八年（1709），主其事者为河南亲王之祖宗博硕克图吉囊。吉囊于康熙四十三年亲入西藏，请嘉木样大佛第一世来今夏河滨札西溪地，献其牧地金钱，建寺宇，日兴月盛，遂蔚为黄教重镇。自嘉木样一世至今大佛已历五世，凡二百三十二年。嘉木样五世为西康理化人，前年赴西藏学经典，现已回寺，藏民对之信仰益深。

拉卜楞地居大夏河之滨，山清水秀，林木蓊郁，风景宜人。余自黑错寺入夏河，经波拉，乔告，沿途山不甚高，滩亦平衍，童山濯濯，气象荒寒。一至拉卜楞寺附近，两山夹河对峙，溪边杨柳，次第成林，古柏扫空，苍翠欲滴，山峰峭立，耸□□□。由拉卜楞东北行往临夏，道经大墁、山堂、沙沟寺、红墙、桥沟、清水、晒经滩寺，至土门关，群峰插天，河谷入地，林深箐密，丘壑纵横，仰望天空，有如坐井。余因有“山立四围人入瓮，溪流百折水成珠”之句，以纪实景。土门关内外，气象顿殊，关外汉回杂处，成一小市，再前行则村边绿树，童童如盖，田畴相接，鸡犬相闻。入关一步，则汉人绝迹，饮食衣服，顿显出边地风光。不谓此一垣，竟为边地天堑。

拉卜楞寺共有五大学院，十八囊谦，及其他建筑物组成。喇嘛阶级以嘉木样大佛为首领，其下有古学堪布，有赛将桑，有公唐桑、珊察桑、德洼桑、赫日仓桑四赛池，有公芒桑、香错堪布桑、堪布桑、将日当堪布桑、災周桑、年周桑、阿芒桑、罗桑金巴桑八堪布，有周公巴桑，有花列哇桑，有五百小活佛，最下为三千六百僧众。寺内组织以嘉木样大佛、赛将桑、四赛池、八堪布、香错、周公巴桑、花列哇桑、大吉哇等所居为十八囊谦，即十八大院。除吉哇为全寺宗教及事务之主管机关外，余均为喇嘛堪布等之私署。大吉哇管五大学院：即闻思堂（帖萨木郎），续部上院（居多巴扎仓），续部下院（居慢巴扎仓），金刚院（吉都扎仓），医学院（曼巴扎仓）。

拉卜楞寺与青海之塔尔寺同为黄教中心，原无轩轾，若强为区别，似塔尔寺金光耀目，以富丽称；拉卜楞寺阁楼高耸，以堂皇称，但拉卜楞寺之梵宇，约多塔尔寺一两倍。拉卜楞寺宗教势力，昔日几包括青海东南部，甘肃西南部，四川西北部及西康东北部。除西藏拉萨外，其建筑之雄壮，与势力之雄厚，当以此寺为第一。该寺所属阿木去乎族、甘家族、三苦乎族等地域，均在夏河县境内其由寺直接治理者，有夏河境内三苦乎族、阿木去乎族、十三庄及阔才族、欧拉族、左格尼马族等，由嘉木样大佛直接派寺僧治理。甘家族则唯由甘家百户千户仓海治理，世世承袭，间接属于拉卜楞寺。

张其昀在其所著甘肃人文地理志中称：拉卜楞寺治理人民分为三种：一曰“拉德”，即所谓“神民”，由嘉木样大佛直接治理，约二万户，五分之三在夏河县境内，该寺附近之十三庄，即属此类。二曰“墨德”，即所谓“政民”，由世袭之土司治理，约三四万户，五分之一在夏河县境内，对嘉木样大佛奉命唯谨。三曰“厥德”，即所谓“教民”，散居各地，因宗教关系而受嘉木样大佛领导。此类教民，远则散布在青海西藏西康蒙古各地，近则如四川之松潘，甘肃之洮西各县，皆有此类教民。该寺属寺号称一百零八寺，但实际恐尚不止此。凡属教民，均每年或数年须至该寺献纳供养一次，总计该寺所辖居住牧民有大小三十五庄，游徙牧民有大小十八族，不归直辖而表示同情者，计有果洛之康干康色及甘青川康之牧民大小十七族，直接或间接献纳供养而为其布教支部者，尚有甘青川康各地之寺院。此为拉卜楞寺之宗教势力。

于此可见拉卜楞寺与塔尔寺有一不同之点：即塔尔寺仅管宗教，不管政治；而拉卜楞寺则一向在宗教势力之外，兼有政治势力。其所以如此者，则因效法西藏。西藏自唐代松赞堪布起，即为政治与宗教合体时期，自五世达赖阿旺罗桑嘉错以来，举凡政治全权，皆操于达赖教主之手，一般人皆称达赖为法王。故西藏政府实为政教一体之政府。其主政教者有二：一为驻在前藏之达赖，一为驻在后藏之班禅。唯在事实上，达赖可掌握政教全权，而班禅则比较趋于宗教方面而已。拉卜楞寺仿行西藏制度，又兼在夏河未设治设县以前，地方政府从不过问其政教事务，故拉卜楞在过去□□□□有政教两大权力，迄今县□□政治力量，往往□□喇嘛□□□□。

考欧洲耶稣教历史、其进化过程，大概可分为三个时期：一政教合一时期，二政教冲突时期，三政教分立时期。上古时代，人民浑浑噩噩，政藉教以推行，教藉政以维护，故政教合为一体。古代尚专制，故教会亦采用专制主义，国家有阶级，故教会亦采用阶级制度。厥后自由平等之思想，怒起如潮，不可抑遏，在政治上所表现者，为民治主义，在宗教上所表现者，则为信仰自由。于是君主与教主相争，国家与教会相争，而一教之内，新教派又与旧教派相争，演成一百年之宗教战争史。迨政治革命与宗教革命先后成功，而自由平等深入教会之内，遂变成政教分立之局面。此为历史进化公例，政治史如此，宗教史亦复如此，潮流所趋，非人力所能扼抑，阻遏其潮流，不独引起政教之冲突，且可使一教之内，分崩离析，互相残杀而不能自已。结果，必两败均伤，以致慈悲博爱之教会，变为凶横残暴之杀人场。吾人一读欧洲中古史，所以不得不惊心触目者此也。

欧洲中古教会不独见民治反对民治，见平等自由反对平等自由，并且见科学反对科学。然民治政体成，而宗教之存在如故，平等自由之说兴，而宗教之存在如故，即近代科学日新月异，而宗教之存在依然如故。因科学所能知者，属于学术范围，科学所不能知者，宗教家可认为属于宗教范围。宗教家见近代科学与近代宗教，各有其领域，不妨同时并存，故皆安之若素。近代科学家同时兼为宗教家，近代宗教家同时兼为科学家者，不知凡几，故无所用其反对为也。且佛教自身并非初民迷信之宗教，早已进为哲理丰富之宗教，不独不应与科学分道扬镳，且应与科学携手并进。

宗喀巴佛为黄教之创始者，因目睹红教走入迷径，惟以吞刀吐火拿妖捉怪为事，有失佛教本旨，遂苦心修行，力求大乘之学，故西藏佛教因而中兴。但宗喀巴佛所处之时代不同，仅能在宗教内改革宗教，彼所成就者为佛教之宗教改革，而非佛教徒之政治改革。吾人今日所希望者，在藏族佛教中生一圣人，且有世界眼光，明了历史进化公例，从宗教进化史中，将欧洲教会所演政教冲突及宗教战争一段惨史削去，新辟蹊径，直达近代政教分立之新阶段，此种责任，嘉木样大佛为最有资格担负之人。宗喀巴佛未完事业，正待嘉木样大佛凭藉拉卜楞寺佛教势力以完成之，是则吾人之所切望者也。

本文原载《新西北》（月刊），1941（1—2）；选自甘南州志编辑部编：《甘南史料丛编》，1992年5月。

洮河上游之天然林

袁义生

洮河上游之天然林，南与白龙江上游及四川西北部之森林相毗连，面积辽阔，蓄积丰富，乃西北极重要之林区。主要的树种为云杉、冷杉、山杨、白桦、红桦等，以云杉为主。在森林利用上，皆有其特殊之价值，云杉干端耸挺直，每公顷蓄积约在四百立方公尺以上，胸高直径一尺以上之大树，比比皆是。

森林带之垂直分布，约自海拔二千三百公尺，至三千六百公尺，约占二千三百公尺之空间，三千六百公尺以上为高山草原带。云杉林带之分布，约自二千四百公尺至三千公尺；三千公尺至三千六百公尺为冷杉林带。洮河上游之海拔甚高，岷县附近之平川已达二千二百公尺，卓尼约二千六百公尺，故栎林带所占之地积甚少，仅于海拔二千四百公尺以下之坡地见之。自植物社会之演变言之，云杉林与冷杉林皆属终止社会。云杉林破坏后，即变为山杨林或白桦林。冷杉林摧残后，即沦为红桦林。故山杨白桦红桦林等，皆属过渡乔林期，乃植物社会继承之一阶段也。如加以保护，不受外界恶劣因素之影响，若干年后可复旧观。在云杉林带中，干燥硗薄陡峻之山坡，多油松单纯林，此乃土壤之影响也，故土壤为其成立之重要因素。此于贺兰山中亦常见之，可名之曰亚终止社会。高寒山地之森林完全破坏后，直接变为草原区。

杂草繁茂，间以杂生灌木，如金鸡儿、忍冬、绣线梅、沙荆等，与高山草原带同为番民游牧之天然牧场。

洮河上游之森林，所以能保持至今者，实以喇嘛寺之保护及土司之管理也。民二十六年前杨土司积庆在世时，对于山林之保护亟为注意。公私有之森林，皆严禁滥伐，卓尼附近各山口之坡地，林木密被，葱茏荫郁，自杨土司积庆去世后，五六年来之滥伐，凡临近洮河之森林，几乎破坏净尽矣。伐木之方法，极为粗放，伐木后去枝剥皮，利用人力或畜力，运至支流，散溃流入洮河本流，再编筏下运，惟野狐、九奠、牛皮三峡，滩险水浅，曲折甚多，须先将木筏拆散，分流过峡，再行编筏，故运输稍感困难。

木材以伐株之时间不同可分为三种：

一、白材　在春夏两季采伐之树木，易去皮，干燥速，木材表面作乳白色，故名。

二、花材　在秋季采伐者，虽易去皮，但以潮湿多雨，不易干燥，故木材表层灰色，故名花材。

三、冬瓜材　冬季采伐者，树皮不易剥离，名曰冬瓜材。

故山木材之表面，可以鉴定其采伐之时期。木材以冬季采伐者为最佳，春夏次之，秋季尤次之。洮河上游林木之年伐采量，并无正确之统计，如以筏税作参考，亦可得一概略之数字。民三十年筏税由商人承包，全年国币一千四百元，每一木筏交税一元，则全年自洮河上游放下之木筏，最少当为一千四百筏，每筏以干材三十根计，共约四万余株。

本文原载《国立西北技专校刊》，1942（7、8）；选自《西北民族宗教史料文摘》，甘肃省图书馆丛书第一辑，1984。

甘肃西固藏民社区分布与沿革

谷苞[①]

西固全县藏民总数，尚不足一万人。其分布区域，从风俗习惯上，大别之，计有三类：一、自县城西二十里武都关以西至黑峪，直至岷县东南之罗达后归安以南。在此区域一带，全数藏民在生活习惯上为一类型；二、在县城南十里二十里或三十里之南山中，有前七庄又为一类型；三、在县城南七十里之三角武坪一带，东南至杀贼桥一带，则又为一类型。

全县藏民区，以武坪及黑峪为中心，其中户口以武坪一带为最多，武都关以西次之，南山前七庄人数最少。

武都关以西、后归南以南藏民区域，共计有十五庄族，其名称为：郎昌沟，武都关、好地坪、黑峪沟、九远族、占当族、前北山、南山、赤马尼、增丹族、边藏尼、前藏尼、希藏族、阿果哥、后北山。

南山前七庄之名称为：罗子坪、黑西坪、真对利、杨山利、端山、马王山、姚家轮。

杀贼桥番地计有九庄，其名称为：登查哇（18 户）、宁二里（8

---

① 谷苞（1916—），祖籍湖南，生于兰州一个贫农家庭。1941 年毕业于西南联合大学社会学系，1946 年利用半年时间到洮河流域和白龙江上游的藏族农牧区进行社会调查，并学习藏文，著有《卓尼的土司制度》等文章。

户）、杨三里（21 户）、斯差里、休正庄（20 余户）、冷斯全（15 户）、凤安山（8 户）、下巴山（10 余户）、苦驼里（6 户）。

武都关以西之藏区，在清初归黄土司辖，归化甚早。在清雍正八年与岷县西南赵土司辖，前后归安之地归化为同时。此两地归化甚早，传有一段史实云：清初赵黄两土司曾做亲，黄土司之女嫁与赵土司之子，黄曾以三庄之地送其女，以为嫁奁（此三庄之地在后归安境内，归岷县罗达辖，名罗达里、赵家把扎、蔡砖）。因此，三庄之藏民及黄土司之其他百姓，皆表示不愿；曾诉请清廷，清廷乃下诏，将其两土司撤销，以其地归地方官直辖，所有地丁粮等，亦皆交纳地方官，是在清雍正八年。现时黄土司之后裔尚在，其家在黑峪沟之里峪里附近。

三角武坪一带之藏民，自明朝以来，原归岷县宕昌之马土司辖，年代甚久。民国十年，西固县政府为欲使三角武坪藏民归化，屠县长时，曾两次派兵往剿，未奏大功；民国二十四年周县长时开始归化，成立第四区署，以辖其地，后为便于管理，乃撤销第四区署，由第一区署兼辖之。

杀贼桥藏民区九庄之藏民一百八十余户，在过去与武坪三角一带之藏民，同归宕昌之马土司辖，每年纳地丁粮于马土司，已十八年之久。民国二十四年与三角武坪一带之藏民同时归化，改归西固县辖，地丁粮亦改纳于西固县政府。

本文原载《边疆通讯》，1944，2（11）；选自《西北民族宗教史料文摘》，甘肃省图书馆丛书第一辑，1984。

河曲——中国一极有希望之牧区

李式金[①]

河曲位于甘、青、康、川四省之间，蔚为一大区域，黄河自星宿海奔流来，在此作一大湾，故称河曲。境内西耸积石，东起西倾，而积石尤为高耸，积雪皑皑，藏民视为神山。山坡丛草密生，黄河支流交错，青山秀水，为天然牧区。面积之广，几抵浙江一省。

牧畜环境

拉卜楞三千公尺以下之地为农牧区，三千公尺以上之地为纯牧区，农牧区仅限于东南沿河谷之低地，面积极狭。纯牧区之面积，估计可为牧畜之用者，当占全区百分之九十以上。何以言之？1. 牧区广大：凡适宜牧畜的地方，均须于广阔之地面，面尤要者则牲口所需之牧地亩数较大也。大概除精饲料外，牛一头（马同）日需干草十五斤，羊一只日需干草八斤。如每亩地以年产干草三百斤计算。牛一头须地十八亩，羊一只须地九点六亩，广义之

① 李式金，人文地理学者，曾担任过中英庚款董事会甘肃科学馆副研究员，先后在西北大学、西北师范学院任教。1939 年，应拉卜楞司令黄正清之邀到拉卜楞。著有《拉卜楞之商业》等文章。

拉卜楞（举凡拉卜楞寺宗教势力所能支配的地方，均包括在内）面积约十万平方公里（十倍于狭义之拉卜楞），其中适宜于游牧之地方为九万平方公里。一万平方公里约合一六二八亩，约可养牛（或马）九十头，养羊一六九只，则大拉卜楞可养牛或马八百一十万头，或羊一千五百二十一万只。2．气候适宜：雨量大致在四百公厘左右。青草于四月萌芽，十月始枯，年约有七个月之青草期。3．牧草丰美：本区土壤为肥沃黑土，牧草至为丰富，高者达三尺，种类亦多。常见之野草有翻白草、鹅观草、牧草天蓝、节节草、桴狐草、羽茅、野豌豆之属，大概禾本科较多，豆科次之，而鹅观草牲口尤喜食之。4．水源丰富：大拉卜楞草地，地形坡平谷广，水流弯曲，饮水量洁，便于牛羊之逐草而居。

牧民分布

本区人民不论其属拉卜楞寺或县政府，总分为“政民”（墨德）及“信民”（厥德）二种。在政教合一的管理之下，政民对寺院佛爷、土司、县政府有纳差及应役之义务，而信民则仅限于对拉寺及佛爷有进贡纳差之义务，完全属宗教信仰之负担。政民仅限于拉寺附近沿大夏河一带住民之耕牧兼施之十三庄藏地而已，区域甚小，有三百户，人口一千五百，即县长直辖之人民，但此区原系拉寺之政民又系信民，对嘉佛又负“信民”应纳差役，故有双重负担。至信民区域则甚广，人数及财力均雄厚，共大小三十五庄，十八牧族，七千余户，人口三万。其中拉卜楞十三庄亦在内，惟果洛族未算入。此外，拉卜楞寺院凡一百零八，分布于甘、青、川、康诸地，各寺僧人计在万数以上，足见拉卜楞在西北所占地位之重要。拉寺之信民如索乎、大绕、土尔扈特诸族系蒙古族——即黄河南四旗中之三旗，其他均属藏族，如三苦乎（桑科）、左格尼马、阿木去乎诸族以及十三庄，均为拉卜楞直属嘉佛派，其亲信侍卫喇嘛任“郭哇”（行政长官之意）职或称“谷草”，代表嘉木样行使政权，三年更一次。其他各族均各有其头目世袭，或由头目以自治。牧民对宗教信仰颇笃，愿罄其家财而供寺院作为宗教上祈祷之仪式，设有侵害寺院或带有侮辱宗教之行动，教民愿牺牲一切以卫之，如各族不和，即起斗争。边区杀人虏货之事层出不穷。

此区牧民虽云逐水草而居，然各族之牧地，大致尚有一定之范围，平时不得侵犯，如越境放牧，每每演成各族间之战斗。

区内虽大致为草原，然亦有高山圆滑之丘陵起伏其间，故牧民季节移动之现象颇显。牧民每于夏秋较热之时，放牧于高地以就爽凉，冬日严寒之时，则驱牛羊下山，就低温之地，以避风寒。

畜牧之种类及数量

本区之牲畜，以马牛羊为大宗。野性亦多。猪及家禽，仅农牧兼施之区有之。牧民家家有狗。兹将各种牲畜之数量表列于下：

畜别	数量	单位（战前价值）	总值	备注
马	33570	50 元	1678500	包括少数骡在内。产地仅限于拉寺十三庄
牛	113750	15 元	1706250	包括牦牛、犏牛、黄牛，牦牛最多，黄牛最少
绵羊	1169000	2 元	2338000	
山羊	3000	1 元	3000	仅限于拉寺十三庄吉盆、阿木去乎等地
驴	2100	10 元	21000	仅限于拉寺十三庄吉盆、阿木去乎等地
猪	350900			

作者于民二十八年在拉卜楞调查数字，仅限于夏河境。

拉卜楞牲畜与甘肃全省及全国头数比较表

	拉卜楞	甘肃	拉区与甘肃％	全国	拉区与全国％
马	35570	148000	24%	3418000	1%
牛	113750	637000	16%	33355000	0.3%
绵羊	1169000	2808000	41%	14025000	8%
山羊	3000	1387000	0.2%	17868000	
驴	2100	590000	0.3%	10401000	

现拉卜楞所产牲畜数字已可观，然尤值注意者乃该区之潜力，以全牧率而言，则可增至一千五百余万，约为现在全区羊之十余倍，即现在全国羊只半数，若以本区全牧牛，则其数字可增至八百余万头，为现在全区牛数之七十余倍，占全国现在数字四分之一。

畜产及其交易

藏民之生活均仰给于畜产品。然生产品不能充分利用，且品质恶劣。本区绵羊毛每年剪一次，一头年产二斤，山羊一斤估计，羊毛全年产量约二三百万斤。羊毛自草地运至夏河、临夏等地，经毛庄加工整理，再转往出口市场。牛羊皮：羊皮多以制羔裘之用，年可产约三十万张，一半自用，一半集中于拉卜楞市出售。另本区藏蒙民之主要食品为牛羊肉、乳品及糌粑，就中除糌粑一项中之青稞粉外，其余食物均取自诸畜产。至马牛羊之出售，集中于拉卜楞，销售临夏等地。即兰州之食用牛，以拉寺供应为主。肉类多自食。拉寺每年宰食牛约千头，猪约一百六十头。

本区畜产品之贸易以及皮毛输出为重要。至其交易之情形则由临夏、临潭、贵德、松潘各地之汉回，运输茶布等杂货、面粉等物到各地，以交换皮毛。藏蒙人民则按其需要，以剩余之皮毛与商人交易，交易多以物易物，间用银币，法币则不通行。亦有预先放货，到皮毛生产期，即往收集之。而蒙藏民亦以预先放货，以应其适时需要者为有交情。惟藏蒙人民不识数字，完全信赖商人，故若商人本人他去，派其他人代为收集货账时常起不信任态度，盖一般商人常有冒账作弊之故也。

本文原载《边政公论》，1945，4（1）；选自《西北民族宗教史料文摘》，甘肃省图书馆丛书第一辑，1984。

卓尼车巴沟的社会一瞥

倪楷　文汉

离开卓尼经临潭旧城到诺札沟，由诺札沟经逯儿沟翻过诺叶山便到车巴沟辖境。车巴沟虽是卓尼杨土司所属四十八族的境地，但却为杨土司卓尼设治局及临潭县政府的政令所不及。全沟分为两旗，上沟六庄为一旗，下沟九庄又为一旗。旗长为张杨德，兼管两旗，上下沟总管各三人。上下沟分界处在拱巴寺。寺以南为上沟，以北为下沟，沟中居民全为藏民，生活颇富裕，寻常人家有兄弟四五人者很多，每人并各有乘马一匹，步枪一枝。全沟藏民如果外调，可有骑兵四百余，骁勇善战，民国十八年河湟之乱，在临潭旧城同土门关一带，藏兵与叛众鏖战甚烈，车巴沟藏民曾获胜利。

拱巴寺教权受辖于拉卜楞寺，为卓尼境内有数的大寺，该寺羞俄（铁棒喇嘛）为拉卜楞寺派往一年一任之僧官。寺中有喇嘛四百余人，但据调查则超过二千人。喇嘛多数甚富有，拥有多量之白银，诵经之外，并有兼营商业的。此寺活佛，汉文为“查哈呼图”，“查哈”义作“白”解，地位最高；据闻“查哈呼图”在清末于新疆伊犁有战功，慈禧太后曾赏予临潭县粮每年六十石，一直到民国六年方止。此寺建于清光绪时候，全权操于大管家手里。大管家现年三十三岁，十九岁时接任此职，但还俗娶妻已四年，初不因其还俗而丧失其管理全寺之职权。据闻此大管家拥有雄厚资产；车巴沟藏民悉听其管束，凡有诉讼，必往大管家面前控告，不至卓尼杨土司处。民二十八年十一月岷县叛兵窜至柏林口，杨土司檄调各属藏民，在洮河堵截，车巴沟的藏兵则拒绝不应命，此乃大管家从中作梗故也。

本文原载《边疆通讯》，1945，3（4）；选自《西北民族宗教史料文摘》，甘肃省图书馆丛书第一辑，1984。

甘肃西固之藏民

倪楷

西固位于甘肃的西南部，北界岷县，东界礼县，东南与武都相邻，西南与卓尼设治局杨土司所辖藏民区接壤，清时，辖于阶州（今武都），为阶州之分州，清康熙二年，曾于该地设武官协统一员，后改为文官知州，民国成立改为西固县，阶州亦改为武都县。

西固地瘠民贫人口亦稀，城内仅三百余户，全县共一万五百三十四户，四万九千四百七十五口，男二万四千七百七十，女二万四千七百零五，其中藏民占五分之一，不足一万人。

西固全县藏民分布区域，从风俗习惯上来看，大致可以分做三个类型，从县城西二十里武都关以西，经黑峪直至岷县东南的罗达后归安以南的一带区域，可算做一个类型，从县城南十里以上的南山中，有所谓前七庄，又是一个类型，从县城南七十里的三角武坪一带到杀贼桥藏民区，又是一个类型。

全县藏区，以武坪及黑峪为中心，户口密度以武坪为最大，武都关以西次之。南山前七庄人数最少。武都关以西，后归安以南，番民区域共计有十五庄族，名称如后：

郎昌沟　武都关　好地坪　黑峪沟

九远族　占当族　前北山　南山

赤马尼　增丹族　边藏尼　前藏尼

希藏尼　阿果哥　后北山

南山前七庄的名称：

罗子坪　黑西坪　真对利　杨山利

端山　　马王山　姚家轮

杀贼桥九庄[①]的名称：

登查哇（十八户）　宁三里（八户）　斯差里

休正庄（二十余户）　冷斯全（十五户）　风安山（八户）

下巴山（十余户）　苦驼里（六户）

武都关以西的藏民区，在清初归黄土司管辖，雍正八年与岷县西南赵土司所辖前后归安的地同时归化，传云清初赵黄两土司曾联亲姻，黄土司的女儿嫁与赵土司为媳，黄家并以三庄地作嫁奁（地在后归安境内，归岷县辖，名罗达里、赵家杷扎、蔡砖），因此三庄番民及黄土司的其他百姓皆表示不愿，诉诸清廷，清廷乃下诏撤销该两土司，而以其地归地方官直辖，所有地丁粮赋等皆迳缴地方官，事在清雍正八年，现黄土司的后裔尚住在黑峪沟的黑峪里附近。

三角武坪一带的藏民，自明即归岷县宕昌的马土司管辖，民国二十年，西固县政府为欲使三角武坪藏民归化，曾动兵戈，民国二十四年周县长时始归化。

杀贼桥番地九庄的藏民一百八十余户，在过去与武三坪角一带的藏民，同归宕昌的马土司管辖，每年纳地丁粮于马土司已十八代之久，民国二十四年与三角武坪一带的番民同时归化。

宗教信仰。藏民多信仰佛教，西固一县之佛寺，共十七处，悉分布在藏民区。大小不一，资富不等，均为黄教，其中最大者为杀贼桥之巴龙寺，教权属拉卜楞大寺统辖者有三寺，法台老师，亦由拉卜楞寺派住。

---

① 文中只列了8个庄。——编辑注

西固寺院一览表

名称	人数	备考
巴龙寺	130	教权为拉卜楞寺辖，清乾隆三十一年建
黑峪寺	58	教权为拉卜楞寺辖，清乾隆三十一年建。新寺建甫三寺，旧寺各归化寺
武坪寺	50	教权为拉卜楞寺辖，清乾隆三十一年建
占当寺	25	在占当地，寺院穷苦
水格寺	30	
曲哇寺	30	
好地坪寺	10	私人寺院，喇嘛各住其家中
格哈寺	30	
亚哈寺	30	
德哈寺	40	
察屋寺	15	
哈的寺	30	
白的英寺	25	
格白寺	30	
索力寺	200	
梁格新寺	80	

黑峪沟的黑峪寺，其新寺落成刚三年。在黑峪里村庄之下，房屋甚少，式样悉仿拉卜楞寺。黑峪寺旧寺，距新寺不远，房屋破旧，喇嘛极少，有已还俗娶妻生子，仍着喇嘛衣，住寺院中，纪律极劣，寺亦各归化，为清雍正年间本区归化时所建，至今佛堂檐下，有清同治十三年冬月重建该寺之区额。

占当寺在西固占当族的手掌中，四周皆番民农田、寺院甚小，寺产亦薄，喇嘛的生活费用，悉恃为人民诵经作佛事的收入，生活极苦。

巴龙寺在杀贼桥，建于乾隆三十一年，与黑峪寺，武坪之武坪寺及岷县罗达之作尼寺同为拉卜楞教权所管。寺有活佛，年约四十，现在拉萨学经未归，另有管家一人，僧侣百三十人。此寺为本区藏民信仰之中心。

本文原载《边疆通讯》，1945，3（5）；选自《西北民族宗教史料文摘》，甘肃省图书馆丛书第一辑，1984。

拉卜楞设治记

张丁阳

拉卜楞为藏蒙服贾交易之所，实青海西藏之门户也。向为青海郡王所辖，前清中叶，设厅治于循化而兼辖之，实荒远难御，羁縻而已，以故当时拉卜楞寺僧，遂藉以伸张教权，以武力辖制人民，多年以来，陋风未改，僧与民仅知诵经游牧，其教养行政诸大端，不惟非彼之所能，亦并非彼所克知，且慓悍好斗，日寻干戈，偶有抵触，辄相仇杀。据循化志载：拉寺为政治上心腹之患，盖有由来，抑亦缺于教化耳。民国以还，改厅为县，西宁镇守使派军队驻防于此，统兵者惟知用武，且纪律不严，与寺僧时相竞争，循化县莫可谁何。因之残杀之案屡起，而讼狱迭兴，几乎不可终日，以暴易暴，势至积不相能，遑言治理哉。十六年春总司令刘公省长薛公有意于治，创设拉卜楞设治局，盖欲解决纠纷，兼筹县治之基础。丁阳因以不敏，奉令治拉，因于理案之余，周览考察，窃惟拉卜楞地虽偏小，乃西北交通之要键，实可为青海文明之原始，西藏开化之先导也。于是先立学校，以为教化之基，复劝开垦，以为养生之本，至若其他应兴应革，无不因地制宜，凡所设施，固不足以告无罪，但抚心自问，才识所及之处，未尝不竭尽心力，其不及举行者，亦因时势所关，未克如愿耳。甫及一载，未尽措施，方将局治呈清改县，名曰夏河，丁阳即奉令调署狄道，筹办模范县事，粗具规模，适遭匪患，致政务又不克进行，抚今追昔，能不慨然。谨于督率民国防河剿匪之余，将在拉卜楞所历政治风俗状况，纂集成册，聊以志憾，且资后来者之鉴助云尔。中华民国十七年六月，序于狄道县署。

一、舆地记

沿革 拉卜楞，以寺得名也。居皆藏民，汉回民亦有商此者，而回民居多。番回宗教，习惯各异，未设治前，政教权均操于拉卜楞寺嘉木样活佛，继而活佛与驻军互相争持，名为循化县管辖，而循化县长实无权过问，事权不一，纠纷日甚。直至民国十五年，驻甘总司令部及甘肃省长公署为促进藏民文化，免除纠纷，便于行政起见，乃立设治局以治理焉。

面积 拉卜楞旧属循化县，设治局初立，辖界尚未划定，就拉卜楞宗教范围论，由拉卜楞东至土门关一带一百四十里，接导河县界。南至陌务寺一带一百四十里，近临潭县界。西南至大湖滩一带二百五十里，邻青海地界。西至多瓦关秀一带二百二十里，再由关秀西去四十里即至贵德县界。北至瓜什济寺九十里，至白石崖寺五十五里，至关音沟八十里。周围约三千二百五十五平方里，呈请划界，亦准于此。

地形 拉卜楞四面皆山，近临大夏河，拉卜楞居中，谚谓金盆养鱼，诚番地胜境也。西北西南地势较高。与青海四川比邻，为甘边要地。

气候 拉卜楞地势较导河高二百余丈，气候寒凉，正西及西南地方，尤为奇冷，积雪有终年不消者，冬冷多大风，虽届酷暑，无需纱葛，番民犹着皮衣。

山川 拉卜楞附近皆山，其大者首推大雪山，又名大力加山，高约千丈，其次山高约三、四十丈，川流最多，其大者名大夏河，有二源，一出于齐末工瓦，在拉寺之西，距拉四十余里，一出于多瓦山，在拉寺之西南，距拉九十余里，合流经拉寺之东，近临设治局门前，又东经沙沟寺，桥沟，土门关，经过导河以入于黄河。

河流　大夏河由拉沿山流至导河，惟河底不平，未克行舟，至夏季水涨之时，能行木筏运木料。

地土　拉卜楞处处皆山，惟甘家滩、三库滩、大湖滩、晒经滩地势较平，此外平原甚少。

庙宇　拉卜楞寺建于明代，寺院楼房甚多，嘉木样活佛所居者名为大昂欠，尚有十八小昂欠，以小活佛十八人分居之。大夏河南由拉市商人建设关帝庙五间，住房三间，有住持道人一人。

古迹　拉卜楞寺大经堂，系明洪武二年建修，土门关内，建有寺院，名曰晒经寺传云唐玄奘取经回国，曾晒经于此。又有绿瓦寺，系清咸丰间拉卜楞嘉那仓所建。尕金瓦寺，系清康熙间所建，寺内菩萨座下有泉曰白衣泉，相传先有甘泉，而后建寺云。

桥梁　由拉至导河，系崎岖山路，又傍大夏河流，交通往来，端赖桥梁，言有拉卜楞桥及接河长桥各两座，此外尚有拉加寺桥、达陌多桥、山塘桥、撒索码桥、卡加河桥、古堆寺桥、乔沟桥、辽东桥、头道河桥各一座，共计大小桥各十一座，今岁洪水暴发，俱被冲毁，七月修理桥梁，沿途虽大致修复原状，惟拉卜楞桥梁，迄今尚未竣工，故修理大车路，未能即速着手者，实无暇计及也。

道路　拉卜楞居万山之间，自古不通舟车，现拟将由拉至导河一途，修理大车路，嗣经调查，由桥沟至清水二十余里，尽系悬崖石山，羊肠险路，开山凿道，工程浩大，需款约在八千元左右，现正复查设法修理。

水利　拉地多山，山中多泉，拉市近临大夏河流，商民皆饮此水，其气候高寒，多风多雨，傍河向阳之地，只能耕种青稞，虽有良好水流，无所用其灌溉，不产粮米，即能多设水磨，亦无用也。

二、政事记

政绩　拉卜楞昔为青海黄河南亲王管辖之地，继归循化县管理，鞭长莫及，有名无实，近始立设治局，晓以刑律之严密，刑事案件，较少于前，此外教育、治安、卫生、邮电、植树、税收各项，皆已次第举行。

官署　拉卜楞旧垣有营七处，其中房屋，皆不整洁，兹选定营垣一所，复事修理，以为设治局署，其余营房亦加修葺，为本局及保安队驻军与税局公用。

警察　警政一项，奉令以保安队代行警察职务，由局委派行政警察会同保安队昼夜巡逻，现在盗案已较少于昔矣。

商会　拉卜楞商人，多系汉回人民，商会正会长为回商穆培宗，副会长为汉商曹邦华，尚有特别会董及书记共二十一员，于民国七年时成立。

诉讼　拉卜楞司法官署，尚未设立，民刑各诉讼，由局长兼理，并以行政警察兼行司法警察职务。

监狱　拉卜楞设治伊始，筹款维艰，以故监狱尚未建修，看守所附在设治局前院，有房四大间，内分四室，均铺用地板，尚属清洁，又看守所官室两间，所丁室两间，并于本年七月奉前高检厅委任王英杰为管狱员兼看守所官，所设看守四名。

保卫　拉寺前清设立保卫团，藉以保护地方剿办土匪，嗣以无款停止，现拉寺附近十三庄藏民，均听嘉木样指挥，有事能召集五百人，有快枪二百余枝。陌务土官杨步云能召集藏民二千余人，有快枪二百余枝。其余庄村各有枪械数不等，亦有不听嘉木样约束者。

邮电　拉卜楞三等邮局在拉新街北口，于十二年十一月成立，电报局亦与邮局设在一起，于本年八月成立。

三、民风记

户口　拉寺僧众，昔有三千六百人，现约有三千人，大小商户约七十余家，汉民居四分之一，回民居四分之三，藏民三百四十六家男女共□千六百二十一人，设治局辖境未定，其户口尚难预计。

宗教　藏民信仰佛教，僧俗皆讽藏文佛经，其商贾回民，则崇信其教主穆罕默德，每届星期，必齐集礼拜寺诵经，虽有基督教堂两处，然其教徒甚少。

土官　拉卜楞属陌务世袭土官杨步云，管理藏民约一千家，颇有势力。又有甘家千户，俗呼红布，又名小土官，及各村百户，俗呼头人，与内地乡约村正相若，均系世袭，凡土属藏民遇各土官千户百户建筑房舍，则为担任工役，供给材料，如娶妻生子，或馈以牛羊各一只，或馈以钱二十五串，每年必贡土官羊皮数张，牛羊数只。

风俗　藏俗最信佛教，家有二男，则一男为僧，有男女各一。则男子为僧，女子继产，且女子为尼者亦多。虽有一家数男皆不为僧者，则寥寥无几。即不为僧之男女老幼，无论行止操作，诵经未尝稍懈，虽凶人暴客，口中尤喃喃不已。凡藏民村庄，必有净室一所，不及寺院之宏敞，而较民居为洁净，谓之摩尼室，中有僧人一、二为教授，凡非僧徒，无论男女老幼，愿诵经典者，按时集于其中，诵经时有一日不食不饮不言不笑者，谓之闭斋。僧俗怀中，均佩带雕刻佛像，谓可避不详。藏地女多于男，故一切操作，皆女子任之，无论贸易徭役及驱策牛只。男子率皆乘马，女子则步行，至水滨时，女子则擎裳轻涉，虽天寒时亦然。男女终岁不浴面，蓬首垢面，狰狞可畏，女子则有面涂羊骨髓酥油者。凡女子皆不着裤，但服圆领皮袍，长至足面，夏则毛褐袍，腰束红带，跣足着革履，亦有内服小衬衣者，男子俗人，则多数着裤，袍履同于女人，惟提之稍高，概至膝下。腰系绉或布带，且无论男女，腰带上俱挂小刀，用割肉食。见长官时，必以粗绢或呢为贽，名曰哈达，惟无跪拜礼，但鞠躬吐舌而已。书写不用毛笔，概削竹为笔，和红土为墨，亦有用墨者，将墨和以水盛小罐中，令其溶化为墨水而用之。藏地有巫有历及干支八卦堪舆等术，皆传自内地者。藏童游戏有弹骨掷骨踢毽射覆等事。藏人居处有庐，亦有插帐者，惟室庐多在山麓，且多楼房，楼亦有数层者，其墙多用天然石片砌成，亦有用土者，但甚少。屋顶四围，俱有短垣，若城之女墙，屋顶有漏以出烟，并凿壁以受阳光，屋内无床炕，皆席地而卧，以木为栏，有垫无被，寝则解带拥袍，富者多铺绒毯，贫者仅铺毛毡而已。煮肉不用盐醋，亦不令甚熟，冬且生食，最忌炒肉，谓炒时腥味招魔。每饭毕必饮茶，且茶内皆杂有牛乳和盐少许。

婚礼 拉地藏民婚礼，大致与循化附近藏民相同。其婚姻之组合，甚为简易。男女相悦即逃避山中，野合数日，回家后始由媒妁婚娶，乃成夫妇，亦不用婚书娶帖，稍一反目，即琵琶别抱，各不相顾。如男不悦女，则男愿给女若干养身费，女不悦男亦如之。若生有子女则分之，嫁娶时女家富者亦有陪送如牛羊马之类，兄弟多同妻，言女子能调和众男，俾无嫌隙。

丧礼 拉地藏民丧礼，于僧俗病危时以绳捆其手足，置于清静之所，死后请喇嘛诵经毕，弃于山野，任飞禽食之，名曰天葬。或飞禽不食，则曰此人生尢善行，即解剖同请藏僧再超度之，以求飞禽早食，免其罪孽。

习惯 拉地藏民，多以牧畜为业，亦有少数耕种青稞者，食则炒面酥油，无菜蔬。夏季放牧，多住帐房，秋冬则移住土房，亦有仍住帐房者，且有时于露天严寒之地，睡卧自若，不怯寒冷。赋性好斗，动辄互殴，甚则杀掠，昔时命案，日有数起，事后赔偿损失及命价，由活佛或土司官处理，以了其事。

民情　外来汉回民众经营商业，与内地无异，藏民知识浅陋，未谙事故，往往受人欺诈，被人挑拨，甘受压迫，已成习惯，官吏之无官场气习者，往往命令不行，盖其见闻狭隘，向无教化使之然也。

度用　拉地藏民日用，极为简单，衣食除羊皮炒面酥油外，并不奢华，平均每日用度，不过钱百余文，汉回商民所用白面稻米菜蔬，皆来自导河，价值甚高，各机关职员，每月伙食须十余元。

工资　藏地各种劳动工作，雇则藏民妇女，因时有闲忙，价无一定，现在每日工价约洋二角有奇，瓦匠木匠，拉地尚无传技，必由导河觅雇，每日工资洋四角。

运输　拉卜楞不通车舟，所用货物，只以驮载行运，每骡一头，能驮二百斤，每日脚价一元五角，并无专门经营机关。

侨民　拉卜楞有美国基督教士新振华一名，其父来甘，寄居临潭，该教士生于临潭，住甘甚久，传教并不发达，教徒亦甚少。前有美国传教士季维善一名，于今年[①]三月携眷赴上海，闻于明年仍来拉传教。新季二人各筑楼房一所，所需木料，系拉寺供给，每年与拉寺交纳房租寺钱五百一十串，非其购有者。

四、财赋记

机关　拉卜楞盐务分局，于十五年八月成立，税局征收粮茶出山药材皮毛百货邮电包等税，由财政厅委员办理，于本年四月成立。

税收　屠宰税每年约收两千元，牙税每年共收四十八元，草头税因辖界未定，尚未开办，印花税每年约销五六百元，百货皮毛粮茶出山药材邮包落地等税，每年比较共收九万六千一百三十二

---

① 张丁阳于1927年6月2日就任拉卜楞设治局首任局长，时间不长。据文推算，应该是1927年。——编者注

元，盐务分局每年比较共收二千余元，契税磨课尚由循化县办理。

粮赋 番民所纳粮赋，以设治局辖界未定，尚由循化县征收。

五、实业记

农业 拉卜楞藏民，专以牧畜为业，惟拉寺附近及至土门关山沟一带藏民，多种青稞，每年出产二百石，不敷常年食用，帐房牧畜藏民，皆由拉市购买青稞或炒面度日，向不食用菜蔬，亦不知种菜之利益，现在竭力提倡种菜，并令其多种萝卜，以裕民食。

商业 拉地商贾，大小一百八十余家，多系汉回民族，大商首推皮毛，余则洋□杂货布匹等类。前因嘉木样远走川边，蒙藏皆裹足不至，商业顿至萧条，现在嘉木样返拉，商业渐见发达。

矿业 拉卜楞东南方陌务附近尕树沟地方，向有铜矿，惟为寺院封禁，不得开采，盖藏民迷信甚深，谓一经开采，恐断地脉，故迄今藏富于地，矿业不能发达。现由河州镇署派员调查，将来如能开采，定可辟极大利源。

林业 拉地附近山林甚多，尽系松柏，咸由各寺院及藏民经营，附近各族建筑需用之木料，皆取之于此。但无相当之保护，以致天然森林，砍伐殆尽，现在已少大材，业经布告，无论属公属私，不得滥行砍伐，如有正当用途，须由设治局许可，方准砍伐，否则罚办，并传知各村庄头人知照。惟拉地虽风高气寒，但干迤东蔽风蓄热之地，栽植树木，定能生活。奈藏民迷信甚深，谓无树处若栽以树，天定加之不祥，故欲求拉地林业之发达，是在当局者继续提倡而开导之。

牧畜 拉卜楞以西及西南地方，尤为寒冷。五谷不获，藏民不事农耕，专以牧畜牛羊马匹为生，以牲畜买卖价购食青稞，藉维生活，皮毛出产最多，销路亦广，现在羊毛每百斤价洋十五元，其余大张羊皮，价洋一元有奇。

垦荒　拉卜楞以东荒地甚多，尚能种植青稞，民商有愿开垦者，拉卜楞以西，则高山寒地，六月飞霜，每种青稞，多不成熟，是故藏民专业牧畜，不愿开垦，拟于明年先由拉卜楞以东劝导藏民开垦，以资提倡。

渔业　拉卜楞大夏河，夏季多鱼，卖鱼者甚众，秋冬间仅有钓取者，每人日可得三四斤大鱼，或重至半斤，小者数两，味嘉美而无鳞。

猎业　拉地藏民从事猎业者亦多，其猎户所用之枪多来福枪，约距枪口十□□处，皆架木叉，当瞄放时用，以支撑于地上，又加之时时练习，故藏民之射手皆佳。

物产　拉地藏民，多业牧畜。以牛羊马匹皮毛为出产大宗，每年约产牛二千余头，产羊十万余只，产马八百余匹，羊毛每年约出二百五十万斤，斤价一角五分，羊皮每年约出十万张，张价一元余，耕种青稞，收获无多，外来麦面杂粮货物，价极昂贵。又昔时森林最多，鹿茸麝香出产亦多，现在不惟森林渐稀，即麝香每年亦仅能出产二百余个，每个约大洋十余元，鹿茸只能出产数架，每架约值五十余元。牛黄每年出产四五个。札油山产秦艽药材，皆由客商运售于直豫各省。又拉卜楞甘家及甘坪寺一带，生产角麻，每至八九月间藏民挖取其根，又俗名长寿果，形似石菖蒲，煎入粥内，味甘美，外有客商，亦购运他处。

本文原载《新西北》（月刊），1941，5（1、2）；选自甘南州志编辑部编：《甘南史料丛编》，1992 年 5 月。

汉人怎样的定居于卓尼番区

谷苞

在卓尼境内能够耕种的田地，大致可以分为四类：（一）兵马田——这种田地的所有权在理论上是属于土司的，永久的使用权却属于持有尕书的租户。（二）衙门田——所有权也属土司，租于番民年收一定数量的租粮。（三）章珠田——所有权属于喇嘛寺院，佃户按一定的比例分其收获量给寺院。（四）丈尕田——在卓尼城周围的田地，可以自由买卖，其所有与使用与内地行情相同。在卓尼从来没有过土地丈量或呈报的工作，这四种田地究竟各占若何，我们便无由得知。虽然如此，但对于一个大致的概念，我们还是有的，那就是兵马田地在四种田地中确乎占着绝对的多数。此处我们暂时抛开了第二、三、四种田地不谈，先愿就围绕着兵马田地的一切制度，作一简单的说明。

耕种着兵马田地的人家，对土司负有力役与财赋上的种种义务，譬如纳粮，纳钱，纳柴草，当兵，当乌拉等，此意在卓尼土司的兵马制度一文里，我有过比较详细的描述。

此处我们要进一步讨论的，这些力役与财赋的义务的产生，纯出于对于兵马田地的使用上面，它与耕种人本身及其居处并无关系。我所以敢作这样的判断，是因为可以从两方找到证实：（一）当番民们困于穷苦与债务时，他们往往将自己享有永久使用权的兵马田地及所住房屋让渡于别人。我们只说让渡，而不曰出卖的缘故，乃因为兵马田地是禁止私相买卖的，如发现有偷卖者的，这种买卖的契约是没有效用的，不但没有效用，卖方的兵马田将无代价的被收回，卖方且将被逐出村外，封其门户，没收其财产，三十三年在洮北便发生过这样的事。在让渡时所得的价款固然可以使他清偿债务，同时因为兵马田地的出顶，也可以使他不再受力役与财赋的束缚。不过对这些束缚的解脱，完全是出于不得已，在他们稍有一点办法可以解救困苦时，他们是绝对不愿出此下策的，当他们失掉了田地房舍时，同时便也失掉了社会地位与生活的凭藉，这以后的生活是可悲的，命运全要靠流浪中寻找。(二)在卓尼，尤其是洮河主流与支流的两岸各村落，有一种住户曰尕房子，所谓尕房子便是指没有直接耕种着兵马田地的人家，在洮河主流与支流沿岸的各村落，据我个人粗略的估计，尕房子的户数约占兵马田地人家的总户数的五分之一到四分之一，譬如洮河边的加当村有兵马田地人家十五户，有尕房子三户，拉小沟村有兵马田地人家三十五户，有尕房子八户，纽子村有兵马田地人家十五户，有尕房子五户，麻的尕有兵马田地人家十一户，有尕房子三户。这种人家完全是由岷县、临潭和临夏移来的汉人，他们的职业是长工，小商人，水手，兼业是工农，所种的田地都是向种着兵马田地的人家租佃来的，这种人不但对土司没有任何力役与财赋的义务，而且还是吃番民兵马田地的等候人。

洮河领域番民在近年来的日趋汉化，是一个很显明的现象。汉化的原因，主要是由汉人吃番民的兵马田地。汉人吃番民的兵马田地，表面上虽很简单，但是背后却有两套不同的文化背景在主使着，一方面使番民放弃兵马田地，一方面又使汉人由尕房子而取得兵马田地。使番民放弃兵马田地的原因是宗教制度与土司制度，使汉人取得兵马田地的原因则是变乱，饥荒，犯罪，禁烟以及邻县农村的人口过剩等。

在卓尼的田地大致都在两千五百公尺以上的高寒地带，这样的地方对于农业本来不适宜的，因而土地报酬的低弱是不难想见。在卓尼普遍撒下一斗种子，在收获时能收三四斗，便可以算是丰年了，这与邻县的收获量比较起来显然是太少了，番民们不晓得这是由于气候与土壤的关系，却把原因推在了一个神话上面。传说在太古时代，藏区里没有食粮，食物全靠着肉类，生活甚为困苦，有一天天神托梦给番酋，要他派人到外边去采取五谷的种子，但是老死不与外界往还的番民，到外边去实际上是一种恐怖，终于没有人敢承当这个重任，番酋在无可奈何中，乃差遣了一只狗到了中国内地带回了谷类的种子，据说在中国内地一株芽上可以发六七个谷穗，狗所带回的却仅只能发两个穗的谷，而这种两个穗的谷又被树枝弄掉了，因为这个缘故，番区里的谷总是不能长得和汉区里一样的茂盛。这个神话本是无稽的，但这个无稽的神话却反映了番区里土地报酬的低弱。在低弱的土地报酬上，维持一家贫苦的生活，犹感困难，可是番民们还要在这个困苦的生活上负担着重重的宗教费用。长子以外的男子都要送到寺院里去当喇嘛，出了家的喇嘛一身的费用大部得要家庭的供给。喇嘛在升高僧时得举行一种宗教仪式，叫做“搭义”，一次搭义的费用由硬币两三百元到一两千元不等。种着兵马田地的人家除了向土司纳钱粮当乌拉等官差以外，还有所谓的神差，官差是对土司的义务，神差是对宗教的义务，重要的神差有：(一) 念田禾经。(二) 祭山神。(三) 纳雨粮 (寺院活佛分区保险各地田禾不遭冰雹，收获后便须向活佛纳雨粮，数量由一二升两三斗不等，各遂心愿)。(四) 打索车等 (收获后一种报答天恩的宗教仪式)。一个中等以上的番民家庭，仅这几次的费用每年就在硬币四十元左右。其他如对活佛的布施与念大经等，所费更是不菲了。番民们并不完全是把钱存在家准备支付这些费用，在不能周转的时候，往往便向寺院举债——地布，对这种地布，如果能在省吃俭用中还清了，自然是不成问题的，如果偿还不了，便只有让出自己的兵马田地了，这种账所以非还不可，有两种原因：第一是迫于寺院的权势，怕被捕后吃苦。第二是怕喇嘛们在护神前放黑咒，促使妖魔来同他们作对。

由变乱、饥荒、犯罪、禁烟、兵役，以及临县农村人口的过剩等，被迫跑到卓尼番区的汉人，初来时在番区都住着尕房子，他们都很穷苦，唯一翻身的机会，便是吃兵马田地。而且对于一个有志气的汉人，这种愿望是很容易达到。虽然他们的收入都非常小，但是对于住尕房子的他们，是不负任何官差与神差的，财富反倒容易积累。只要手中能有积下百元左右的硬币，便有资格可以吃兵马田地了。

吃田地的方式是这样的，如果有困于地布而出让兵马田地的番家时，该村或者别村住尕房子的汉人，就会出面同他接洽，商议出让的代价，出让的代价由三十元至两百元不等，代价商定后。如出让者村中的十人（即公共）同意时，便可以举行出让的手续了，一般说来，只要吃田者没有不好的名誉，十人总是会同意，因为如果不同意，因负债而陷于困苦中的村户，在官差与神差上会带累十人的。十人同意后，吃用者便至土司署领取印就之尕书，尕书大小如八开报纸，书上下端印有云彩，两旁印有龙凤，中间系空白。领尕书时，吃田人需向土司署纳谢礼，谢礼的数目在以前为制钱两千，在目前为硬币五至八元。尕书领回后，吃田者以酒食招待十人，请人当众于尕书上写明让吃两方，均出甘愿，上面并书明吃田者所出的代价数目等。这张尕书以后便握在吃田者的手中，为永久耕种吃来的兵马田地的凭据。

吃兵马田地是汉人在番区定居的重要途径，经过这个途径在番区定居下来的汉人愈来愈多了。番区里汉化程度的加深，吃兵马田地是其最重要的原因。

本文选自《西北论坛》，1947，1（创刊号）。

洮州东北乡

陆俊光

临潭，是古洮州。我们一提起洮州，当下就会联想到那儿是“未开辟的荒原，具有广大的森林，流转的沟水，众多的禽兽，美丽温暖的皮毛，间有鹿茸麝香，猞猁马鸡之属，价值巨金，生活着的有汉人和熟番，或称半番生番，铁布，卓寡等民族，他们过着各式各样的生活，具有奇异的风俗习惯。……”是的，在一百年前，确是如此，但是到了现在，除一部分保有原始状态外，而大部分已失去旧观了。广大的森林，保存在北部莲花山一带，有了莲花山，我们素所称誉的榆中兴隆森林，简直是大巫见小巫，不可与比伦。生番，铁布，卓寡，仍生活在森林当中，矫健一如往昔。……畜牧狩猎，是他们的主要生产，掳掠牲畜，也当作家常便饭，这在他们自己看起来，认为是光荣，是好汉，而不以为耻！

此间特产如鹿茸，麝香，猞猁，马鸡，已有日渐减少之势，惟洮砚出产，不减当年，黑绿色的岩石，雕琢的精工，式样的新颖，龙飞凤舞，确是可爱！假如再能用新式雕刻术，加以装饰，则价值亦当骤增。

目前临潭，大部分森林已被砍伐，山上辟为梯田，山沟垦为沃壤，但冷呼呼的北风，因为没有森林屏蔽，挟着黄沙，已经直接吹到了。这种现象，在不久将来，如果不加人为工夫，必与陇东各县的一片黄土，寸草不生的状况相仿矣！

我这次所走的，是东乡、东北乡和南乡的一部，而以东北乡出产最饶，故这篇记载，完全是东北乡的。兹将北乡分为四部：(1) 由县城至王清村，包括上朱旗、李岐山，及回路刘旗与晏家堡，取其出产、气候、人情风俗相仿佛者为一类；(2) 由王家坟至草场门，包括东巴截；(3) 由梨园至韩旗，包括中寨、王旗、东马旗；(4) 由大桥村至大河村，包括汪家村。又将各区共同之点先行论列，然后分别记载各区情形。

(一) 民族——东北乡民族，多数为汉人，间有回民、番民，但多已被汉人同化，不复可分。这一乡农民，大半由南京珠市巷移来，据各乡民讲述，在明初洪武时代，有王将军者，因征番民有功，遂敕封永居于此，王之士兵，亦伴随王将军，居于此土。今日之“某营”“某旗”，即足证明为军人驻扎之称号。第二原因，为犯罪而被流于西北者，大概洪武时江苏人口，已经稠密，因此，藉犯罪之名，而实行移民政策。是将罪人集中于珠市巷，一同出发，故遂以珠市巷为其老家焉。亦犹之绥远及雁门关外人民，称山西洪洞县大槐树下为老家，正复相同。其余少数农民，系由武都，岷县，临洮等县移来，或因兵燹，或因荒旱，当来之初，系一时避难性质，而日久则以环境适宜，遂以为家。故今日之东北乡各庄，均由以上三因所造成。

(二) 房屋——洮州与岷州相同，无处不山，无庄不沟，东北乡多数村庄，多依山麓而居，高低不一，至为参差，仅有东北乡如三区中寨等村，位于洮河南岸，以及晏家堡建筑在山阳较为平坦外，无一例外者。房屋多是两层，下边养牲畜，上层住人，只北房一幢，间亦有东房者，甚少。天井无山构成，此与南京附近农村房舍仿佛，或为他们祖先带过来，亦正有因。因为江宁县农村是我工作过者，故知其详。

(三) 兵灾——民国十八年，回民变乱，第一区靠近县城，被灾较重，房屋庙宇，尽付一炬，二、三、四区，则因位于深沟中，与回民往来者甚少，未构宿恨，故房屋厩舍，庙宇祠堂，得免化为灰烬，但牲畜牛羊马匹，损失甚巨，及新编十四师之抢劫，森林斫伐净尽，储粮勒索空如，牛羊猪马，有屠宰而食者，有抢劫而去者，迄今数年间，牲畜仍属寥寥。就东北乡讲，大概是适于牧畜的，可是经过这两次浩劫，农民因鉴前车之覆，深恐牲畜之安全性少，不愿多养，再因事变后，疮痍满目，创痛未复，而牲畜价格，徒涨不已，畜养无力。三因近二年来，绵羊多患脱毛病，或称癞病，此间兽医不发达，以此罹死者甚多。有此三因，遂造成东北乡牲畜窘竭状态。

(四) 工作——洮州妇女较男子工作为劳碌，男女工作之分别，有一句谚语说："男子不挑水，女子不犁地。"男子如果挑了水，大家都笑他怕老婆，女子如果犁了地，大家也笑她屈服于男子，在社会上，通是一样不光荣的事，洮州妇女，确是强健，朱红的脸庞，坚韧的体格，担水背柴，都不弱于男子，她们包着一双朝天钩儿脚，穿着极古式样鞋，腿带缠在半腿上，走起路来异常有力。她们的头上束着高髻，据说这是明代的式样。

洮州天气很冷，六月降雪，并不算稀奇，所以找烧炕柴，每多至山巅铲草皮，这都是妇女的工作，同时妇女更兼做饭，挑水，拾柴，协助男子播种，收获，间或喂牲等项工作。第一区妇女，更要拉粪赶车，一日之中，很少闲暇时间。男子除犁地收割外，间或拾柴，农暇时，由十一月至下年二月，多至远方佣工，斫柴扯板，驮货，以增加收入。

(五) 饮食——东北乡农民饮食，以青稞面、洋芋、大小豆、大小燕麦为主。小麦则多用以招待宾客及过节用，有余，则粜出以纳公款，因小麦价格，较其他谷类为高。他们早餐，是青稞面锅饼，熬洋芋汤。菜蔬除白菜萝卜外，鲜有其他者。调料，则有辣椒、盐、醋。贫苦农民，这些多付缺如，午餐多半是干锅饼煮苦茶，晚餐杂面碎饭，加洋芋。杂面是由大燕麦青稞大豆和成。待客，则第一碗为汤面条，浇肉及粉条，第二碗为干面条，无汤。余为馒头，均小麦作，此其大概也。

（六）衣服——洮州很冷，而妇女不准穿棉裤，习以为俗，故无论春夏秋冬，妇女均着单裤，普通的衣料，是家机布或称府布，由湖北运来，亦有由河南运来者。近年价值甚高，占家中开支一部。次为麻布、羊皮、褐子、均本地产，夏秋则着麻布衣，冬春穿老羊皮及褐褂，鲜有穿大衣者，衣料中以老羊皮最好，尤称物美价廉，褐子近二年来，价格陡涨，农民多卖出，以换其他衣料，以取差额收益，鲜有穿着者。

（七）礼俗——（A）婚姻——经媒妁介绍允诺后，始可订婚，订婚礼金约两百元，娶时，男家备有青盐，枣，酥油，松盘茶，由媒妁送予女家，并附湖北府布四批，衣料四件，于数月前送达，以示通知女家，准备迎娶，结婚时，招待送亲人嫂子及姊妹，第二日招待父母，即告礼成。（B）丧葬，当亲死后，通知亲友请和尚道士诵经，以禳福免祸，入殓三日，天未明时出葬，招待亲友，其他与北方各地同，不赘。（C）过节，过年节时，每家均宰猪一头，蒸馒头，炸油果儿，并备各样菜蔬及擀面条，其他同。五月节门前插杨柳，蒸三角形韭菜包子，燃灯，敬神。八月节，蒸新面蒸馍及月饼，并备各种水果。

次分述各区概况：

（一）由县城至王清村——出了县城东门，经过红崖，遍都，东北折约十里许，至朱上旗，该村与肖家沟合组一社，共六十余户，入社者仅三十四家，借款一六七零元，草山甚好。民国十八年前，牲畜很多，今已仅存无几。农产品，有青稞，每年地产量平均五斗，小麦四斗，大豆三斗，洋芋二石，居民皆小康，缺食者甚少。由此东南行，越一小山，沿山腰行四里许，北折至李岐山，合牵马杓，马营河，黄家湾成一社，社员四四人，借款二六四〇元。

距草山较远处，宜养马，十八年前全村有马百余匹，今已少有。养羊亦发展。农产品与上同，野生蕨麻很多，蔬菜有白菜，洋根，其余萝卜，葱，菠之属，多来自卓尼及岷县。纳公款，富户平粜青稞大豆收入，其出卖地为旧城，贫民则藉工收入。由此向东北行，道颇崎岖，约十五里许，至王清村与伊家沟，达子沟合组一社，社员四四人，借款一三九〇元。社员居住零乱，草山尚好，十八年前，马羊颇多，阴山尽为森林，二十六年时，新编十四师，斫伐一空，达子沟迤北有鞴鼓洞，风景幽雅，为全邑名胜，除莲花山外，无与比伦。出县城北门，折西约三里，至晏家堡，房屋宏伟，尽皆楼房，一望而知为殷实村庄者，惜十八年既毁于火，仅留四壁，居民均于四壁中，架木为舍，因陋就简，聊避风雨而已。农产品较丰，草山很大，宜于畜牧，惟距番民三十里，又通兰州大道，治安颇虞。由此东北行，越过小山，约五里至刘旗与羊房合组一社，社员五四人，借款一八〇〇元。草山大，宜牧畜，十八年前，羊马很多，今有牛五十余头，羊仅六家有，农产品与上同，不赘。

综观该区最宜牧畜，如李岐山之养马，政府应特予奖掖。又晏家堡野生蕨麻很多，味极甘，应研究其他新用途，予以加工，收入当可观。至皮革羊毛制造，应设立工业合作社，制成衣服或皮鞋，在这荒凉西北，或可解决一部分问题。

(二) 王家坟至草厂门口——由王清村东北行，越一小岭，一直斜下，进入王家坟沟，两边森林较多，经过北沟门，营盘河，长路湾，曲折弯转，约十五里，至王家坟，山阴全为森林，松树桦树，交生其间，颇为壮观。与黑石沟，营盘河，长路湾，要先，恰坝合组一社，社员六十人，借款三千元。农产品极饶，丰年时小麦青稞大豆，最高收获额可达三石，平常年，可获一石三斗至五斗（每斗地约合亩一亩七分），小豆一石，大小燕麦一石，洋芋四石，草山很丰美，而牲畜很少。该村建立甚早，均谓："先有王家坟，后有洮州城。"足证明其早了。由此沿北山麓东北行，约五里，抵东巴截，与老垤谷，尕路湾，龙元山合组一社，社员四五人，借款一千八百元。农产丰饶，与王家坟同，惟森林较少，甚为减色，草山丰美，宜牧畜。由此东北行二里许，至草厂门口，与上沟门合组一社，社员三十二人，借款一千元。草山丰美，梨儿，菜蔬同有，农产品，如王家坟。

该区地势低洼，气候较热，人口稠密。故耕地增加，极为有限，而每户平均额，不过三十亩，草山甚大，宜于牧畜，空气滋润，适宜健康，农产品之盛，为邑冠，仿之其他各省，毫无逊色，谓为洮州仓库，诚不愧也。将来农业经营，惟有在技术上改良，以期获得产品增加，牧畜亦极宜推广，以增农民收益。

（三）梨园至韩旗——由草厂门口西北行，约八里许，至梨园与磨沟合组一社，社员五二人，借款二六〇〇元。地势宽敞，树木极少，烧柴颇感困难，用蒿草以炊爨，农产品亦富庶，青稞小麦每斗地可产一石，大小豆八斗，洋芋六石，大小燕麦八斗，天气热，多苦旱，牲畜很少。由此西行约半里至中寨，社员四五人，借款一九九五元。位于沟中间，地势平坦，北邻洮河，富户多二石地，农暇时，农民多作小商人，贩卖货物，或佣工，当木匠，脚伕，藉得增加收入。再西行少许至王旗，西南环山，北邻洮河，草山尚好，宜牧畜，可栽当归，每斗地年可获二百五十元，共有屯粮四石二斗八升，农民均足自给。由此西北行，沿山腰羊肠小道，四里许南折入沟，攀援而上，约五里至东马旗，与陈家庄合组一社，社员四七人，借款二二三〇元。草山好宜牧畜，产白菜，红萝卜，蓁菜，菠菜，菜瓜，及梨儿杏子之属。由此下山，出了沟，北折约里许，渡洮河至东石旗，再由此攀援而上，道极崎岖，约八里，至阴山背后成一社，社员五九人，借款二五二〇元，该社因僻在山巅，往返为艰，历来变乱，均未波及，可谓世外桃源，得保元气，北距番民十五里，生长野竹，可编竹器，该村农民，以此制成背斗，簸箕，筐，篮，等在这二年物价高涨下，收入颇丰，由此下山，复渡河，西行约五里许至韩旗，社员六二人，借款一千七百元，与坪上合组一社，草山小，梯田多，农民副业，为木匠，解匠，土工佣工。

该区气候炎热，出产虽次于二区，但亦丰饶，间产菜蔬果木之属，更宜扩大栽培以增收益。草山除王旗，东马旗，较好外，余均缺如，烧柴极为困难，若不设法造林，只柴一项，即足阻人口之繁衍也。土地分配很少，一如二区，故兴办水利，刻不容缓，前有洮河，后有王家坟沟水，开凿渠道，即告成功，用水浇田，则农产品收获量增高，实意中事也，这非天利不足，乃人谋之不臧也。

（四）大桥村至大河村——由韩旗沿山麓西行，约十里至石门沟，西折入沟，树木葱郁，杂草遍地，灌木纵横沟间，不辨行径，当间小溪一道，蜿蜒如带，风景幽雅，经罗家牌，安家坡，杨家波，占旗河，三旦口至大桥村，与草山，东山，李家河合组一社，社员三九人，借款一千九百元，草山很大，宜牧畜，农产品如小麦每斗地可产四斗，青稞五斗，燕麦八斗，洋芋一石，大小豆三斗，胡麻每斗地产麻可织麻布十丈。收获量平常妇女割柴，除自用外，尚可售出，博取微利。男子于农暇时，多为人佣工，或至卓尼拉力沟及北山斫柴，可称副业。由此沿山麓西上，行五里至汪家村与萝卜沟合一社，社员三五人，借一三九五元，该庄草山不大，菜蔬尚好。副业与上同。由此西行，三里许至大河村与石拉路，沙路合组一社，社员二六人，借款九二元，草山很大，宜牧畜，十八年前马羊牛均多，今已少矣。

该区地势较高，气候渐凉，农产品产额大逊于二三两区，惟草山还好，可以发展牧畜。汪家村可以利用沟水，种植菜蔬，距县城二十里，市场不成问题，收入亦必较丰，土地开拓，希望极少，耕种技术如改良，产量或可增加耳。

本文选自《新西北》，1941，4（4）。

谷苞先生的卓尼情结

杨士宏[①]

先生是学者，在庆贺90寿辰之际，能写一篇理论文章作为纪念最好，但先生门生众多，不乏高才者。因此，想从另一个角度来展示先生做学问和做人的风采。本来我与谷先生既不是师生关系，也无学缘传承。但说来也巧，从知道有先生其人，到认识先生的过程好像有一种缘分，且说来话长。

我是1977年全国恢复高考后的第一批大学生，由于受十年"文革"的影响，基础知识的学习和积累很少，在四年的大学生活中，除了学习专业知识以外，如何进行缺失补遗，改善先天不足，则很茫然。加之本人又无其他特长，一有空闲，则只好泡在离学校很近的甘肃省图书馆文献部翻阅旧闻逸事、方志杂记、民国报纸、杂志之类的报刊书籍。尤其爱看反映西北、民族方面的报刊，如《西北通讯》《西北文化》《新西北》（月刊）、《边政公论》等，也看些像《小方壶杂记》《天下郡国利病书》《元和郡县志》等一些似懂非懂的古董。边看边做些笔记，但不知道要干什么，没有目的。另外，那时的甘肃省图书馆文献部条件虽然没有今天好，但不收任何费用，冬天有煤炉取暖，有开水任你享用，还有文献部的柴老先生知识渊博，热情周到，且对馆藏如数家珍，使我找到

① 杨士宏，藏族，西北民族大学研究员，《西北民族大学学报》编辑部负责人。

了一个舟楫学海的港湾。记得有一天下午，在翻阅 1941 年出版的《新西北》（月刊）第 4 卷第 2 ~ 6 期和 1947 年出版的《西北论坛》第 1 卷第 2 期时，眼前一亮，有两篇文章引起了我的注意：一篇是《川甘数县边民分布概况》，作者为李安宅；另一篇是《卓尼番区的土司制度》，作者为谷苞。两篇文章都涉及到家乡卓尼的历史文化和土司制度等内容。在出版业欠发达、铅字排版印刷的东西在常人眼中还非常神圣的时代，家乡的名字、历史出现在学术刊物上时，我下意识地掂量到乡土文化的分量，产生了对卓尼文化的厚重感。前文在略述四川汶川、理番、茂县、松潘，及甘肃岷县、卓尼、临潭、夏河等两省交接地区的藏族分布概况的同时，重点介绍了以拉卜楞寺为中心的夏河属地（碌曲、玛曲）寺院、部落领地及人口状况；对洮州地区（临潭、卓尼）“三土司”、“五僧纲”的沿袭略有交代。尤其是《卓尼番区的土司制度》一文，当时还不知道先生其人，就职何处。此文篇幅虽然不长，但高屋建瓴地将卓尼杨土司六百余年的历史从土司制度的沿革、土司制度中的行政组织与行政区划、土司制度中的兵马制度等三个方面进行了论述，研究了卓尼藏族的渊源、土司制度的形成、行政组织的功能和土司制度赖以存在的经济基础、势力范围等。其中，虽然没有对政教合一制度的特色展开讨论，但为后来者点到了这种文化信息的存在。谷先生的文章使卓尼土司从民众敬仰、服从的神坛，以一种制度文化的形式首登学术研究的殿堂，使藏民族惯于口耳相传的历史，成为有文字记载的文本文献，对研究卓尼土司六百余年的历史，四十八旗的名称、分布范围、历史地理、行政区划、方志编写等奠定了第一手资料基础，是研究卓尼土司制度的里程碑。先生的文章使我少了盲目，有了目标。从此，我开始关注有关卓尼的各种信息，同时也意识到要研究卓尼历史，除正史《明实录》《清实录》，以及《洮州厅志》、杂记、传说之外，若发挥专业之长，从藏文历史文献中挖掘、梳理有关卓尼历史、宗教、文化方面的材料，取长补短，另辟蹊径，则可能会有很多的事情要做。因此，从最熟悉的地方做起，由近到远，由浅入深，开始从人文历史、政治制度、宗教文化等方面搭建研究卓尼土司历史文化的框架，并渐渐地找到了自己的人生坐标，走上了学术研究这一冷门。

1988 年 12 月，大学毕业的我被留校，分配到学校民族研究所从事专职研究工作。这样，我在学生期间的一些积累总算派上了用场，并在段克兴、王沂暖等著名学者、教授的点化下，研究工作很快上道。期间，由于工作需要，阅读面不断拓展，在查找藏传佛教在新疆阿勒泰蒙古族地区发展的资料时，偶然见到谷苞、纪大椿两位先生的文章，记得好像是《承化寺事件》一文。文中引出了一位爱国、爱教，维护民族团结和祖国统一的藏传佛教僧人——棍噶札勒参。该僧原籍卓尼，受拉卜楞寺的派遣，到新疆阿勒泰地区传法护教。期间，为稳定地方，安置东归的土尔扈特蒙古于阿尔泰南麓，及反对沙俄对新疆地区的侵略成绩卓著，位至伊犁副总将军、呼图克图。从这篇文章反映的作者信息得知，谷先生在新疆社会科学院任职。先生为了西北各族人民的解放事业，毅然从兰州大学的讲台上脱下长袍，随王震将军和中国人民解放军进军新疆，他远离甘肃，还牵挂着甘肃卓尼的人和事。在对棍噶札勒参在新疆、西藏及内地活动事迹梳理的同时，获得 19 世纪活跃于西藏地方的政要和宗教方面的高僧大德如摄政王、噶丹寺法台等众多信息，使我认识到研究卓尼不能仅限于对土司历史文化的考察，还应研究在卓尼这块肥沃的文化土壤中产生的牵一发而动全藏的人和事，使我的研究范围不受拘泥。

1988 年 9 月——1989 年 10 月间，我在兰州大学历史系助教进修班学习。期间，得知谷苞先生客居兰州，受兰州大学聘请，任历史系教授、民族学硕士研究生导师。记得 1987 年的五六月间，所领导通知我参加一项科研活动，项目负责人是原新疆社会科学院院长、国家政协委员、兰州大学教授谷苞先生。据说先生受当时国家民政部负责人的支持和委托，要在西北地区调研改革开放以来民族地方在政治、经济、宗教等方面出现的新情况、新问题。为此，谷先生将调查点选在甘肃省甘南州在经济类型、文化特点方面具有代表性的卓尼、玛曲、夏河三个县。卓尼是我的家乡，可能为了便于工作，则被吸收为调查组成员，这样就有了和先生近距离接触的条件。调查组出发那天，我们乘车到甘南藏族自治州政府所在地合作，第二天一早先生提出要去州委组织部，到组织部才知道先生持临时组织关系到当地组织部门备案。由此，我感悟到一位党的科学工作者对组织的忠诚及其对事业的责任心。在组织部办好手续之后，分三个调查小组，分赴各自的调查点。我们一组由谷苞先生带队，还有他的两个研究生高永久、李晓霞，四人于当日赶到卓尼。到了卓尼，他回忆起 50 多年前在当地和迭部搞社会调查的情景。那时的卓尼属土司统治，其辖区迭部一带，有一些外来客和部分当地人私种罂粟，因暴利驱使，社会治安极不稳定，去迭部的途中，时有劫匪出没。为了确保他前往迭部调查的人身安全，土司授予他一顶帽子，若途中遇到险情或打劫，遇到困难拿出土司的帽子，可得到当地群众的帮助，遇到盗贼则可化险为夷。50 多年前的事不堪回首，50 多年后的今天翻天覆地，感慨万千。这次先生在卓尼调查比较低调，没有惊动地方领导。在县城住政府招待所，吃在大灶或在街头寻找小餐馆将就。这与住在招待所一墙之隔的省上某副厅长的待遇形成明显对比。副厅长一日三餐由服务员送到入住的豪华间会客厅，有酒有肉，有人陪吃喝。对个人生活待遇的好坏，先生并不放在心上，只想一竿子扎到底，到基层去。因此，只在县城待了两天，作了些下基层的物质准备，第三天去木耳乡多坝村搞定点调查，住在老乡家，与群众同吃同住。他发现改革开放以来群众的生活发生了很大的变化，经济搞活了，来钱的门路也广了。但是，其中有部分人钻林业管理方面疏漏的空子，靠盗伐倒卖木材发财，手头比较宽裕了，加之空闲时间业余文化生活的单调而贫乏，游手好闲，精神空虚，为一些已经销声匿迹多时的腐朽文化的滋生和社会沉渣的泛起提供了土壤。吸食大烟在当地成为有钱人的一种时髦，外来宗教传播蔓延的势头也比较强盛，由此引发的小到夫妻矛盾、家庭纠纷，大到社会治安、森林保护以及宗教文化之间的冲突等，无不影响当地社会稳定、经济发展及人民的身心健康。先生走家串户，走访调查，并通过公安部门深入戒烟所了解烟毒对民族地区经济建设和社会稳定带来的巨大危害。他痛心疾首，奋笔疾书调查报告，以内参的形式上报国家有关部门，用学术论文的形式向社会敲响了警钟。此项调查引起了国家和地方政府的高度重视，及时清除了影响民族地区改革开放和经济发展中的社会沉渣和不稳定因素，从此以后，吸食大烟、偷鸡摸狗的行为被人们唾弃而没有了市场，使当地物质文明和精神文明建设走向健康发展的轨道。在调查过程中，先生严明的组织纪律，严谨的治学方法，务实的工作作风，淡泊名利的处世态度，使我终生受益。

从参与那次考察活动以后，笔者与谷先生的接触也渐渐增多了，不时地去请教一些问题。他对我在学术道路上的进步与成长非常关注，也非常关爱和高兴。他以一位久经考验的马克思主义民族学家的眼光，看到的不只是局部，而是整体。他认为新中国培养的少数民族自己的一代学者正在成长，民族研究事业后继有人，民族研究大有希望。

1991 年以后，笔者开始兼任西北民族研究所的党务和行政领导工作，不仅自己要不断努力，还要协同其他同志考虑全所的通盘工作。如何把握正确的政治方向，坚持马克思主义民族理论的指导，站在学术研究的前沿，为民族地区的政治稳定、民族团结、经济和文化建设的全面发展提供智力支持，是民族研究的宗旨和关键。就以上问题，我们在工作中不断探索，不断求证。1997 年

11 月 12 日，西北民族研究所与甘肃省民族研究所联合召开“西部开发与民族研究学术研讨会”，先生应邀出席，并以江泽民同志在十五大报告中关于社会科学研究工作所讲的“着眼于马克思主义理论的运用；着眼于实际问题的理论思考；着眼于新的实践和新的变化”的指示为会议赠言。由此可以看出一位马克思主义民族学家高瞻远瞩、与时俱进的科学态度。我们则把赠言作为指导新时期民族研究工作的座右铭。

2003 年，我被调整到《西北民族大学学报》编辑部任总编辑，谷先生敬录的“三个着眼于”仍然是《西北民族大学学报》“立足西北，服务民族”的理论指导和稿件取舍的标准之一。

本文选自《谷苞先生 90 华诞纪念文集》，兰州，兰州大学出版社，2007。

洮州纪略

——一个农村工作者的报道

陆泰安

临潭古洮州卫，汉唐以来，为备边要地，地位甘肃西南边区，东接岷（岷县）会（会川），南毗卓尼，西控夏河，北连康（康乐）临（临洮），形势如石壁矗之，全境西北较高，东南较低，环疆七百八十余里，面积约二万二千余方里，人口五万余，境内山岭穿错，气候寒冷，交通闭塞。文化落后，惟该县牧草丰富，最宜于畜牧事业之发展也。

一、为什么叫临潭？

初到临潭县的人们，若果将该县西北城角内的一洼死水（他们都说海眼，可以通到距县城二十余里新堡洮河，似乎是一种无聊的传说）以为是临潭县命名的由来，那就错了。我告诉你：临潭在唐时为洮州领县一，它的命名是这样的：在该县旧洮堡（今名洮州旧城，当时的县城）西南十五华里，老结庄地方有三潭，一曰黑鹰潭周围四华里，二曰利赛潭周围五华里，距离三十华里，三曰乩的潭周围六华里，距离十五华里，因为它临着这三个潭，所以就命名为临潭县了。

二、西道堂的共同生活

你如果从临潭县城西，翻过四座大山，到达洮州旧城以后（相距六十里）当时就会望见一座临街的高楼及临河的一座大院落，那就是所谓西道堂经济及政教的总枢纽。这个堂（他们也叫新教）是由马启西先生所创，回教徒，马氏字慈祥，系清末秀才，熟研经典，自建“西道堂”，其教徒以群策群力，而谋共同之生活，均信奉回教。民国三年，白狼窜境时，该主教被军队误伤，葬于洮州旧城外西凤山下，继任教主马明仁氏（临潭人，去年逝世）副教主敏明理（临夏人）全权主持教务，主教之下，设有阿訇若干人，襄助教事，其命令甚严，惩处合理，若参加该堂教徒须恪遵堂规，该堂教徒计男女二千五百余口（人），分布于县城西乡一带，西河坝、范家嘴、太平寨、千家寨、长川、那子卡、卡勺卡、沙巴等地，他们大部分是经营商业者，有运输商，路线是张家口、青海、松潘、茂州、叠州、郎木寺、双岔一带。还有番区贸易商。主要交易物品以布匹、铜锅、面粉、硬币、皮毛、牛马等为大宗。他们结队乘马前往藏区贸易时，背枪挎刀，威武异常。临潭县不过是一个行政区，而洮州旧城却是番地经济出纳的要埠，番货集散的市场，该地商会主席历由该堂马主教明仁之胞兄马寿山充任，因为他们握有洮河上游经济上的牛耳，至于他们西道堂继任教主何时产生，我就无法知道了。

三、高庙盛会

他们住在县城里的人，都不大清楚高庙的事情，尤其是一个陌生的，更无从知道高庙盛会的神秘了。

这座高庙是建筑在岷县的西北区元山嘴（距离县城一百余里，

距临潭县城却仅五十五里）与临潭属磨沟相邻，相传在明朝时，该山为吐谷浑部所据，并筑有城池（已经没有了城迹），而附近村落时有扰害，名将常遇春胡大海（现时临潭冶里关等地均建有常胡名将庙宇供奉，且有常遇春番地招亲的传说，他们都呼为常爷胡爷，似尚待考证）率部前往征伐，惜该山面临洮河，地势险峻，一时无法攻下，常部某将（现在他们都呼为张旗佛爷，因功建庙临潭南张旗村属杨家沟，故名，但此君姓名尚待考）登洮属梨园山（今名照山）侦查土部虚实，而土部城头以饿马摇铃，悬羊擂鼓以备攻袭，故某将率卒猛击，是年①五月十二日吐谷浑所据山城终为所破，但某将亦阵亡，常军占据山城后，始知土部早从隧道逃亡，（今洮州旧城古占哈路铁附近山角下有城一座，相传为土谷浑从元山隧道奔此地后，筑以谋自守）嗣于山元②嘴建庙一座，以纪破敌之功，以其建筑雄峻，古称高庙，每年五月十二日高庙遂为洮岷盛会的所在了。

在每年五月十二日的一天，洮岷诸神十余位均乘轿赶赴此庙盛会，市村相迎，家家恭祀，山巅形成闹村，男男女女穿红带绿，其徒步顶礼赴会朝山者不下五千人，往来参神，逢场瞧戏，待诸神先后登山时就在这座高庙的社戏台下，先由抬神者乱跑乱跳，继则护神侍者持刀玩棒，喊声振天，飞石乱舞，杀气凌人，人们往往将平日的新仇旧恨都搬到这里来重演了，因每年报复而伤亡者，不可胜数。当日诸神供宿这庙，就是远道前往赶会者，大都食宿于此，他们彻夜高唱，那新颖香艳的词句，婉转嘹亮的声韵，动人魂魄，醉人心神，男女问答相和，若彼此情意融合，即在庙前神龛权作结婚前奏，同席者不以为奇，翌日诸神纷纷乘轿回府，人们就在这复仇艳遇难解难分的场面，结束了一年一度的高庙盛会。

① 时间待考。——编者注

② 疑为“元山”之误。——编者注

四、安多藏区的圣地——卓尼

扯巴沟的犏牛，
拉力沟的木头，
背山的酥油，
卓尼的丫头。

没有到过卓尼及洮州旧城的人，虽然会留居临潭多年，但还是等于没有到过一样。

（一）诸寺兴废

临潭原是“土司”、“僧纲”的旧业，它这里有着三土司、五僧纲。他们的始祖远在五百年前（明时），大都因献地输城之功，才得来这些世袭指挥佥事、世袭云骑四品花翎尽先都司、世袭禅师等官衔。于是三司五纲，各在所属境内执行其行政及宗教大权，同时这些土司大都兼摄僧纲，采取政教合一的方式，以加强其政治上的灵活运用。现在虽然他们都被先后“改土归流”了，但因其历史世系，仍为其属区藏民所尊仰。不过，在临潭境内所分布着的资堡土司昝振华及着逊付千户土司杨万青等所辖地方人士，因为都受了附近县辖居民的陶冶融化，也渐渐的有些自觉了（现改为同仁乡，昝杨分任正副乡长），还有垂巴寺、着落寺、麻弥寺、园成寺，这四座寺院的僧纲们因为他们自己的无能，就从养尊处优的生活中，走向衰亡的道路了。惟有与临潭邻近的卓尼（相距三十里）土司杨积庆，他拥有广大的土地，丰富的矿产，并握着整个属境的民心，所以在民国以后，仍然存在，而改为洮岷路保安司令部。

(二) 以松为名

卓尼的命名也很奇异，相传有僧人些的（杨复兴氏的始祖）寻牛至洮州所属洮河北岸沟口间，地势平坦，气候温和，风景优美，看中了这块盆地，即在该地高岗，依马尾松树，建寺一座，即以马尾松的别名“卓尼”，命为寺名。嗣由皇帝赐名禅定寺，而这“卓尼”两字便成为当地的地名了。相沿至今，它是安多藏区的圣地。春夏之际，水流花开。它不啻世外的桃园，而洮岷路保安司令部及护国禅师公署均建置于此。远在九年前的秋天，杨复兴少将继承乃父，世袭洮岷路保安司令，卓尼设治局就在彼时因实际需要而成立了。历任局长沿例兼任副司令。这个时候人们都以为卓尼在蜕变中，但总因属地辽阔，交通梗塞，民情古简，仍大半保持旧部落状态。

(三) 境界辽阔

它有着这样辽阔的疆界：东至岷县西宁沟交界六十里，南至西固、武都、文县、四川松潘交界四百里，西至临潭户口六硝虫库交界一百三十里，北至临潭作盖交界一百二十里，它拥有四十八旗五百二十族，藏民二万七千余口（人）。这些藏胞本身的生活形态，既仍停留于往古封建典型，政治形式自难变化。虽然卓尼设治局已有八九个年头的历史，但它的政令仅能达到洮河南北沿岸的村落。所谓上下叠部、黑番四旗等地，都还在杨司令的直接统治下，就是在他政令达到的地方，仍须借重洮岷路保安司令部的力量，才能做通。

再说卓尼的景物，烟树苍茫，云山耸翠，还有那朴实的藏民，无量的宝藏，实令人神往；而过去的屈辱、欺凌、愚弄、薄劣的生活，则实在有些令人难受。这次安多藏区卓尼有四十八旗观光团前往京沪等地观光，他们是走向民主的途径，慢慢的就有进步。

五、荒野的洮源上，他们所为何来?

临潭、卓尼、岷县虽然是宗教信仰较为复杂的地方，但那些从遥远的祖国怀抱中，前来在这贫困危险的异国边缘上献身救世的美国的、英国的、法国的、德国的、意大利的神父（司铎）牧师们，他们携妻带子同样的从这仇恨、艰难的环境中，树立起一座座辉煌的教堂——福音堂、安息日会、天主堂，以上帝仁慈，劝化顽梗的众生了；这些教堂，大都是分布在荒凉的村落里——如岷县的闾井子坝，临潭的西乡旧城，南乡郑旗村，双岔郎木寺，绿巴里，卓尼的木耳桥，还有在寺院的遗址上建立起教堂，相传洮州旧城福音堂教师孙守成（美人）曾在番地建教堂三次，均遭番民烧焚，但他终在那块番地上建了幢壮丽的教堂，它有着新式的建筑和新式的设备——电灯、电炉、收音机、磨电机……它有着四五十年的悠久历史，它更有着丰富的财物，他们在这样安定的生活中，往那严寒奇渺的番地上，栉风沐雨中，设帐野宿的宣扬教义，他们留居在这荒野的洮源上，却都在一二十个年头以上，不怨天，更不尤人，他们虽然仅拥有着二三百个教徒，不灰心，更不气馁，他们是祇然的埋着头继续地做下去，他们创伤疲劳的遗体就安息在这荒野的洮源上，但还有承继着他们未竟工作的人，同样，向着艰险的途径迈进了。

他们在这荒野的洮源上，这样，他们是为着什么?

六、洮石黄标砚

灿黄香于须弥兮，
掌管城之万顷。

含绿叶于崐岗兮，
拘西江之千仞。
拈兮，笑兮，嗅兮，磨兮，
清心禅梦，灵指招予。

——清·惠周惕（西清砚谱）

洮州因为是一个多山的地带，才蕴藏着这珍贵的名产——洮砚。

（一）凿坑采石

这种制砚的洮砚石，是出在距县城东北九十余里的地方——喇嘛崖，其崖西临洮河，为卓尼（飞地）及临潭同仁乡的属地，每当农暇的时候，东乡石门沟一带的居民，他们集资缴纳了采石的价款后，就在磴道盘空，迂折在险陡崖侧下，凿坑采石，前犹浅掘，今则渐深，虽用力倍难，而获石不易，所采洮石，运往县城附近上下扁都，刘旗、下川、南沟、党家沟等地，就转售给当地的砚匠，以供洮砚雕琢的应用了。

（二）雕琢玲珑

虽然，临潭是洮砚的产地，但在县城里却找不到专店的推销，同样的，在乡村里，他们——指砚匠——大都是利用着耕作的余暇；就按其一块块洮石的原形，雕成了不同式的洮砚——有方形、圆形、椭圆形、长方形及不同规则形的，同时，在砚面上雕以花卉、人物、草虫、鸟兽等，玲珑，生动，颇为美观，所谓洮石黄标砚，就是以利用原有浅浮于砚面或砚边的石皮上（黄色或赤色，即所谓黄标），依其大小，雕刻花蕊或飞蝶等者，此种洮砚最为名贵，但通常却百不得一。除了雕刻洮砚以外，还可制作石屏、名章、印盒、墨盒等类，但究不如洮砚的引人及普遍。

（三）名贵极品

洮砚，是产在洮州地方，所以就其产地命名为洮砚。它不但在临潭算得上名贵的出品，同时，也是甘肃的珍产品，它就是在青、宁、晋、秦、河北、河南、川滇等地，同样的被人重视，因为，它有细腻石质，及绿阔的色彩，还有着这样的特点：磨墨时，砚不渗墨，墨色极匀，所磨墨汁经久不易干竭发臭，洮砚的所以名贵，其故在此。

你们如果买洮砚时，必须注意石质的粗细，石色的深浅，雕刻的精粗，而最不可忽略的，就是砚面的假补了，因为有些砚料，稍有缺陷时，选石膠补，最容易一碰脱落的，那就要不得的。

七、不同的宗教信仰，可怕的循环报复

深院高墙平顶房，
碉楼座座满村庄，
父老多喧谈自卫，
纷飞顽石当刀枪。

我因职业的关系，曾留居在临潭地方，时间虽仅有着三四个年头，但却无时无刻不在那惊恐的环境中。

每到临潭县洮西一带——眼藏、红堡子，上卓、卓尼、羊永、孙家磨，李岗、羊升、旧城、古占、那子卡、卡勺卡、沙巴、冯旗、长川、马牌、太平寨、揑路、着逊、丁甲村、水磨川、汪家嘴、池上等地，看到那些村落的渺无人烟，颓废墙壁，以及雉飞兔走的荒凉景象，不免触目伤心。听说这就是各宗族在信仰不同

的立场下给后人留下了深刻残忍的遗迹。

临潭原为甘肃西南边区的商业重镇，回汉藏民贸易的中心市场，当年商业繁盛，市场栉比，颇极一时之盛，但今则疮痍满目，创痛犹存，实难短期恢复旧观。

现在，他们虽然都能安居乐业，但每因宗教信仰上的冲突，有时不免械斗仇杀，所有城池、寺院、教堂、村庄，不论汉回藏族，往往皆成废墟焦土，迄今忆及，无不谈虎变色。从这一次一次不断的冲突仇杀中，更加深了各宗族互相间不必要而且无意义的成见。由于这种根深蒂固的成见，遂形成宗族间的一种可怕的报复心理，这是如何的骇人。我们怎样重建甘肃西南边区各宗族居民的合理关系，以避免这种惨剧的重演，这实在是值得我们注意的研究的问题。倘不能改善这一点，那这地方的经济政治恐怕永远难有发展。

八、双岔、西仓、郎木寺

临潭县西南边区，这块地方是纯藏民地带。虽然是临潭的属地，但因它距县窎远，同时被卓尼夏河在中间分为两段，不相连接。所以在县府政务丛挫，未暇远谋之下，他们只有听其消极的自治。

从临潭旧城西行到“打加暗门”，经卓尼禄竹寺，再沿洮河西上，越过夏河阿拉三旗等地，一直到罗错以上，始达临潭属的西南边区——双岔、西仓、郎木寺。由县城西至拉力关及新寺地方，以马行宿站的估计约三百多里，西南至郎木寺约三百六十余里。它拥有东西广袤二百余里，南北三百余里的辽阔地带，有着一千四百余户的藏民，二千五百余名的僧侣，他们都在那高寒飞雪的地带中挣扎着。

他们大都是住帐篷，畜牧生产，逐水草而居。其所需食粮辣椒则向夏河、旧城一带采购。然而他们亦有房舍五百余座，住十房的即以耕种为业。每年农作物收获，尚堪自给。惟以气候寒冷，仅能播种青稞、油菜、豆类等，他们的生活异常简单，除牛乳、酥油、炒面、松茶（指松潘茶而言），仅佐以辣椒而已。因为气候的限制，他们的衣着，大都是皮毛，鲜用布匹者。无论男女老幼信仰活佛备极虔诚。这块地方，间或经商小贩，偶到其地，已属无仅有。但美人艾明思夫妇，两人在郎木寺设堂传教，已十余年矣。

他们在这种环境中，自然勤苦朴实，忠实敦厚。而体魄健壮，性情强悍，故辄喜私斗，往往以轻微的事件，引起斗争，竟尚持十数年尚未解决者。同时，他们因宗教信仰的关系，除长子治理家事可以婚娶外，其余诸子，无论多寡，均须入寺为僧，终其身不娶，以致每户仅有一丁。其入寺为僧者，又不准还俗，因此，竟成绝户者有之。既然民风好斗，他们为自谋安全，无论贫富大都必有一马一枪，以为防卫，他们的人口是男少女多，对“性”的问题，异常放纵，所以患花柳病的人就特别多了。又以房舍帐幕的基地潮湿，不知讲求卫生，他们免不了常在病魔缠绕中。只有延僧讽经以求禳解。人尚如此，牲畜可知。若果他们唯一的财产——牛、羊、马群，一经患疫，只有坐视其灭绝，无术可施。

临潭县西南边区，虽然是很荒芜的草原，但它却有丰富的物产——狐皮、麝香、牛、羊、马、皮毛等。这个地方，有着双岔，西仓两个土官，勿乍寺、西仓寺、郎木寺、拱巴四座寺院（按：禄巴寺已于清末时被该寺喇嘛卖与外人建筑教堂）。各就所辖境界，统治藏民，掌握着这区域的政治、宗教、经济、军事的全权，仍保留其部落的状态。

中华民国三十六年（1947）六月三十日　兰州

本文选自《西北通讯》，1947（6）。

黄正清与杨复兴分治下的“安多藏民区”

奇客

“安多藏区”包括甘肃夏河、临潭、卓尼、岷县之全境及青海同仁、同德，四川理番、松潘等县之一部，地处高寒的山地区，藏民约计二十万人。这一区的藏民情形大致说来有四个特点：(1)接近内地，开化的程度较深，其中一部已渐由牧畜而进为定居的半农半牧的生活。(2) 表面上看来，这里最大部分的地方，已经建立了县或设治局的正常行政制度，但因为本区藏民原来政教合一的传统很深，所以很多去处如今是一种双重的政治形态，新旧制度并行不悖。(3) 这里是甘青川康四省边区，有的事情是四不管的状态，也有的事情关涉到四省的权责，所以政治情形常有复杂而微妙的现象。这里现有两个颇不平凡的地方领袖，分别治理不算小的一片地方（其面积相当于半个江苏省）。这两个人的言论行动是决定这一区政治和军事的最大因素。这两个领袖就是黄正清和杨复兴（年十九岁），他们分别治理着“拉卜楞”和“卓尼”。

“拉卜楞”对于西北人是不太生疏的名字，主要原因是那里有著名的喇嘛教寺院——拉卜楞寺。这寺在黄教中的地位仅次于拉萨的哲蚌、甘丹、色拉三大寺。拉卜楞寺辖区藏民可分三种类型；一为“拉德”，即神民之意，由寺直接治理，包括夏河境内之三苦乎，阿米去乎，阔牙、欧拉、左格尼马等族及十三庄约二万户。

二曰“墨德”，即政民之意，由拉寺控制下的土司治理，多是定居的牧民，如夏河的甘家、仁爱等族。三曰“厥德”即教民之意。在宗教上受拉寺直接领导，政治上受拉寺的间接影响，就是广及四省边区的一百零八寺（实际上还不只此数）分布地区的藏民。总计本区定居牧民有大小三十五庄，游徙牧民有大小十八旗，不直辖而表同情者有果洛之康根康色和四省边区牧民大小十七旗，人口在十万人以上。此地不但是政教合一，而且是民兵合一，保安司令部所辖的保安队，即是全境的藏民壮丁。所以向来的军政大权都操在拉卜楞寺活佛和黄正清手里。县政府的力量仅及于县城附近的地方，到较远的地方去编组保甲或做其他的事情，都要透过当地的旧势力。

卓尼藏民区包括甘肃与四川毗连的白龙江上游及洮河上流的地方，就是唐朝的南部四州——洮、岷、叠、宕的大部（洮州即今之临潭县，岷州即今之岷县，叠、宕二州现分属岷县与卓尼设治局）。现任土司杨复兴，于民二十六年世袭职位，并由甘省府委派为洮岷路保安司令，地位与黄正清一样。其弟丹珠于二十五年由国民政府简命为“禅定寺辅教普觉禅师丹珠呼图克图”为本区最大寺院禅定寺寺主，其下共辖一百零八寺。

本区藏民人口约二万余户，十万余人，包括五百小部落与村庄。部落之上依地理、经济、宗教等环境情况分为四十八旗，旗内置总管一人或数人，由所属部落或村庄选举之，还有由土司指派之旗长一人或二人，负联络及传达命令之责。本区藏民多数是定居而兼营农牧的，汉化程度亦日渐显著，自然环境也较拉卜楞为优。

本文原载《西北通讯》，1947（5）；选自《西北民族宗教史料文摘》，甘肃省图书馆丛书第一辑，1984。

卓尼番区朱扎七旗的总承制度

谷苞

朱扎七旗的辖地，在洮河正流，从奋盖林至达子多的两岸各村，长约二十五里，另外还有洮河支流卡车沟，由达子多至下卡车沟两岸的村落，长四十余里。总计朱扎七旗在洮河正流及支流两岸的辖地长达七十里，所属较大的村落共计六十五个。它们的名字是：车路沟村、大刀那村、知知村、下卡古村，那树那村、格古村、位加村、沙的村、什绿那村、日入村、沙隘村、求细那村、录巴村、的古村、买盖村、达子多村、郭扎村、哇日村、奋大村、怕路村、扭子村、拉力村、加当村、勺泥沟村、牙儿村、阿吾茶村、拉扎口村、巴吾村、麻的卡村、多加村、那儿村、泼村、多落村、买盖村、杓札雅力村、老拉哈村、用路村、你盖村、哈占村、用路光村、口儿乩村、乩录村、阿布岔村、你住村、拉盖村、牙扎村、的然村、拉勺村、多扎村、立那村、若哇村、卓尼甫村、内即村、拉吾村、童占村、求然村、求的那村、壕路村、莫勿村、古路村、求安村。在这六十五个村落里住着一千户左右的人家，这里面耕种“兵马田地”（所有权属土司。永久使用权属种户，田地不得私自买卖，有给土司当兵支差纳粮的义务）和住尕房子（无兵马田、亦无当兵纳粮的义务）的人家，还未计算在内。住尕房子的人家，估计约占各村种兵马田地人家的五分之一，约二百户人家。朱扎七旗拥有这么多的村落和住户，在卓尼境内找不出第二个。卓尼境内次大的旗如拉布什旗，仅拥有三十四个村落，普通的旗均拥有十来个村落，最小的沙麻童住旗才有三个村落，再如口子下家人旗亦只四个村落。朱扎七旗所以能集结这么多的村落，其历史渊源大概是：

在清朝初年，杨土司征敛颇重，土司又听信堪舆者的说法，以为离城十五里的加当村，风水甚好，将出伟人，若不徙去，则不利于土司。因此，杨土司便下令加当村居民将旧宅拆毁，在下游另建新村。当时加当一部分居民即遵命办理，另一部分即从朱扎七旗代表名义赴北京告状。在北京经过了十三年的奔走，终于获得了胜利。清廷将朱扎七旗代表之一授予了大总承的职位。并规定了朱扎七旗的居民每年每户依例应纳土司青稞四公斗五升、制钱三百文，草或柴一背，凡此均由大总承汇缴土司，土司不得直接派人征收。从此朱扎七旗在卓尼境内形成了一个特殊的集团。它与其他的各旗在组织与职权上均有重大的区别。

朱扎七旗的最高首长为大总承，杨土司亦派有旗长一人，他不能直接办理旗内的公务，不过在土司与大总承之间负有传达的责任。全旗又分为九个小旗，每个小旗有小总承一人，为各个小旗的首长。每个小旗下又分为二总管区，每总管区有总管二人，内中亦有无总管者二小旗。总管区下为村，每村各有扎督一二人至三四人，人数之多寡系取决于各该村户数之多少。兹将朱扎七旗所属的九小扎的名称及其小总承与总管的数目列表于下：

小旗名称	小总承人数	总管人数
朱扎旗	1	2
大族旗	1	2
上朱盖旗	1	2
下朱盖旗	1	2

续表

小旗名称	小总承人数	总管人数
麻路旗	1	2
朋的旗	1	2
大力旗	3	0
破古录旗	1	2
上卡车旗	3	0

在组织系统上与土司的关系有如下示：

土司→大头目→旗长

大总承→小总承→总管→扎督

杨土司与朱扎七旗彼此的冲突与争夺是时常免不了的。逊清时代有六张告示，是乾隆三年、乾隆四十六年；嘉庆十二年、嘉庆二十三年和咸丰三年。前三张是甘肃巡抚出的，后三张是洮州厅出的。内容都是规劝杨土司与朱扎七旗停止争执，申斥杨土司不得额外争索，并希望朱扎七旗亦不得故为刁难。在嘉庆二十三年的告示中并指示朱扎七旗以后每年缴粮直接汇交洮州厅，不必径交杨土司。

在土司制度里，土司、大头目、旗长、总管与头人等的产生，系根据于世袭，任命与轮流等三种办法，土司的产生系根据世袭，头人的产生系根据各村居民的轮流，至于大头目、旗长与总管的产生，则参用世袭与任命。在朱扎七旗里，大总承、总管与扎督的产生，系根据选举与轮流两种方法。大总承、小总承与总管的产生系选举，扎督则轮流。大总承之选举人为九小旗所属各村之代表——格尼，每村一人。大总承之任期无限定，每当一新大总承选出后，卸任者即将各种文件尕书移交，同时并将朱扎七旗公共供奉之神——常爷即明将常遇春亦并移交。凡过旧历新年时，全旗番民均须至大总承家中给常爷拜年，并献供品。此项献品统归大总承所有。

朱扎七旗的公务，分为义务行政与自治行政。前者肇因于上级机构的命令，后者则基于自发的公意。义务行政有三种，一为征钱粮，二为征兵马，三为征乌拉。自治行政则有二种，一为防备盗匪，一为调解诉讼。在义务行政中，征钱粮每年由各小旗收齐后，由大总承汇交杨土司，征乌拉关系不大，往往由大总承命令各小总承依所需数量征调。只有逢到征兵马时，须得召集全旗各家长代表决定。召集办法系由大总承发布命令，指定日期在麻的卡河滩上集合。先由大总承报告集会原因，然后则任各户长发表意见，并决定办法。番民好辩，一件事往往争论四五日不得结论，会议日程便行推延。会中有缺席者罚酒四五碗，扰乱秩序者则笞以木棍。在自治行政中，遇有匪患或变乱，便须筹划防备办法，办法的决定与上述同。至于诉讼的调解颇饶趣味。番民如遇有重大争执，可向大总承告状。告状办法系由原告执哈达一块（代替状纸）并酒一壶，到大总承跪告情由；大总承接受后即差人至被告处着其觅保，被告找到保人后，即由保人将被告胸前之纽扣割下一个交与差人，以为担保之证据。一两日后，大总承便至原告之村落扎督家，传齐原被告双方，双方各讲完理由后，大总承即交由该村老民三四人负责调解。在调解时，三四老民中，一代表原告发言，一代表被告发言，余则处于仲裁地位。调解完毕后，则请人写一文书，载明争执始末，犯法情形，及赔偿数额等。此文书缮就后交由大总承保存。处罚分为两类：一为破坏名誉，诽谤者须向被诽谤者全体家属叩头谢罪；二为妨害财产身体等罪，除如数赔偿被害人一切损失外，尚有三种处罚办法：一较轻者罚哈达一块、酒一壶；二较重者罚酒一个（五升青稞制成者）、羊一只；三最重者罚硬币数元至数十元，布施于喇嘛寺院。番民中小的争执，小总承亦可受理，其处理办法亦如大总承，只不过诉讼结束后，由大总承处理之案件，原告须送大总承制钱三串，并献常爷羊一只。由小总承处理之案件，仅送制钱一串五百，无羊。

本文原载《和平日报》，1947年8月5日三版；选自《西北民族宗教史料文摘》，甘肃省图书馆丛书第一辑，1984。

西道堂——新社会的模型

王树民[①]

回教自唐季传入中国，历元、明而大盛，至今信奉者几遍全国，西北以当传入之径道尤为盛行。千余年来，在夙无明确宗教信仰之汉人群体中，虽与操有同样之语言文字及普通生活习惯，而其信仰生活之质素则迄无重大变化，实为令人最堪注意之处，盖其信仰专诚，教规严密，深能达乎寄托心灵之高尚作用也。惟以所尊信之经典仅有阿文者可诵，含意难晓，驯致成诵已非一般人之所能，而诵经竟成为阿訇之专业，遂使一完美之宗教停顿于固着之境。故自组织与信仰言，过去在国内实为不可多得之宗教，而其教义则始终不能如佛教之恢宏扩大，不可谓非保守太甚之过也。教中人士亦非无识及于此者，清初金陵刘智（介廉）氏即其一也。刘氏博通儒、释及天方之学，于汉籍回典辄互译之，足迹遍天下，实为回教中之杰出学者。译著甚富，约数百卷，通见者有《天方典礼》二十卷及《天方性理》五卷等，均以儒者之文阐明

① 王树民（1911—2004），字逸民，号曙庵，笔名立人等。1911 年生于武清县（今属天津）的一个书香世家。1931 年 8 月升入北京大学历史系本科，期间受顾颉刚影响很大，与杨向奎、胡厚宣、张政烺等组织潜社，出版《史学论丛》。自 1937 年至 1951 年，先后在陕甘青巴蜀等十三个单位工作，主要从事文教、编辑、史地研究，发表论文多篇。中华人民共和国成立后，担任河北天津师范学院史地系教师等职。著作有《中国史学史纲要》等。

回教教义者，浅明可诵。顾其所事者虽钜，所生之影响则微；盖历史习惯之力至伟，一二人殊难移转其分毫也。清末洮州马启西氏，字慈祥，号公惠，世居旧城西凤山下。幼读儒书，游泮。长而博览群家，独善金陵介廉氏之学，绝意于仕进。光绪二十八年，建清真西道堂于其故里，以演述刘氏学说，阐扬回教教义为宗旨。自任教主，主持全堂事业。堂内教民完全平等，放弃一切经济财产等私有观念，抱共同之信仰，营共同之生活，各尽所能，各取所需。其具体见解为："以清真教至上之真宰维系人心同一之本善，修己爱人，至于爱物。"又："视人生为必然之过程，在过程中，必有人生之义务，由至诚而形，由形而生，由生而化，唯至诚而求永生焉。人当以己之生命为永远继续之永生而努力，故此生虽是过程，此生毫不空虚。"又："人人必求生存而劳其形动其心，然所谓在人而不在己，盖人与己之间亦不过至诚之一化耳。"今按：自其本身言实有不可埋没之高尚理想在；自回教方面言则于教义亦一无所违，惟用汉语汉字讲解回教之经义为殊于俗耳。然以此遂大招一般回教徒之歧视，群以"新教"称之。民国三年五月间，白狼窜扰洮州，汉民与旧教回人损失俱大，而西道堂受害独微，时马安良为甘州提督，旧教回民多以马启西等通匪往诉者，安良遂遣卒于同年阴历闰五月十七日晨擒获之，越二日而殒，同时死者数十人；事后其徒多被迫脱离，财产亦损失綦钜，西道堂遂为之一挫，是为西军之役。其后堂内推马明仁、敏学成、丁全功等为代表，控诉于北京政府，累经数载，始于徐世昌秉政时判以："信仰自由，各行其是，往事不再追问。"事既决，乃由马明仁氏继任教主，重整旧业，然与安良方面仍多龃龉。民七年安良死，与其部下成立谅解，教事各行宗派。其后西道堂无复外事之扰，乃得重趋荣长，建寺堂，办学校、饬农商，规模日具。十七八年之乱，新教回民持中立态度，然道堂院舍亦遭波及，惟无大损。

西道堂组织

（一）宗旨　本道堂根据伊斯兰教义，并祖述伊斯兰教正统，以宣扬金陵介廉氏学说，而以本国文化发扬伊斯兰教学理，务使本国同胞了解伊斯兰教意义为宗旨。

（二）教主　本道堂掌教人，不能以教主子孙世袭或相授受，由全体教民推选贤能者继续服务本堂一切宗教事业。

（三）教主职权　教主领导本堂以下全体教民，遵守国家法律，以尽国民之义务，遵守本堂宗教宗旨，领导全体教民，掌理本堂一切的社会事业。

（四）道堂经济　本道堂内之经济本源，由于本堂内所管理经营之商业及农业所供给。所有属于道堂者概为公有，悉用于本道堂建设、教育及一切的公共事业。

（五）教民之义务　教民在本堂服务者，各尽其所能，分工合作；具在外私自经营事业者，于道堂内援助，量力所能。

（六）教民生活　本堂内教民生活一律平等。道堂外之贫苦不能谋生者，并救济之。

（七）教育　本道堂内之教民，除受回民教育外，并注重国家教育。无论农商各界子弟，小时均入本堂创办之启西中学及男女小学受教育；一切费用，概由本堂担任。毕业后择其优良而有志愿者，资送大学。

（八）婚姻　在本堂所属教民与教民之间婚姻均无财聘或装送之费，必先征求两性相悦，然后父母及介绍人呈明教主，请阿訇照清真教古礼诵经完婚。

（九）丧葬　遵照伊斯兰教古礼，死后诵经乞讨安葬；量力所能，施舍济贫。

（十）教民之概况　本道堂之教民除在本道堂内服务者二百余人及临潭本县所有外，其余分住在甘肃之临夏、和政、宁定各县，在青海之循化、化隆、民和各县亦有之。教民在外县者均多穷苦；

在临潭县者概经营商业，虽穷苦者概有正当的职业。经商贸易区域，西至西藏，南至四川，北至青海之北，东至察哈尔等地。

综述其意义，则道堂为一完整之组织，由教主主持全责；入堂之教民须尽献其生命与财产之所有，而一切工作、生活、教育、婚丧、赡养等概由道堂为之支配。换言之：即道堂如一独立大家庭或单位小社会，人民生息活动于其中，均为组成之一员，彼此间更无尔我之别，而共赴于人生之最后目的地。

兹就事实及别所闻者略予推论，其原则似颇可以“理想社会之模型”拟之，然实则一般人民之程度并未达到如此理想之水准，故事实亦未能尽达如此理想之境界。如“教民生活一律平等”，乃只能见于同级者之间，而等级之存在则又为实际上所不能消灭者。约略言之：教主及其左右为最高级，经商者次之，务农者又次之，而做工者为最下。同级者之生活虽相若，异级者相去甚钜。堂内教民既尽献其所有，且终身服役，不知其止，自人生远大处言，其义可待另论，而于恶劳趋逸，但以工作换取享受为目的及财产私有之观念下者视之，乃以其人为深陷于苦海者，遂为下一评语曰：“气断工满”，实深为忧悯之词也。又其内部无私有财产之分，而对外则挟其有组织之超越人力与财力，于商农等业作极度之发展，普通商民皆难望其项背而无从与较，故又有“内共产，外帝国”之语。按其组织本自为一社会集团，自其出发之理想言实无微词可加，惟人类任何活动均不能与外界脱离关系，而本身视构又恒因事势之推移未能尽符其理想之矩，则结果难如初衷之所期，实亦无足深怪者。至教主不得世袭一项，原为惩于传世之弊而设，然无改选年限，职任终身，故仍易起变质作用，致不知者每误认西道堂为以教主为家主之一大家庭，此亦可为注意者也。

本文原载《西北世纪》，1949，4（8）；选自《西北民族宗教史料文摘》，甘肃省图书馆丛书第一辑，1984。

民国时期名人笔下的美武草原

陈晖[①]

美武，现称为佐盖曼玛，作为乡级行政建制始设于1953年10月1日，属夏河县第四区辖区。1986年1月27日更名为佐盖曼玛乡，1996年5月28日划归新成立的合作市辖属。

“佐盖”之意是原从四川若尔盖迁到此地，并随之以此命名的部落名称（全称“佐盖美武”），“曼玛”是相对于佐盖上、下部落的方位名称，意为“下部”（其上部称为“佐盖多玛”，原称为“美仁”）。

佐盖曼玛乡位于合作市东部，东连佐盖多玛乡，南邻卓尼县，西南交那吾乡，西界卡加曼乡，北依卡加道乡，乡人民政府驻地在美武行政村加科自然村。平均海拔3120米左右，距合作市区14公里。全乡总面积384平方公里，辖6个村委会，7000多人。[②]美武地势由东南向西北倾斜，东南地势较为平缓，西北为丘陵地带。东南部滩平谷浅，利于畜牧；西北部灌木丛生，栖息着香樟、黄羊、豹、雪鸡、马鸡等野生动物。尕尔娘曲（美武河）自东南向西北穿越西南，汇入水曲。

这里气候寒冷阴湿，冬春多大风。美武，在民国时期也称

---

① 陈晖，甘南藏族自治州残疾人联合会干部。

② 万玛仁青:《甘南藏族自治州政区建制暨村镇地名》，24～25页，北京，中国藏学出版社，2013。

“买吾”或“陌务”。王树民在民国二十七年六月十八日的《陇游日记·夏河日记》中记录：“买吾一作陌务，为洮州、夏河间藏族部落之一，分五旗，各有头目，而总辖于土官之下，藏语谓之洪布。原为循化厅地，光绪初年拨归洮州厅，夏河县建立后，名义上改隶县属，实仍为自成一部也。”① 自古以来，这里就是洮州前往河州和拉卜楞的必经之路，尤其是民国时期，范长江、顾颉刚、王树民、宣侠父等知名人物先后到过这里，留下了精美的文字记录，真实记录了那个时期美武草原的社会历史。

美武草原景色秀丽怡人，春天一到，漫山遍野的格桑花争奇斗艳，还有许多不知道名的花朵，红的黄的蓝的，布满了整个草原，潺潺溪水从草原穿流而过，蝴蝶翩翩起舞，仿佛到了人间天堂一样。顾颉刚在《西北考察日记》一书中这样描绘这里的景致：“下午三时辞出，经马连滩，花发更茂、马蹄所踏皆芬芳也。此间夏日乃如江南春天，满山锦绣，无人摘取，有若内地之公园，唯扩而充之至百千里耳。戏成一绝云：‘到处有山便有花，蓝红黄紫遍天涯。东方故旧如相问，马上行人不忆家。’”②

民国时期的美武，即现在佐盖曼玛乡政府驻地加科的情景，王树民先生是这样描述的：“寺院附近之居民区曰甲科，藏语为街道之义，分上下二部，傍水相连，东上而西下。上甲科有居民四十余户，下甲科有二十余户，房舍均为赁自寺中，每间年纳租金七八元。其中藏民仅六家，绝大部分皆为汉、回人，而十七八年间逃来之难民，计在四十户以上，来自旧城者有十二户，多为回民，来自河州者有三十余户，多为汉民，皆以作小生意或充脚户为生。甲科中有商铺十余家，商货为布匹、香、针线，辣椒，火柴、日用品等，有工匠十余家，分银、铜、铁、木等，资本一

① 王树民：《甘青闻见记》，见《甘肃文史资料选辑》，第28辑，231页，兰州，甘肃人民出版社，1988。

② 顾颉刚：《西北考察日记》，见《甘肃文史资料选辑》，第28辑，76页，兰州，甘肃人民出版社，1988。

般为二三十元，多者不过百元，亦有走藏地者，多为回民商人。居此之汉、回人与藏民同样须到寺上及土官家中当差，惟无拔门兵之义务而已。寺中僧家多放高利贷，至月利一成，十元之本，对年即可得十二元之利，小商人多忍痛借之者。”①

当年王树民走的这条路现通往佐盖多玛乡仁多玛村，目前已经是水泥村道。途经的“药水泉”，顾名思义有圣洁和治病之意，实际上是一小股泉水，牧民用“嘛呢石”围起来，上面挂上经幡，更有神圣不可侵犯的意思，到现在仍然有很多人拿着水桶去取泉水。两年前我在乡政府工作的时候，大冬天亲眼看见过一位年轻的妇女抱着自己襁褓中的婴儿，脱光了衣服放到泉水中洗澡，当时令人不寒而栗，可见这口泉在当地牧民心目中的威力。文中“西宁汤”即为现在的“西宁滩”，现多用于当地群众夏天的“浪山”和组织民间运动会的场所。

如今，美武居住者几乎全为藏族，只有零星的几户汉族。范长江在《中国的西北角》中对当时美武街区的民族关系描述道：“此间可谓为完全藏人势力，寺院中喇嘛为最高阶级，汉回两族另在寺院前划一地区居住，视为化外，如清朝初与西洋通商时，对西洋人的态度一样。汉回人在此有种种之义务，而却无权利可言。平川中草地，绝不许汉回人牧畜，然而寺中喇嘛夜间闻山中鸟噪，不能成眠，则尽驱汉回人起身，至山中为之赶鸟。民族关系不能得适当的解决，彼此所受痛苦，其性质正复相同。”② 王树民的《甘青闻见录》中也有同样的文字描述：“田地皆为寺有，非藏民不能购买或租佃，故汉、回民无耕稼者。”现在加科街道上还残留着当时的回族清真寺，也就是一间破败了的房子，在村貌改造的时候予以保留。

---

① 王树民：《甘青闻见记》，见《甘肃文史资料选辑》，第28辑，232页，兰州，甘肃人民出版社，1988。

② 范长江：《中国的西北角》，51页，北京，新华出版社，1980。

民国时期美武牧民们的生活，我党早期著名革命家宣侠父于1926年前往玛曲县途经美武时这样描述："翌日的早晨，我们向买吾庄进发，沿路经过几处藏民聚居的村落，他们的生活，已经进入原始的农业经济社会中，熙熙皞皞地正在收割麦子，一捆捆的收获物，从牛背上载到晒场上去，无上的愉快，充满在他们的眉眼间，一路上，高唱着快乐的农歌。从刚察寺到买吾庄，计程是八十里，在近暮的时候，我们到达了买吾庄酋长的家内……"[①]王树民在《陇游日记·夏河日记》中也写道："休息后更进十余里，渐下山，行于山沟中曰西宁汤，不数里至沟口，左有当吉汤，右有日多马沟，及数小沟相会，谷地稍宽展，是为买吾河。循之西北行四五里，经一小村曰撒索麻，即至买吾旧寺矣。卓尼杨头目等护送至此为止，拉卜楞保安司令部另派黄副官长前来伴行……藏民生活以畜牧为主，普通之家可有牛数十头至二百头，羊数百只至千只，最少亦在百只以上，马与猪较少，数头至十数头而已。价格，牛每头在十元至三十元之间，羊为二元至五元左右，由洮州、河州、夏河等地贩子前来收买。农耕者仅略有之，惟种青稞，自撒索麻以下至寺院附近，可稍稍见之。食品以牛羊肉及青稞炒面为主，而颇嗜酒与黄烟、辣椒等。居住帐房，藏语曰卓瓜。甲科中住房皆平顶，可通行若街道如前所见者。五旗共奉之山神在西宁汤内，即途中将下山之处也。"[②]

据史料记载：在民国二十一年（1932）年美武旧寺加科开办初级小学1所，年经费20元，四级俱全，一堂教授。

王树民在《甘青闻见录》中记录："甲科中有初级小学一所，民国二十一年开办，由夏河县府年给经费二十元，二十四年后增为四十元。今有学生十七人，除回民二人外皆为汉民，每生年纳

① 宣侠父：《西北远征记》，107页，北京，文史资料出版社，1982。

② 王树民：《甘青闻见记》，见《甘肃文史资料选辑》，第28辑，兰州，甘肃人民出版社，1988。

学费一二元不等。四级俱全而一堂教授，课本与杂书并列，一如在临潭所见者，更为特殊者则校舍乃附设于客店内，夜为客房而昼为教室，校长即店主，又夏河县特税局分卡亦在此，纳学、商、财于一堂，可谓别开生面者也。”①与王树民同行的顾颉刚在《西北考察日记》中记录道：“二时半到陌务，字一作买吾，今日行五十余里所见之惟一村落也。地方人士见迎，入村中，宿铜匠王文清家，亦颇整洁，盖汉人而藏化者。村中人家，自临潭、临夏避乱而来之汉回殊不少，市容尚盛。有一小学，才三间，同人寓居于是，盖小学校长以贫乏，即藉校舍兼营旅馆业也。予等行装稍夥，堆积无隙地，彼校遂临时宣布放假。”②

我国杰出的新闻记者、新闻家、社会活动家范长江在《中国的西北角》中记录：“陌务汉人，设有小学校一所，有学生二十余人，有一校长兼教员兼工友之先生，所教课本，有幼学，有论语，有千字文，有国语教本，有生物自然等，古今并列，甚为可观。先生为一客店老板，记者与之谈话，觉其不似教育界人，乃叩以成都之所在，答不知！再叩以西安，亦不知！乃书以示之，恐口音不懂也，而彼仍不知！叩其待遇，则全年小学校经费，教师薪水在内，共为二十五元。合学生之贡敬，年可得四五十元。此亦为甘肃教育之奇迹。”③

美武草原的寺院状况，民国时期的名人笔下是这样描述的。王树民的记载：“寺院有三：一曰日多马寺，去此东南二十余里，在日多马沟中，一曰买吾新寺，在东北十里所，二寺各有一头目，地则同为旧城赴河州大道所必经也。今所至者为买吾旧寺，其地有三头目，一为那多，在寺东四五里，一为奥洼，在寺北二三里，

① 王树民：《甘青闻见记》，见《甘肃文史资料选辑》，第28辑，兰州，甘肃人民出版社，1988。

② 顾颉刚：《西北考察日记》，见《甘肃文史资料选辑》，第28辑，兰州，甘肃人民出版社，1988。

③ 范长江：《中国的西北角》，51页，北京，新华出版社，1980

一为低几，在寺西南十里许，各有居民五十户上下。土官居处曰德利，去此西北十余里，明日赴黑错途中将经之。”[1] 其中所说“日多马寺”和“买吾新寺”，就是现在的仁多玛寺和噶斯尔寺，属佐盖多玛乡管辖。买吾旧寺是指现在的噶尔娘寺院，噶尔娘寺院坐落在乡政府所在地的加科街上，王树民之前在日记中描写到：“寺院在河北面郎喀木山之下，建筑式样略如卓尼寺，粉壁绿山，数里外即映入眼帘。藏僧曰阿姑或阿喀，共有二百余人。转世佛二，一曰单阳保，已五十余岁，一曰导旦仓，方转世数年，现在拉卜楞寺习经云。寺房主要有六大部：居中南向者为大经堂，其后为压床之昂欠，其右为祈求子孙之佛殿，其左为德隆昂欠或沙沟昂欠，更左为单阳保居处，最东则为导旦仓也。”“……在寓所略事安置后，同颉师出甲科至寺上一观。寺之右前方有白塔，塔后方板筑新屋，藏妇若干，或负筐上下，或持杵捣土，皆齐声高唱藏歌，令人别感逸趣。闻寺中向不准妇女入内，而建筑房舍则皆用其力，诚事之至为矛盾者也。在寺上略览一周，即循河滨之路归。河水清浅，而滩地甚阔，野草杂花逼束岸边，水流为之狭细，斜日挂于西山，背影迷离。遂觅石就座，以解途中之困乏。时偶忆临洮张晋康侯氏之五律一首云：‘寒云滞小溪，树树锁烟低，二月春将半，孤村莺未啼。花牵流水细，山背夕阳迷。莫恨湖光冷，东风自不齐。’（《春寒》）实足为此情此景之写照。颉师旋吟成一绝曰：‘解得浮生十日忙，溪山坐对两相忘。买吾寺下西流水，无尽流连向夕阳。’所写者更为切实生动矣。”[2] 此诗作者为我国现代著名历史学家、民俗学家，地理学家和“红学”研究专家顾颉刚。1938 年，顾颉刚先生来夏河地区视察时，在《西北考察日记》中也写到同样的场景：“偕同仁游陌务寺，广厦千间，殿中铜

① 王树民：《甘青闻见记》见《甘肃文史资料选辑》，第 28 辑，231 ~ 232 页，兰州，甘肃人民出版社，1988。

② 王树民：《甘青闻见记》，见《甘肃文史资料选辑》，第 28 辑，233 页，兰州，甘肃人民出版社，1988。

灯数百，燃牛油，腥气扑人鼻……旋至寺前川畔席地坐，入暮方归。今日所度为分水岭，自此以往水皆西流入夏河。得一小诗云：‘解得浮生十日忙，溪山坐对两相忘。买吾寺下西流水，无尽流连向夕阳。’”①

美武草原的另一座寺院为岗岔寺院，坐落在岗岔行政村。宣侠父在《俄拉草地的蹄迹》一文中描绘出了初见岗岔寺院时金碧辉煌的景象：“……沿着溪流南行，走出了山峡，道路渐见平坦，远远地有一带葱郁的树林，林外隐暴出红墙的一角，眼前就是刚察寺。转过了树林，全寺隐暴露，金碧辉煌的建筑和宏大的规模，包含着目所未见的壮丽，夕阳映照着寺殿的金顶，更显出庄严无比的宝相，在这样荒僻的草地上，看到这样壮丽的建筑，我怀疑这只是我的眼花，或者是一座空中的蜃楼……”② 可见当时岗岔寺院就已经具有相当的规模了。

如今的美武草原今非昔比，经过国家的大力扶持，牧民群众的生活发生了翻天覆地的变化：村村通道路，水电暖齐全，群众盖起了洋楼，开起了汽车，街道整洁了，环境干净了，2015 年加科村还被选为甘南州级生态文明示范村，红墙白瓦，映衬着蓝天。合冶二级公路和央德公路也于 2016 年全面通车。现在乡政府所在地有卫生院、畜牧站和中心学校，各村也筹建了双语幼儿园，很大程度上解决了群众上学难和看病难的问题。

2016 年 3 月

① 顾颉刚：《西北考察日记》，见《甘肃文史资料选辑》，第 28 辑，76 页，兰州，甘肃人民出版社，1988。

② 宣侠父：《西北远征记》，105 页，北京，文史资料出版社，1982。

甘南回忆

民国时期的甘南社会

李振翼[1]

民国时期，甘南是一个以藏族为主的多民族聚居地区，居住着藏、回、土、汉等民族，由于地处边远，交通不便，社会经济落后，生产发展缓慢。

当地藏族人民笃信藏传佛教。历代统治者特别自明代以来，采取了对当地民族上层人士和僧侣的“多封众建”政策，大建佛寺，特赐专敕，凡藏番僧人为众推服者，大者国师，小者禅师，其诸豪有力者，或指挥土司、千户、百户，或“司令”和地方世袭官员。历经清代、民国的几度“改土归流”，均未动摇此一地区土司制度和藏传佛教寺院政教合一的基本统治体制。国民党虽在卓尼、夏河设立设治局和县，或其政令不出城郊数十里，或是徒有其名的形式。由于以上原因加上本民族内部上层统治者的封建保守，致使甘南地区长期处于落后状态，甚至是原始的各种经济制度和生产方式也保留了下来，造成了它的占有形式的多元性。

第一节　民族与宗教

在甘南地区，最古老的民族首推藏族。远在秦汉时期的羌人，

① 李振翼，甘南州博物馆原馆长，已故。

唐宋时代的吐蕃，乃至明清以来的藏族，它是一脉相承，源远流长的。这里既有当地世居民族，又有历代由西藏东迁到这里的戍屯军户和其他各地迁来的藏族人民。

民国时洮州有“三土司”“五僧纲”之说。三土司即：一为卓尼杨土司，辖有现卓尼全境、迭部大部和舟曲部分地方（详见下节）；二为临潭资堡昝土司，自明代其始祖锁南秀节入卫以来，受洮州卫中千户所百户之职。永乐三年（1405）赐姓，正德五年（1510），授昝诚世袭副千户。万历三年（1575），昝震以功授世袭指挥佥使。清康熙十四年（1675），昝承福以功授游击。光绪间，昝天赐领土守隘，辖七旗，三百八十四户。十六代土司昝善庭辖二百九十户，二千三百余口，有土兵一百五十人。三为着逊世袭副千户土司，明嘉靖授世袭副千户，十二代土司杨廷选辖四十九户，二百五十余口，有土兵二十人，把守隘口三处。

五僧纲是：一为禅定寺僧纲，明永乐间，些地掌管卓尼寺教权，后其孙仁谦龙布将卓寺萨迦派改宗格鲁派。清康熙二十二年（1683）授古巴为卓尼寺番僧僧正司僧正。康熙四十九年（1710）敕赐禅师。嘉庆十九年（1814）后，禅师无人承袭，由土司兼摄。博峪事变后，杨丹珠继任僧纲（详见下节）。

二为嘛呢寺僧纲，其始祖力车加绽，原籍西藏人。明洪武六年（1373），以功授西藏膳王世袭千户。其子八点旺秀于永乐三年（1405）承袭后，带僧人百名入关，驻洮州卫地阳坡庄，修建了嘛呢寺，以迭番案内保有功，赏赐“呼吉禅师”衔，升世袭僧纲兼管百户。万历四十五年（1617），六传至扎巴道智，奉陕西总督兰州抚院洮州卫檄拨三十三族番民归其管辖。清顺治四年（1647），其子昂哈旺秀承袭后，因功授旧洮指挥守备兼管部落。道光八年（1828），十三传至马成龙代理僧纲，以功授蓝翎千总。咸丰八年（1858），其子马中魁代理僧纲，以功授花翎俢先都司。民国三十四年（1945），十八代僧纲马彻霄时，管辖二十一族，二百六十五户，九百六十余口，有僧兵十八人，把守达加暗门。

三为卓洛寺都纲，始祖杨永鲁，明永乐十六年（1418）以功授昭信校尉、洮州卫指挥使司、藏族百户。其侄锁南藏卜于宣德二年（1427）授都纲司。正德十二年（1517）四传斑南尖助，以功授世袭都纲。清康熙十四年（1675）七传至杨上格，管部落十八族。咸丰七年（1857）十五传至杨国相，因功授四品花翎侭先都司。解放前，都纲杨彩云辖三十四户，一百六十余口。把守红腰岘隘口一处。

四为圆成寺（俗称侯家寺）僧正，始祖侯显于明洪武间（1368—1398）奉旨赴乌斯藏（西藏）迎大贤法王赴京，途经洮州刘顺川建寺。解放前辖二十六户，一百四十余口。

五为垂巴寺（俗称牙当寺）僧纲，始祖阿旺老布藏，原系西藏喇嘛，于明成化三年（1467）入关，在洮州卫讲经，因以建寺。后又建录巴、江口两寺。授世袭僧纲，管理三寺。万历八年（1580）敕赐垂巴寺。原辖十族，六十三户。

除五僧纲之外，还有阎家寺僧正。

此外，尚有八舍九日卡头目及日扎庄头目原属卓洛都纲司，因不服管辖，遂改由临潭县直属，有四十九户，二百六十余人。西仓土官及唐隆郭哇土官，原属一家，因建西仓新寺而分成两部，拉卜楞寺派有代表及法台，共辖帐房一千八百多余户，四千余口，西仓土兵三百，唐隆土兵五百。双岔土官管辖有十房（农户）一百户，帐房（牧户）四百户，二千五百余口。郎木寺俗称赛墀寺，建于清乾隆十三年（1748），坚参桑盖（碌曲双岔尕丁关主持人）创建，解放前夕有属寺四座，僧人五百人，部落为牧民三百户。

夏河县原属循化管辖，境内部落以甘加“卡加六族”为最早，其始祖是吐蕃军将领玉璞之后裔，在甘加一带繁衍为卡加、甘加、黑错、南木拉、扎油和岗岔六大部落。卡加又分成卡加、思柔、仁舍、哇尔塔、甘加、西果日六小部落。桑科也分成七个小部落，由拉寺活佛直接管辖。此外还有阿木去乎（上八沟）、下八沟、麦西、科才、多合尔、嘉门关、火尔藏、十三庄较大部落。美武原属洮州，后改归夏河，洪布杨世杰在美武、日多麻一带，辖一千余户，有三千八百多口，拥有土兵五百名。隆瓦世袭土官嘉卜尕在隆瓦沟一带，辖三百户，一千余口，土兵一百五十人。黑错寺襄佐佑赞锁巴在黑错四沟辖民七百户，二千余口，土兵三百五十人。黄仓土官所辖桥沟、观音、牙当、清水等地，区内有大小寺院十一座，活佛十八人，五百多名僧人。

玛曲境内主要部落有“乔科三部”的曼玛、阿万仓、齐哈玛三部落。还有欧拉、作盖尼玛、木拉肖俊等部。还有一些放牧在甘、川边境之小部落及帐圈，解放前夕尚不知所属省区管辖关系。

现迭部县所辖大部为卓尼杨土司属地，其中洛大、腊子沟一带原属岷县多纳赵土司辖区。清雍正间因藏民群众告发，遂改归岷县政府直属。

现舟曲旧称西固县，境内藏族主要分布在八楞、武坪、博峪等地，其中武坪、斜坡、真庄原为宕昌马土司管辖。民国三十二年（1943）划归西固县直辖。博峪四旗原为卓尼杨土司属地。龙古喇哈、格卜、不地里、龙寡、阿中堡和汗班喇哈等地，均归黑峪寺所属。

夏河、碌曲、玛曲和卓尼北山等广大牧区语言操安多方言，卓尼农区、洮河沿岸和迭部舟曲等地操卫藏方言。

藏族服饰在甘南分农区和牧区两大体系，牧区又分碌、玛、夏以及卓尼北山、车巴及上迭；农区以舟曲、迭部最为复杂，另外还有卓尼农区服饰等。他们的服饰大同小异，样式繁多，五光十色具有独特的地方民族风味。

牧区女子为“碎辫子”型头饰，其上系琥珀、玛瑙和银饰，自肩至臂饰于发上。未婚女子梳两根辫子，辫上饰红布缀红珊瑚数行。妇女头上亦饰珠贝、宝石。大银耳环上系有红珊瑚或绿松石。身穿齐踝大襟伴长袍，足着靴，腰带上亦有银饰，挂有制造精美的银、铜奶钩，带下以红绿绸带为饰。男子衣服比女子为短，腰系藏刀，足蹬长筒皮靴，颇具英武之态。

舟曲女子一般著宽大黑长袍，腰束黑、蓝或青白花腰带，将长袍下摆挽于腰间，裤宽而束口，下部或有缠腿，足着皮靴，头缠长头帕，腰部饰以串编珊瑚，胸前戴有图案为饰的圆形银盘，正中嵌有珠饰，精美华贵。男子戴大耳环，腰间亦有一柄佩刀。

卓尼农区妇女多著蓝色、绿色旗袍，外穿粉红马甲，红裤，长筒布靴，色彩艳丽。腰束系带，以图案为饰。以珊瑚玛瑙系于特制石榴帽子上为饰。另有金丝烟筒帽，老年人戴黑色瓜皮帽。发式为三根辫子。已婚妇女脸旁边两根辫子不编，辫上系有银牌珠贝为饰。耳环为半圆形银柄或塔形等形式，下坠以宝石。

藏族传统住居为“外不见木，内不见石”的碉房。这种“墙包房”除寺院继续保持外，在民用房中已逐步减少。现在农区或半农半牧区多平顶楼房或土平房。楼房上层住人，下层圈牲畜和堆积柴草。房前有回字形长廊，中为天井。惟迭部及卓尼恰盖、康多住搭板房。汉藏杂居区亦有主次分明、外带耳房的建筑布局。舟曲建筑房屋高大，主房中间置有火塘，以供取暖、做饭之用。牧区放牧牛羊多用牛毛黑帐篷，中以柱杆支撑，拉绳用木橛固定，中间高四周低，中央置有锅台，人们席地围炉而坐。另有白布帐篷，小巧灵活，宜于夏季随时迁徙之用。

汉族在这一地区活动，早在西汉时期，无论是在西部的白石，中部的洮阳，还是东部的羌道县，均有他们的足迹。中经唐、宋、元的开拓，乃到明代的朱元璋迁南京、凤阳一带军、农屯户和充军囚犯，跑马占地，开地戍守，发展屯垦事业。故临潭、岷县一带妇女梳高髻，饰以银簪、鬓花，穿齐膝长衫，著凤头鞋，头顶花巾之俗，颇有江淮遗风。

回族，自元代将西征军编入探马赤军签发东来，屯居洮地，逐渐定居下来，还零星迁来“回回工匠、商人”成为这里最早的回族居民。明初，西征军邓愈、沐英部属回族将士，随军西来，在洮州兴建清真寺。清中叶至民国以来，由于各种天灾人祸的原因，河州地方穷苦回族人民流落洮州各地，遂使回族人数有了较大增长。并在临潭、夏河形成了一些回族聚居区。回族通用汉语，部分精通藏语。临潭回族妇女多穿丝绒长旗袍，少女及年轻妇女戴提花黑色或绿色盖头，有耳环为饰，老人妇女戴白色的。西道堂妇女用大花毛巾或毛织花帽包头，不使头发外露。鞋多绣花。男子头戴白色或黑色号帽，因教派之不同，而帽形各异。

土族分布在卓尼康多乡的光尕、拉巴、郭家嘴和勺哇大庄等九个村庄。土族男子服装与藏族略同，女子衣饰较为奇特。头上有九块铜质饰物，耳旁系有“纳隆”银饰，身穿衣边华美开衩的“扎西”长衫，外套一件无袖无领一字花氆氇长衫，正中间开衩，分系于腰间。土族族源可上溯至十六国至隋唐时期的吐谷浑，他们的后代大部融合于吐蕃民族之中。康多的土族则是州内唯独仅有的保存下来一些本民族传统的幸存者。故附近汉民称他们为“土户家”，实为吐谷浑之转音。土族语言中掺杂有大量藏语、汉语之借词，没有文字。他们大部会汉语，全部会说藏话。

甘南藏族原信奉从西藏传来的原始的笨颇教，曾经盛极一时。至解放前，迭部尚有八个笨颇教的寺院。夏河县甘加乡的作海寺也是它的著名寺院。他们的教徒留长发，盘结头上，用黑巾包扎，故俗称“黑教”。教徒可以娶妻生子，重大祭祀要宰杀马、牛、羊做牺牲品。

藏传佛教宁玛派，历史久远，早期寺院均系宁玛派。在甘南通称“娘玛”，教徒叫“俄华”，即宁玛巴。其僧人也留长发，戴红色僧帽，故俗称“红教”。他们也可娶妻生子，参加农牧业生产劳动，没有中心寺院，利用父子和师徒关系传承。在夏河除了拉卜楞之红教寺院外，尚有郭瓦滩寺等。

藏传佛教之萨迦派，俗称“花教”，为西藏昆氏家族贡却乎杰布创立，因初建寺于萨迦（土质灰白）地方而得寺、派名。萨迦派大学者希热布伊西自元成宗元贞元年（1295）创建卓尼寺，至明英宗天顺三年（1459）仁谦尤布将该寺改宗格鲁派，长达二百余年。

格鲁派是藏传佛教中最后兴起的一个教派，因其僧人戴黄色僧帽，故俗称为“黄教”。明代宗喀巴创始。由于它力挽原有各教派颓废萎靡之势，故在甘南和整个藏区得以广泛传播。使甘南境内以拉卜楞、禅定为代表的两宗主寺及其下属一百多个寺院以及合作寺、沙沟寺、郎木寺及下属五寺院均属于格鲁派。

解放前，伊斯兰教在甘南有阁底木、伊赫瓦尼、西道堂三大教派和华寺、北庄、哲赫忍耶等门宦。早在明初临潭新城就建有清真寺。之后，以临潭县旧城为中心逐渐形成甘南地区最大的回族聚居区，主要清真寺有上寺、下寺、南寺、西寺等。此外在拉卜楞、黑错、阿木去乎、郎木寺、西仓等地区也有回民居住，并建有清真寺。西道堂为临潭旧城人马启西根据以南京回族学者刘介廉的学说，于清宣统元年（1909）创立的一个新的教派。

基督教自清光绪二十四年（1898）在临潭新城建立第一座基督教福音堂起，接着在卓尼城关、临潭旧城、夏河、西固设立神召会，仅有少数汉民信仰。基督教宣道会和天主教虽然也有活动，其成效甚微。

此外，甘南还有蒙古、撒拉、保安、东乡等少数民族散居在夏河等地。他们分别信仰藏传佛教和伊斯兰教。汉族中亦有信仰佛教与道教者。

第二节　卓尼土司和禅定寺院

卓尼杨土司的始祖些地，自明永乐年间，迁到卓尼定居后，世代相传，到十六世、十七世土司杨元、杨作霖父子时代，又进一步“威德兼施”，向外扩张，先后并了附近赵、马、昝、侯等土司以及僧纲的大部分领地，成为安多藏区最大的统治区域之一。

清光绪十八年（1892），杨作霖死，其曾孙杨积庆嗣位。民国以来，国民党政府先后委任杨积庆为河州南路巡防马步十三营统领、洮岷路游击司令、洮岷路保安司令等职。官职名称虽有不同，实际上在杨家统治机构内部仍然实行的是土司制度。

卓尼土司辖区到杨积庆时，包括现在的卓尼、迭部和舟曲的博峪地区等。它东接武都、天水，南临四川松潘，西界青海黄南，北抵夏河、临夏、临洮，面积三万多平方公里，三万五千户，近十万口。

卓尼藏民分两大部分，即操卫藏方言的卓尼内十二掌尕、外四掌尕、洮河沿岸某些地方和新堡地区“藏巴哇”（即后藏人）；另一大部即属四十八旗的土著藏民，如卓尼北山一带，仍操安多方言。在服饰上卓尼亦分农、牧区两大类，前者近似西藏，后者保持安多地区一般风格。

至于卓尼勺哇乡所辖九个自然村、五百多人的土族，基本藏化，通操藏语，仍保持土族少部分语言词汇。

土司承袭制度规定：兄为土司，弟为寺主，遇独生则身兼二职。直系缺嗣时可在家族中按序承袭。卓尼土司衙门内部组织：土司是辖区内最高统治者。土司有秘书一人，称“红笔师爷”，一般由外地聘请文化程度较高的人担任，专门负责起草文稿。“房科”是土司办公室，工作人员九人，其中掌案一人，经书、贴书各二人，专管文稿起草。文书四人，负责抄写。房科由土司直接领导。土司以下设有头目二人，掌管军政大权，有“土司府两大金柱”之称。下设传号房，有传号四人，轮流值班，负责衙门内外传达，并处理一般民事纠纷。传号下有二班头，管理监牢、班役及犯人。总管三人，大总管掌握衙门内部的全部事务，二总管管理钱粮，其下有记账一人，除记账外，还兼管土司祠堂、家谱，有一人专门为祠堂打扫卫生、烧香、请活佛喇嘛念经。马厩有马号头一人，率领七八个饲养员，管理乘马二十余匹。三总管专管庶务、伙食。有常年轮流做饭的妇女五至七人。劈柴、烧炕的八、九人。附设磨房一处，专管土司面粉。炮手兼更夫一人。另有“水夫田地”八户，每户种土司田地一份（八斗），种一份地派水夫一名。衙门内服务人员除水夫外，其他人员均有微薄报酬。

土司衙门的各类人员，均从十二掌尕内产生。头目、总管、传号由土司悬牌任免。长宪（黑番四族称副爷）由头目、总管推荐，土司点头同意后，总管通知房科悬牌委任，并送捷报。各旗总管由方遴选报，请土司圈定，并发给藏、汉两文之委任书。在特殊情况下允许长宪带兵，单独处理群众纠纷。黑番四旗两长宪及迭部两仓官因地处边远，请示不便，特许单独办案，职权较大。

卓尼土司辖区的基层组织是十六掌尕和四十八旗。掌尕相当于一个自然村。十六掌尕除城关十二掌尕外，还有郊区的外四掌尕，每一掌尕有一个小头人，由衙门头目、传号推荐，呈报土司圈定。城关十二掌尕之小头人，如遇要事可谒见土司，有直言上谏的特权，衙门内其他人员不得阻拦。

四十八旗的每一个旗，相当一个乡。它们包括四大暗门（达加、干布它、俄藏和土桥）。暗门内十八旗和外十二旗，合称前山三十旗；上迭六旗和下迭八旗，合称山后十四旗，还有接近武都的黑番四旗，共计四十八旗。每旗除设长宪一人外，还由土司委任总管一人，每村视其大小在群众中产生头人一至三人。

卓尼藏民历来不给国家交粮纳税，只给土司进贡纳粮。在卓尼，全境内土地所有权都是土司的。所有群众所占的田地都是“兵马田地”和寺院“僧田”。只有使用权，没有买卖的权利，僧田只准转佃，人死应还土司。凡租种兵马田地者，对土司必须履行兵马（当兵）、“乌拉”（服差役）、纳钱粮、柴草的各种义务。

卓尼地区藏民对土司的纳粮进贡，按照所属各旗出产的不同，交纳各种特产。农区各旗每年交纳粮食、油籽、禾草、猪、羊、野鸡。农林兼营地区除交粮食外，还向土司交木材、木炭、狼肚（菌类植物）、蕨菜等。以牧业为主的各旗，向土司交牛、羊、酥油、烤猪和少量的官钱。下迭桑巴旗原有金矿，规定每年上交土司黄金十二两，无金上交，可折交银币六百元。黑番四旗地处边远，交通不便，每户每年交纳官钱二百元，四旗共交纳五百贯（串）。

土司衙门内头目、总管、传号以及杂役人员，没有固定报酬。大小总管头目，经土司同意，每年年终从土司粮仓中付给杂务人员每年每人二斗（一百市斤）粮食。头目总管诉讼传票时，杂务人员向诉讼当事人索要鞋脚钱。头目处理诉讼后，当事人给头目所交“衙门钱”（类似诉讼费）除部分上交土司外，余皆归头目所有。长宪中，黑番四旗的职权最大，收入也最多。长宪可以单独处理群众案件，当事人所交衙门钱全部归私人占有。每年每旗给长宪交肥猪一口，每户交麦子一斗。长宪乘马饲料、烧柴等，随时向群众摊派。下迭八旗仓官的收入也较多。每年收粮时每户给仓官马料二升，每村四背面粉（每背约一百斤）、四瓶水酒、四块酥油（每块约二斤）、烤猪一口。其他各旗长宪每年向所属村户摊派粮食、马料、烤猪、酥油、水酒等外，还有处理民间纠纷、传票等的收入。

卓尼土司辖区实行“兵马田制”，平时放牧耕作，战时每户一人，自备枪马，即上马为兵，下马为民。由长宪总管率各旗民兵到土司衙门听候点名，土司指定头目率领出征。按惯例规定北山、日扎、卡俄等五旗为先锋，朱扎七旗为土司卫队。土司亲自率领出征时，日常事务由头目代之。打仗中总管阵亡，土司遂给其子世袭“尕书”（即执照），一般兵丁发给家属“达汗尕书”（抚恤证明书），不再当差役。土司兵在政府注册者步骑二千名。中央和上级有事，土司根据情况调兵，最多不超过两千人。平时有防守四大暗门，二十五隘口之责。

在卓尼境内迁来没有租种“兵马田地”的外来户，俗称“尕房子”，不负担兵马差役。世代租种“兵马田地”的老户叫“大房子”，家族如遇缺嗣，其田地可由“尕房子”通过一定之手续，承接使用。这叫做“吃了田地”，吃了田地就要按照“兵马田制”负担义务。要“吃田地”之尕房子必须通过总管、长宪，报请土司批准，发给藏汉两文“尕书”（执照），才能取得正式认可。

卓尼土司有独立司法权，衙门有权处理辖区群众的民事纠纷和刑事案件。一般纠纷小案，由长宪、仓官判处。当事人各交衙门钱五串，并按情节罚款七至十五串。重大案件由土司亲自审理。杀人者“付命价”，并另出罚金五十串。打死男人赔命价五百串，打死女人赔命价三百串。土司衙门内设有监牢一处，案情重的押入二班；情节轻者押入三班，各班有班役分管。杀人、抢劫和强奸犯带木枷，白天示众，晚上收监。女犯另有监牢。

卓尼禅定寺创建于元朝初年。在拉卜楞寺未建立前，曾经是甘南地区的最大的寺院。原属萨迦派，后改奉格鲁派（俗称黄教）。寺内红墙金瓦，汉藏合璧的经堂、佛殿、昂欠鳞次栉比，花草树木点缀其间，外有方形城堡，通过城门方可入内，气势谨严壮观。寺院曾保存有木刻版《大藏经·甘珠尔》《大藏经·丹珠尔》，是我国《大藏经》六大刻本之一，因刻工精良而享有盛名。它是十一任土司杨汝松夫妇耗费一万七千五百两白银刻成的，惜经版被焚，仅存刻本，为稀世的珍品。寺院内部曾设有四大扎仓，即参尼扎仓（显教哲学院），居巴扎仓（专修密教）、撒里瓦扎仓（天文历算学院）、歉巴扎仓（法舞学院）。卓尼的法舞来源于印度，与西藏扎什伦布寺的新法舞有所不同，一定程度上保持了较古老的佛教风格。卓尼寺院曾将它的寺院制度推广到其所属之禾驼寺、齐步寺、录竹寺、郑旗山寺、岷州寺和郎萨寺，使之成为自己的体系。

尧拟定的《青海善后事宜十三条》和《禁约青海十二事》为拉卜楞政教合一制的扩充提供了便利条件。乾隆末年，得到河州总镇衙门特许，在塔哇设置“臬仓”（嘉木样驻塔哇管理处），直接管理寺院周围十三庄政教事务和民事案件。

政教合一制度是由依靠世俗统治、宗教势力及中央政府扶植建立起来的。

嘉木样从第一世到第五世，清王朝和民国政府都予以册封。二世时期在所辖地区普遍扩建或新建寺院。各寺下属部落也随着归拉卜楞寺管辖。所属寺院都有嘉木样派去的代表和“法台”、“僧官”，各部落有嘉木样派去的“郭哇”（头人），管理辖区的一切政、教、军事事务。五世嘉木样亲政后，仿西藏寺院建立“议仓”制度，有管理对外行政事务的襄佐，有管理宗教事务的文牍官员，有法庭、法规和监狱，有司讼员、警卫，有带兵打仗的“臬尔哇”，进一步健全和巩固了政教合一制度。嘉木样五世曾多次派代表赴重庆、南京向国民党政府“致敬”“献礼”，国民党政府也册封五世嘉木样为“辅国阐化禅师呼图克图”，授予蒙藏委员之职；并委其兄黄正清为“拉卜楞保安司令”“军事参议院”少将参议，还选为“国大代表”“国民党六届中央候补执行委员”；其弟阿莽仓活佛黄正明亦为“国大代表”、甘肃省参议会议员、夏河县参议会议长。拉卜楞地区的统治权掌握在拉卜楞寺寺主嘉木样五世家族的手中。截止 1949 年前夕，拉卜楞寺院政教合一制的地区之广、权力之大为前所未有。这种封建统治制度，解放后被彻底废除。

甘南藏区除卓尼土司和拉卜楞寺外，尚有许多封建割据的世袭土司、土官、僧纲。在临潭有资堡昝土司、着逊杨土司、麻路寺马僧纲、卓洛寺杨僧纲、圆成寺侯僧正、垂巴寺赵僧纲；碌曲有西仓土官、唐隆郭哇、双岔土官；舟曲（原西固）有赵土司、黄土司；夏河有美武杨土司、隆瓦土官、火耳仓土官；此外，还有沙沟寺、黑错寺、郎木寺等寺院，都各有属寺和部落，它们独立自主，不归拉卜楞寺管辖。以上这些土司、土官、僧纲和寺院因历史、地理等原因，错综复杂，最后的结局亦各不相同：有的被属民推翻；有的被“改土归流”；有的自行消失；有的被兼并；有的在解放前夕依然存在。

第四节　甘南的伊斯兰教

自明洪武十二年（1379）明将沐英西征以来，金朝兴部之一的部分回族军士携眷定居洮州，修建清真寺，是为回族定居甘南的最早记载。十七世纪后，中国伊斯兰教教派与门宦相继产生，由于甘南地区伊斯兰教信徒不多，尚未传入。清乾隆间，马来迟创立华寺门宦后，临潭旧城的下寺、太平寨寺、卓洛下寺首先尊崇华寺门宦。华寺门宦传至第三代时，教徒马葆贞脱离华寺门宦，创立了北庄门宦，临潭部分华寺信徒改宗北庄，派敏尚礼主持旧城教务。清末临潭旧城人马启西脱离北庄门宦创建西道堂。

解放前，甘南境内伊斯兰教各教派、门宦的政治、经济、文化、教育大都与汉族地区一样，唯有西道堂在其内部实行了农、工、商、林、牧合一的集体经济所有制。

按照《道堂简则》规定，“入堂之教民，须尽献其财产之所有，而一切工作、生活、教育、婚丧、赡养等概由道堂为之支配”和“所有属于道堂者概为公有，悉用于道堂建设，教育及一切的公共事业”，实行经济开拓，很快将二百余户教徒组成一个大集体，分工合作以商业为其重点，大力兼管农、林、牧和发展教育事业，经过十一年的艰苦创业取得了很大之发展。

早在马启西创教初期，在临潭旧城、岷县开设“天兴隆”“天兴永”商号，以其收入作为活动经费。至马明仁时，经济由马寿山掌管。他立足甘南，并在甘、青、川藏区乃至内地一些城市从事坐商、行商，经营百货、布匹、畜产、粮食及各种木材生意。商号除临潭、岷县外，另在松潘、甘孜、加木关、张家口、四川俄哇、青海玉树、果洛设天兴隆，在临潭新城设天兴亨商号。商队春、秋两季入藏区驮茶叶、香支、金、银、珠、贝首饰和铜器用品。通过交换，商队归来运回大批牧业产品，大大活跃了藏区和临潭旧城的经济。

西道堂的农业，是仅次于商业的又一大经营项目，截至解放前，共建立了十三个农庄，有农业人口七百多人，耕地七百多石。它的农场计有旧城、卓洛、长川、他拉、坡岔、白土、汪家嘴、太平寨、尕路亭、下藏、新城、什尔、敏家嘴共十三处，除此之外尚有千家寨、沙巴尔、香色分湾、下藏等地，正在筹建之中的农场多处。它的土地来源三分之一是入教者祖业田产，三分之二是购置的。

西道堂有林场十余处，在兰州开设西北木厂一座。这些林场是鹿儿沟、拔桥、力吃、木多、里家贡去乎、弟吉、九尼和吉拉等。它的牧业因缺乏草山发展受到限制，曾在拉勒关、美武等地建立三个牧场。他们的服务业除水磨、油房、粉房、醋房和砖瓦窑外，尚有供集体生活的灶房、缝纫、劈柴、皮匠、木工等组织。他们的生活、婚丧、赡养和教育均由堂内支配。

西道堂重视文教事业，自费开办启西小学和启西女小各一所，曾筹办中学一所，校舍已建，未及开学而解放。他们主张男、女都应受教育，并保送子弟到外地大、中学校深造，起到提高教民文化素养和社会地位的作用。

临潭汉族地区，主要是明代以来实行军屯、民屯户，上交给国家租税高出一般土地一倍以上。还有清代陕西岐山迁到西固的“样民”，也是屯田户，余皆实行地主土地占有制。

综上所述，解放前甘南的经济，基本上属于封建经济结构，地租形式是实物地租、劳役地租和货币地租相结合的特殊形式。牧区也是同样，只是劳动生产的对象不同而已。

本文选自李振翼编《甘南简史》，见中国人民政治协商会议甘南藏族自治州委员会文史资料研究委员会:《甘南文史资料选辑》，第5辑，1986年8月。

解放前蒙藏委员会调查组在甘、青藏区

周世中

蒙藏委员会是由蒙藏院改名而来的。辛亥革命后，废清理藩部，设蒙藏事务局掌握蒙古、西藏等地区少数民族事务，隶内务部。1914 年，蒙藏事务局升格为蒙藏院，地位与各部相同，置总裁、副总裁，下设民治、宗教、翻译、边卫等科。1928 年，国民党政府改蒙藏事务局为蒙藏委员会，设正副委员长、常务委员、蒙事处、藏事处、总务处、参事室、人事室、调查室、编译室。

1930 年，蒙藏委员会在南京举办首期蒙藏政训班，主要课程除蒙藏语文、蒙藏历史地理及党义（三民主义）、国文、帝国主义压迫中国史、筹边政策、国际公法、经济学、畜牧学、森林学、测量学、应用文等。

1935 年夏，蒙藏委员会为了掌握蒙藏地区情况，在绥远省的归绥（今内蒙古自治区呼和浩特）、宁夏省的宁夏市（今银川市）、甘肃省的酒泉、青海省的西宁、西康省的康定等五处分别设立调查组，择蒙藏语文较好的学生 17 人派赴各组见习，一年后改为调查员。

一、在青海（1935年秋—1938年冬）

1935年夏，蒙藏委员会调查室分配5人到青海西宁当见习调查员，他们7月4日南京出发，8月17日到西宁。

组长陈尊泉，四川成都人（曾任西康省驻南京办事处副处长），科员待遇月薪100元。见习员4人：吕治平（四川人）、陈代锷（江西人）、阴景元（江苏人）、王接盛（广东梅县人、系南洋华侨），均系雇员待遇，每月工资40元，一年后改为55元。

调查组首先了解去草地旅行应准备的物品和应注意事项，以后就拟具前往都兰（蒙族聚居地）、玉树（藏族聚居地）两地调查计划。蒙藏委员会见到需要购置锣锅、帐篷以及随带翻译、警卫等，认为旅费数字庞大，没有批准。指示调查组驻在西宁就地调查。

1936年春，蒙藏委员会调查室主任高长柱（安徽人），随护送第九世班禅回藏专使行署（高任该署参事）到青海，叫调查组替他编边疆常识问答。是年秋，蒙藏委员会计划编辑边疆年鉴，指示搜集青海方面的有关资料。调查组根据发下的提纲，结合青海的情况，分为历史、地理、政治、经济、宗教、教育、卫生、建设等部分，向青海省政府及各县政府函索有关材料，直至1937年底才完成青海之部。1938年，调查组的中心工作是进行抗战宣传，曾在西宁市区及塔尔寺庙会上做过宣传，并在西宁城内办过民众学校和图书阅览室。

除了中心工作，每旬有定期简报，系摘抄青海报上的地方新闻，另有不定期的报告，系马步芳对蒙藏人的动态，如派款、收草头税及武力镇压等。先后报告过：青海现状；马步芳与马麟；马步芳私生活；马步芳堵击红军情况；马步芳处理俘虏情况；青海蒙古29旗概况；玉树二十五族概况；青海藏族分布现状；等。

二、在夏河（1938 年冬—1940 年春）

第一次来夏河的是调查员阴景元。其任务是了解拉卜楞藏民学校的情况，当时由藏民文化促进会主办，经费困难，曾请求补助。阴景元调查后报告蒙藏委员会批准全年补助（拉卜楞藏民学校）560 元，以后，边教补助费交教育部经营即停。此外曾写过果洛藏民的灾难（当时果洛藏民正在马步芳武力镇压下到处流亡），夏河小河与牙首的草山纠纷、拉卜楞寺概况，太子山游记等。

三、在宁夏（1940 年夏——1941 年夏）

1939 年秋，夏河县县长胡明春（中统）向八战区长官公署诬告阴景元“批评政府，阻挠政令之推行，以致情况益形特殊”，蒙藏会接到八战区的电报后，调查组即令阴景元赶快离开夏河，免生意外，阴景元先回西宁，1940 年春由调查员倪锴（江苏南通人，抗战期病故于青海玉树）接任，后阴被调到玉树（未到职）最后又调去宁夏，前任组长张中徽（四川人、一期同学会内任参事）调回，派阴景元代理组长。组内计有调查员三人，均系阴景元的同学，另有一人常驻阿拉善旗。他们是：

熊永言　　四川江津人　　1941 年同调夏河
周文蔚　　湖南安化人　　后回会任蒙事处科长
马成浩　　浙江人　　后离会另找工作
顾星五　　江苏邱县人　　后在阿旗定远营病故

宁夏重点放在阿拉善旗，中心工作仍为抗战宣传。曾在定远营（今阿旗巴音浩特）设立小型图书馆及办过识字班，定期简报也是摘抄地方报纸的重要新闻。不定期的报告有：

《阿拉善旗现状》《定远营游记》《抗战期中的宁夏蒙胞（扫荡

报)》《阿旗南北寺游记》《西藏古代史简介(贺兰报)》。

1940年秋，国民党中央党政考察团陈立夫等到宁夏视察，叫各单位汇报情况，调查组曾用书面报告宁夏的情况。

1940年冬，吴景敖任蒙藏会调查室主任，进行大肆调动人员、变动组址，宁夏组撤销，在兰州设立河湟调查组(代组长王德淦)，酒泉组移至安西，改为安西调查组。西宁组撤销，在夏河成立积石调查组，在阿拉善的定远营及青海省会西宁分别设立联络站。康定组改为金川调查组。另在西康巴安设立喀木调查组。云南维西设立滇西调查组。仅原有的归绥调查组未予变动。

积石组长陈佑诚离会不干，改由阴景元接替。

四、在夏河(1941年冬—1949年解放)

第二次来夏河的调查组长是阴景元。1941年冬—1943年春，积石组除代组长外，调查员仅有熊永立一人。另外在四川阿坝、临潭各设一个联络站。阿坝联络站旷典，阴景元的二期同学，湖南人，1942年秋离会到中央党部组织部任科长。

洮州联络站：宋强，湖南人，黄埔军校毕业，曾任酒泉公安局长，1943年春接替阴景元任代组长，1945年离会不干。两个联络站报告直接寄往调查室。

调查组的报告计有：

《夏河甘加与同仁加吾卓山纠纷》《夏河美武与卓尼北山草山纠纷》《青海藏仓(同德县藏寺)反抗马步芳压迫剥削经过》《夏河合作寺院联系人反对拉卜楞保安司令部驻军及夏河县府警察经过》。

由于当时经费紧张，又无专款外出调查，所有报告被吴景敖视为略而不详，对阴景元以工作不力撤销代组长职务，由宋强接替。

1942年春—1944年冬，阴景元任夏河藏民学校代校长(原负责人李育栋)，离开了蒙藏会调查室。

1944年，蒙藏会蒙事处为加强盟旗联系曾在内蒙、青海等地盟旗政府派员常驻，名义是协赞专员，任务是帮助盟旗处理政务，实质上有名无实，没有一个盟旗愿把政务交出，因此有的人就不到差，熊永吉后来是青海左翼盟协赞专员，一直驻在夏河，王泽戎是青海右翼盟协赞专员，一直驻在会内。1944 年秋，经周蔚文（蒙藏会蒙藏事务处科长）介绍，阴景元重返蒙藏会，在 1944 年冬—1949 年 3 月南京解放前夕，担任青海蒙古霍硕特前首旗（河南蒙旗）协赞专员，除报告黄文源、扎西才让和她的母亲往来夏河——蒙旗——西宁——夏河一些行踪而外，曾在 1947 年跟黄文源至蒙旗逗留了一星期，又在 1946 年—1948 年兼任喇嘛职业学校教员。他本人向蒙事处报告过：《河南蒙旗与青海和拉卜楞寺的关系》《霍硕特前首旗游记》。1947 年冬，随黄正清去南京编印《第五世嘉木样纪念集》。

给蒙藏会编译室主办的边疆通讯撰稿，介绍了拉卜楞寺的四月会、拉卜楞寺夏季辩经大会、拉卜楞七月会、拉卜楞寺青年喇嘛职业学校的展望、第五世嘉木样大师圆寂记等。

1948 年秋，阴景元会同内政部专员萧廷奎、国防部参谋楚宪禄、八战区长官公署高参李学谟、甘肃武威专员张作谋、阿拉善旗章京陈那笋巴图、左加木英（阿旗财务处长）等会勘甘肃、民勤、张掖、临泽等县与阿拉善蒙旗界务，于 1949 年春结束后，曾写会勘甘阿界务报告。

另外，整理了拉卜楞的九月会、拉卜楞寺的正月会（包括放生节、晒佛节、跳神、酥油灯会、转香巴等）、拉卜楞寺的二月会（包括送娄宗和亮宝）、拉卜楞寺的概况（包括沿革、学制、组织、活佛、建筑及所属寺院等），藏区情况对河南蒙族与麦秀、瓜什则等的纠纷和该旗内部托乎尔与外色的纠纷等也写出了报告。

1949 年 9 月，夏河县和平解放，蒙藏委员会调查组亦自行解散。

本文选自中国人民政治协商会议夏河县委员会文史资料委员会：《夏河文史资料》，第一辑，1993 年 10 月。

解放前甘南教育事业发展概况[①]

司俊[②]

甘南兴办近代教育始于清光绪三十二年（1906）《钦定学堂章程》颁布之后，洮州厅、西固分州先后设置高等小学堂一所，初等小学堂四所。

辛亥革命后，颁布壬子、癸丑学制，临潭、西固两县遂将小学堂改为小学校。民国十一年（1922），卓尼土司杨积庆在卓尼创建柳林小学校；1928年，拉卜楞藏民文化促进会于夏河创建拉卜楞藏民小学校。抗战期间，我国大片国土沦陷，开发西北的声浪日益高涨，促使甘南教育事业快速发展。临潭、夏河、卓尼、西固都致力于兴办学校，以“中央边疆教育补助费”和“中央庚款管理委员会”兴办“边小”和“短小”；还开展了“战时教育”和职业教育。1941年，甘南夏河、临潭、西固三县和卓尼设治局有小学134所，学生有5，245名。与1931年相比，学校数增长了一倍半，学生数增长了2.3倍。同年，国民政府下令将高小改为中心国民学校，将初小、边小、短小一律改为保国民学校。抗战胜利后，甘南教育事业获得进一步发展。1947年，甘南计初等小学

① 本文著于1984年，所指“解放前”实则是民国（1912—1949年）这一时间段。——编者注

② 司俊，甘肃省社会科学院研究员，已退休。

127所、教职工263人、学生9，223人，初级中学2所、学生百余名，简易师范一所、学生116名。而后随着国民党统治的瓦解，到1949年，仅有小学91所、学生1，933名，中学2所，师范一所、学生80余名。

现将解放前甘南教育概况分别县、局叙述于下：

一、解放前临潭县教育事业发展概况

民国时代的临潭县，在清代称作洮州厅。清光绪三十二年(1906)，洮州厅同知叶克信改莲峰书院为洮州厅高等小学堂，时有教习一名，学生正额10名，副额10名，附课10名。该校学生包述侁（官绅子弟，临潭流顺宋家庄人）也于同年被甘肃省选派到日本士官学校去深造。同期，临潭有初等小学堂三所，教习各一名，学生80余名。民国时期（1912—1949）临潭县教育事业发展概况是：

（一）初等教育

辛亥革命后，教育部颁布壬子、癸丑学制。1913年，临潭县改洮州厅高等小学堂为第一小学校。而后的六年内，临潭县处于兵祸战乱，民不聊生的岁月，根本无力发展教育事业。到1920至1922年间，临潭县立第二、第三、第四小学校依次成立，标志着临潭县初等教育的发展开始起步。

1927年，全县教育经费岁入3127.94元，其中地租15元，息金83.32元，息钱9.62元，各种杂捐1500元，花户捐1520元；全县教育经费岁支3329.50元。1928年，县立第二、第三、第四三所高等小学，有学生348名，经费1640元。1928年，这种发展又遇到痛心的波折，马仲英率兵数万两次攻破临潭；1929年，临潭县民马尕喜顺又两次倡乱；再加上1928年的特大灾害，致使不少人或因饥饿而死，或被乱军杀害。兵祸天灾使临潭县初等教育的发展遇到破坏。因此，1931年，临潭县出现了初级小学数有所减少的情况。第二区区立初级小学，1927年有16校，1931年仅存哈尕滩、下王旗、马旗沟、石门口、萝卜沟、东草山、石拉路、戚旗、高楼子、三岔10校，仅有学生914人，全年经费共支550元；第三区区立初级小学，1927年有九所，1931年全存，计在新堡、张雄寨、温旗、羊化、秦关、石旗、郑旗、下川等地，学生248名，全年经费共支500元；第四区区立初级小学，1937年有11校，1931年仅存太平寨、水磨川、羊永、李岗、羊升、千家寨、古战七校，学生196人，全年经费共支403元。县立第一小学有学生145名，经费500元。据1933年统计，临潭县有学龄儿童8725名，入学儿童2087人，学龄儿童入学率仅为23%左右。从1935年度始，临潭县初等教育的发展有了新的变化：一是兴办短期义务教育十所，20班，教员10名，在校学生604人，已毕业597名，其经费由中央庚款支1920元，按七折成为1，344元；二是以“中央边疆教育补助费”筹办藏民小学，班级有四，教职员五人，全年经费1000元。抗战爆发后，临潭初等教育获得了较大的发展。1938年，临潭县有公立高等小学三所，初等小学59所，私立高等小学一所；有高小学生180名，初小学生2710名，教职员80名。历年毕业生2776人。教职工月薪：最高15元，最低4元。全年经费：岁入7298元，岁支6986元。1939年1月，以“中央边疆教育补助费”增设藏民小学两所，教员各一人，学生100名，经费400元。战时民教在暑假后筹办50班级，收学生2500名，经费900元，次年，临潭县有小学74所，学级96个，学生3554名，经费13481元。1940年，临潭县有42430人，其中学龄儿童24815人，已入学者9250名，入学率为37%强。入学儿童受教于完小5所，初小44所，短小18所，边小6所。全年经费共24580

元，其中，基金利息6，100元，省款补助5220元，捐款3，600元，木筏佣税290元，余为地方款。

1941年，高等小学奉令改称中心小学校，其余初小、边小、短小等改称国民学校（各县局均同此）。计全县有中心小学校8所，国民学校66所，教职员117名，学生3671名，经费33562元。1944年，全县中心学校改称中心国民学校（各县局均同）。解放战争时期，国民政府的教育事业也是由发展到衰退的时期。1947年，临潭县保立边地初等学校概况如下表：

学校名称	班级数	学生数	教职员数	经费
新城镇第三中心国民学校	3	92	6	11530元
旧城镇中心国民学校	3	115	6	11530元
同仁乡中心国民学校	3	88	6	11530元
同仁乡着逊国民学校	1	45	1	1600元
同仁乡阎家寺国民学校	1	42	1	1600元
旧城镇卓洛国民学校	1	45	1	1600元
合计六校	12	427	21	39390元

1948年，临潭县共有小学校54所，教职员125名，学生4，270名。1949年，教职员有121名，其中，合格教员18名，应受无试验检定教员24名，应受试验检定教员77名，另外2名。据统计，1948年，新城镇学龄女童172名，而1949年新城女小仅有25名女生，三名教师，足见其作为当年临潭县政治经济文化中心的新城镇，女子失学率是很高的。

在临潭县初等教育事业中，值得一提的是该县回民教育事业的发展。西道堂教主马明仁对教育事业很重视，他主张凡儿童到学龄时，均应上学念书。先后创办启西小学（即旧城第二小学）和启西女校。启西小学创办于1921年，校名初为普慈小学。由于兵祸天灾的影响，1929年停办。后于1934年重新举办。校名虽经多次更改，管理权数移，而教育经费始终由西道堂支付。学生最多时曾达 150 人至 200 人。教职员有回族、汉族、撒拉族。1936 年，第一批毕业生 7 名，被送往兰州上中学。1929 年，在拉仁关成立临时学校，有学生 20 名，授汉文课。民国 22 年，马明仁送其堂内子弟三人去兰州甘肃省立第一实验小学上学。1942 年，西道堂创办启西女校，有女教师 2 人，学生 63 人。第一批毕业学生 3 名。

在临潭的别的门宦也都兴办学校。1948 年，临潭县有回民小学 9 所，教职工 25 名，学生 812 名。回民小学，加授阿文，请阿訇讲授。

（二）中等教育

解放前，临潭县只有初级中学一所。1926 年，县长彭契圣交县教育局征收豆稞余利 3417 余元，为建筑开办经费。其常年经费由皮毛、麝香行规收费 1600 元，卓尼杨积庆任筹 1000 元。该校于 1928 年成立。有学生 44 名，经费 6200 元。地址在县立第一小学后院。1947 年于新址（今临潭县一中）建成临潭县初级中学，有学生 68 名（其中女生 5 名），教职员 13 名（其中有大学生 5 名）。次年，学生增至 86 名。这是甘南地区成立最早的一所中学。

西道堂也曾筹办过启西中学。1947 年，马步芳以给甘肃各地回民发放教育经费为名，拉拢各教派和各门宦，作为他征兵的基地。当时，马步芳为西道堂送枪 70 支、手枪 20 枝、机枪 1 挺、银币 4000 元，作为征调学兵的经费。西道堂以此作为筹办启西中学的基金，并任马寿山为董事长，负责筹建。到甘南解放前夕，已修起教室四座、宿舍 30 余间，已聘请教员两名，并已招生，但未开学。

抗战爆发后，西固县初等教育也有相应的发展。全县有29所小学（其中：高小1所，初小17所，均为公立；私立初小11所），共有学生927名，教职员52名，全年经费1900元。教职员月薪：最高15元，最低3元。历年毕业生253名。1939年，筹办“战时民教”五十班，学生2，500名，经费850元。同年，还以“中央边疆教育补助费”在武坪、好地坪设藏民初级小学各一所，校长兼教员2人，学生各50名，每年每校经费200元。据统计，1939年西固县有小学39所，教职员89名，学生2312名，经费5905元。1941年，西固县有小学46所（其中：高小3所，初小43所）。全年经费13000余元（除省府补助短小经费2，640元、边小经费400元、由地方摊款增加教育经费5000元外，余系教育基金）。有教职员65人。历年毕业生600余名。1947年是西固县解放前初等教育发展的最高年份：有完小三所，教职员17人，学生407名，初小43所，教职员49人，学生2196名。全年经费18563元（内有“中央补助费”3840元，省府补助费800元，各项税捐1405元，租金200元，利息60元，地方摊款11158元）。经费由政府统筹统支。校长月薪10元，教员月薪8元，每校办公费10元。

解放前西固县初等教育发展中，始终存在着两个很突出的问题：一是藏族民族教育极端落后。全西固有藏族近一万人，仅有武坪、好地坪两所藏民初级小学，并无藏族师资，仍以汉族师资充任，以汉语教学。好地坪初小50余名学生中，藏族学生仅有29名。年幼者6岁，长者16岁。学生的召集，由当地保、甲长负责，学生家长对于儿童的就学都很高兴，惟教育经费过于拮据，难以发展藏民教育。而后，这两所藏校亦改为国民学校。二是办学条件一直处于艰难地步。时至解放战争时期，全县保国民学校除秦家峪、水沟两所系新建学校外，东街、沙川、花年城、中年、西关、石阙子，杀贼桥、大寨子、鹿川九所都是借用庙宇祠堂，其余各校均系租借民房。

（二）中等教育

1946年（民国35年），西固县成立西固初级中学，学生40名，教职员五至六名。

三、解放前夏河县教育事业发展概况

1927年，《解决拉卜楞案件的条件》订立。依此条件，拉卜楞脱离循化县管辖，设立拉卜楞设治局，隶属于甘肃省，次年改称夏河县。

解放前夏河县教育事业发展概况是：

（一）拉卜楞藏民文化促进会

1926年，在中共甘肃省特别支部负责人宣侠父同志的帮助下，黄正清等人在兰州成立了藏民文化促进会。在兰州期间的活动是：学习汉文汉语；学唱进步歌曲；学习国际国内革命形势和革命道理；参加戏院、茶馆等公共场所进行的“打倒列强，打倒帝国主义，打倒军阀”的宣传活动；参加纪念列宁大会。在此期间，宣侠父同志还介绍黄正清加入了少年同志会。

次年，藏民文化促进会由兰州迁至拉卜楞，遂又命名为拉卜楞藏民文化促进会。1935年，根据国民党中央颁发的文化团体之法令，呈请国民党甘肃省党部许可改组了拉卜楞藏民文化促进会。

拉卜楞藏民文化促进会的组织情况：1939年有会员74人。在会员大会上，推选出理事9人、监事5人。分别组成理事会和监事会。理事会推选出常务理事3人，在这三人中再推选出理事长一人，总理会务。下设总务、教育、宣传三股。拉卜楞藏民文化促进会成立以后，理事长由黄正清兼任。监事会推选出常务监事一人，监理考核推行会务的状况，下设审核、稽查二股。

拉卜楞藏民文化促进会的活动经费呈准本地牲畜行佣作为该会活动经费。

拉卜楞藏民文化促进会于 1928 年兴办拉卜楞藏民小学。1939 年 4 月，设拉卜楞巡回施教队，活动经费由教育部拨给。1940 年，在拉卜楞设立民众教育馆一处。1941 年，成立《边闻通讯社》，发行过《边闻周刊》。周刊有汉、藏两种，汉文版着重向内地介绍藏区状况；藏文版着重向藏民宣传政府国策、抗战消息及国际形势等。

（二）初等教育

拉卜楞藏民文化促进会兴办的拉卜楞藏民小学校，在藏族近代教育史上占有重要的地位，因此，我们对这所学校在解放前的发展概况作典型介绍。

拉卜楞藏民小学成立于 1928 年（民国十七年）11 月，时有藏族学生 40 余名。校长由黄正清兼任。起初只有义务教员一人，校舍借用民房，入校学生均系强迫招收，学生食宿由学校解决，经费由拉卜楞藏民文化促进会资助。黄正清诸人为了鼓励藏族同胞送其子弟入学，特作出规定“凡送子弟入学的家庭可以免除其对拉卜楞寺院的各项负担”，以示优待。1929 年，由国民党甘肃省政府每月拨补助费 300 元。1931 年，有学生 30 名，全年经费 4，440 元。同时将夏河县中山小学（1929 年设立）合并为“夏河县第一完全小学”。但经费又各自独立。次年，在原拉卜楞藏民小学内设高级班。1933 年，第一批 18 名学生毕业，内有汉族学生 2 名。1937 年，拉卜楞藏民文化促进会建成新会址，拉卜楞藏民小学建成新校舍 100 余间。校产有双轮水磨一盘。这时，国民党甘肃省教育厅明令将拉卜楞藏民小学改为拉卜楞小学，随之拉卜楞小学便与前中山小学重新分开，迁入新校址，并决定兼收回汉子弟，但不得享受公费待遇。1938 年，拉卜楞小学有 6 个班，教员 6 名，学生 72 名，全年经费 8700 元，除由省补助 3600 元外，余由藏民文化促进会筹集。自该校创办后的第十四年，全校学生曾达 102 名，内藏族学生 45 名，汉族学生 29 名，回族学生 26 名，蒙族学生 2 名，教职员 9 人。校长下设总务、教务、训练三组，每月经费收入 700 元，每月经费支出 600 元。后因拉卜楞镇停止牙佣税收，致使学校经费减少，藏族学生公费待遇亦随之而减；加之通货膨胀日趋严重，学校经费极度困难。1942 年，改校名为夏河县拉卜楞区藏民中心小学，并取消了公费生待遇。学校只靠水磨收入，供给学生书籍和文具。教员薪金除县支付外，另由拉卜楞藏民文化促进会每人每月供给炒面 3 升，以资补助。此后，学生日趋减少，学校几乎停顿。该校历届毕业生，由校长黄正清择优选送到内地各专科学校深造。1933 年后，计划设办乡村小学于清水、桥沟、卡加、黑错、隆瓦等地，惜因经费无着，及其种种关系，不能实现。1936 年 5 月，夏河县设立短期小学八所，12 个班级，教员八名，在校学生 439 人，经费由“中央庚款管理委员会”支 1440 元，按七折成为 1008 元。还以“中央边疆教育补助费”筹办学校一所，四个班级，五名教员，经费 1000 元。后又增设两所，有教员 2 人，学生 100 名，全年经费 400 元。据 1938 年统计：夏河有小学 7 所，其中有完小 2 所，初小五所；有高小学生 28 名，初小学生 219 名，教职员 29 名，经费岁入、岁支均为 6560 元。教职员月薪最高 40 元，最低 4 元。1939 年暑假后筹办“战事教育”50 个班，学生 2500 名，经费现有数 600 元。

1940 年，由燕京大学教授李安宅和夫人于式玉（当时二人在拉卜楞居住）的提倡及黄正清夫妇的努力，募捐创办了拉卜楞女子小学。建校之初，有 20 余名学生。后来藏、回、汉各族女子入学者有 80 余名。校长为黄正清夫人。有女教员 2 人，月薪 40 元。据称：历年募捐得款 9816 元，作为修建校舍之用。1942 年以后，每月仅靠教育部 150 元维持，加之两位女教师出走，致使学生锐减，遂和县立中心小学合并。

1939 年，在夏河县回民教育促教会的努力下，于夏河县清真寺内设立夏河县回民小学校。学生最多时有 50 余名。经费由寺方负责，除教授一般文化课外，加授阿文。

1941 年，夏河县共有小学 8 所，其中完小 3 所，初小 5 所，教职员 20 名，学生 524 名，经费 28450 元。国内外留学生 5 名。翌年，夏河县拉卜楞中心小学改为省立。

1944 年，夏河县有小学 13 所，其中中心国民学校 3 所（1 所省立，1 为县立，一为拉卜楞藏民文化促进会立），余 10 所，均为保国民学校。三所中心国民学校有教师 20 名，学生 165 名。10 所保国民学校有教师 10 人，学生 331 名。

1947 年是夏河县初等教育发展的最高年份，小学 13 所，学生 926 名，教职员 29 名，经费 354430 元。

解放前夏河县大多数小学，校址狭小，设备简陋，学生绝大多数为汉、回子弟，藏族负担学校经费的 60%，而送子弟入学者极少。

1947 年 7 月夏河县初等学校概况表

学校名称	班级数	学生数	教职员数	经费
省立夏河县拉卜楞中心学校	4	239	6	118272 元
示范镇藏民中心学校	3	63	5	14584 元
黑错乡中心国民学校	3	128	5	14584 元
清水乡中心国民学校	3	87	4	10700 元
示范镇保国民学校	1	63	1	21810 元
共和乡达麦中心国民学校	1	43	1	21810 元
正伦乡三索马中心国民学校	1	38	1	21810 元

续表

学校名称	班级数	学生数	教职员数	经费
正伦乡完尕滩中心国民学校	1	39	1	21810 元
正伦乡隆瓦中心国民学校	1	34	1	21810 元
清水乡清水中心国民学校	1	48	1	21810 元
清水乡杂杂滩中心国民学校	1	47	1	21810 元
卡加乡卡加中心国民学校	1	62	1	21810 元
麦武乡麦武中心国民学校	1	35	1	21810 元
合计 13 校	22	926	29	354430 元

（三）职业教育

解放前夏河县职业教育机构有二：

1. 国立初级实用职业学校

1938 年 3 月 12 日，国民党中央组织部在拉卜楞设立“甘肃拉卜楞区实用初级职业学校”。不久由国民政府教育部接办，遂改称“国立拉卜楞初级实用职业学校”。建校初，有学生 51 名（汉族 47 人、回族 3 人、藏族 1 人）。学生来源主要是逃避兵役的河、洮、岷及陇南一带的贫寒子弟。修业期限定为三年。有教职员 17 名（技术教员为多，系兰州工校毕业的学生）。经费为 7480 元。设置卫生、畜牧两科，并附设卫生实验所、畜牧牧场、消费合作社、家畜诊疗所。1942 年停办卫生科，设畜产制造科、畜牧科各一班，普通班两班，共计四班。全校学生最多时为 168 名，教职员最多时达 20 余名。1946 年秋，因该校将学生菜金由 4800 元减至 3000 元引起学潮，国民政府教育部协同甘肃省教育厅处理，以“办理不善”移交甘肃省，改称“省立夏河简易师范”。1947 年 7 月有 4 个班级，学生 116 名。

2. 拉卜楞青年喇嘛职业学校

1942年，拉卜楞寺院当局向国民政府中央申请在拉卜楞寺内设立拉卜楞青年喇嘛学校，其宗旨是使青年喇嘛接受现代教育，及推进建设边疆大业。1945年秋，国民政府教育部聘请拉卜楞寺五世嘉木样大师、黄正清、绳景信、黄景文、郭中央为“拉卜楞青年喇嘛职业学校”筹备委员会委员，并以嘉木样大师为筹备委员会主任委员，郭中央为秘书，黄景文为工厂筹备主任。其时，郭中央、黄景文均未到职，实由黄正清、绳景信着手筹办。次年年初，黄景文、郭中央到职，并由郭中央负责积极筹备。3月，嘉木样大师下令议仓转令各扎仓挑选优秀青年喇嘛100名来校报到。4月1日，“拉卜楞青年喇嘛职业学校”正式开学。校长嘉木样大师，教员由校方聘请通晓藏文藏语的五名人士充任。初，学生每日仅上午上课。而教育部则以“半日制不便予公费，倘能按着《普通职校章程》办理，公费待遇，并无问题”作复。秋，遂按普通职校编制，每日授课七小时。

初有学生100名，分甲、乙两班。普通课程有公民、国文、藏文、算数、常识、音乐、图画、体育、习字；职业课程有编物学、纺织学、漂染学、理化及工厂实习。1947年春，学生人数继有增加，遂设丙班。同时奉令改制，将原有的甲、乙两班改为边疆师范科卫生、印刷两班；将原有的丙班改为补习班二年级。取消纺织课程，增添教育课程，并加授英文。时学生有142名，年龄最大者20余岁，最小者13岁。以籍贯而论，甘肃省为最多，青海省次之，四川省又次之。

拉卜楞青年喇嘛职业学校设置教导、事务两处。教导处主任由教育部选派；事务主任由校长选派。还设有经济稽查委员会、教材编写委员会、课外活动委员会。

1947年4月，五世嘉木样大师圆寂。拉卜楞青年喇嘛职业学校由于种种原因而停办。

四、解放前卓尼设治局教育事业发展概况

1922年，卓尼土司杨积庆创办了柳林小学校。1937年卓尼设治局成立后，先后创建初级小学两所。这三所小学，就是后来的卓尼设治局第一、二、三区的公立第一初级小学。后来，由于河湟事变的波及，卓尼地区的教育事业无甚发展。1931年，这三所小校共有学生154名，历年毕业人数85名，其中，高小毕业生50名。1936年卓尼地区亦推行短期义务教育，筹办短小三所，有班级六个，教职员3人，在校学生149人，已毕业58人，其经费由中央庚款管理委员会支540元，按七折成378元。抗战爆发后，卓尼教育事业的发展，也受到挫折。据1938年统计，卓尼有高小一所，初小四所；高小学生14名，初小学生130名，合计144名。教职员7名。经费岁入130元，岁支750元。教职员月薪：最高15元，最低3元。历年毕业生233人。同年设立卓尼禅定寺喇嘛半日制学校。

1940年，卓尼局柳林小学，有6个班级，有男生119名，女生5名，共计124名，有教职员6名；初小、短小共20校，而学生不及600名。全年经费为3280元。教职员月薪14元至22元。其中车巴沟、迭当、拉力沟、叶儿里、露路山、朝勿6校是这年7月创建的，有教职员6人，学生220人。经费5%由省库补助，其余由地方筹助。1941年，“卓尼禅定寺喇嘛半日制学校”改名为“甘肃卓尼喇嘛教义国文讲习所”，课程除加授藏文外，还加入普通课程。学生是15岁以下的喇嘛，分为三个年级，采取复式教学。其经费由国民政府教育部拨支1200元。

1942年，卓尼设治局柳林中心小学改为省立。1947年是卓尼设治局解放前教育发展的最高年份，有24校，学生1420名，教职员47名，经费13096元。

1947 年 7 月卓尼设治局初等教育概况表

学校名称	班级数	学生数	教职员数	经费
省立卓尼设治局柳林中心学校	4	200	8	187440 元
甘肃卓尼喇嘛教义国文讲习所	4	98	3	3349 元
多坝中心国民学校	6	178	4	15461 元
纳浪中心国民学校	5	108	4	14167 元
古战川中心国民学校	6	104	9	14167 元
卡车国民学校	4	42	1	1320 元
朝勿国民学校	3	33	1	1320 元
拉力沟国民学校	4	41	1	1320 元
博峪国民学校	4	39	1	1320 元
达子多国民学校	1	45	1	1320 元
拨勺国民学校	3	22	1	1320 元
大族国民学校	3	43	1	1320 元
冰古国民学校	2	34	1	132075 元
畲盖族国民学校	1	45	1	12307 元
女子国民学校	1	38	1	12307 元
卜儿族国民学校	1	52	1	12307 元
草岔沟国民学校	1	51	1	12307 元
申甘藏国民学校	1	33	1	12307 元
他那国民学校	1	46	1	12307 元
露远山国民学校	1	58	1	12307 元
脑杰国民学校	1	21	1	12307 元
山丹国民学校	1	45	1	12307 元
麻路国民学校	1	23	1	12307 元
拱巴国民学校	1	21	1	12307 元
合计 24 校	60	1420	47	511276 元

此外，附带谈及今甘南州迭部县洛大地区和卓尼县新洮地区解放前教育事业的一点情况：1947 年 7 月岷县洛大乡（今迭部洛大乡）教育概况，如下表：

学校名称	班级数	学生数	教职员数	经费
洛大乡第一国民学校	1	33	1	12514 元
洛大乡第四保国民学校	1	35	1	20000 元

今卓尼县新洮地区原属会川县裕民乡，1941 年设有保国民学校一所。最初有教职员 2 名，学生 20 余名，第一批毕业生 3 名。最多时，学生达 60 余人，教职员五至六人。

注：这份资料，是近两年来我先后到甘肃省图书馆历史文献部阅读《甘肃教育志》《甘肃近三十年教育史要》（草稿）、《甘肃解放前四十年教育史料》（草稿）以及散见于《教育周刊》《甘肃教育半月刊》《边疆教育》《新西北》（月刊）、《西北通讯》《现代西北》《西北日报》和其馆藏各种教育统计表的有关材料搜集而成的。同时我还先后去夏河、迭部、舟曲、临潭、卓尼各县走访当年的县督学、老教师，请求他们为我谈情况，讲史实；此外州教育局、临潭、夏河档案馆的同志们也为我热情提供有关材料。因此，我谨向为我提供材料的前辈及同志们致以谢意。

这份资料，肯定有许多错误之处，敬请知情者批评指正。

1984 年 5 月 26 日

本文选自中国人民政治协商会议甘肃藏族自治州委员会文史资料研究委员会：《甘南文史资料选辑》，第三辑，1984 年。

解放前甘南卫生事业发展概况

司俊

一

解放前甘南地区医疗卫生发展极其缓慢。藏族群众以藏医藏药为医病手段；汉族、回族群众以中医中药为医疗手段。有人在城镇行医为业，并开设中药铺。

民国十年（1921），美国基督教牧师克利必奴在岷县、临潭、卓尼、拉卜楞诸地，建立神召会、宣道会，到处拍照、绘画，大搞间谍活动。为了蒙蔽群众，掩护侵略行为，曾以西医药为一些群众治过性病，种过牛痘。卓尼磨儿桥有一处基督教传教士设立的小型诊所，为群众治疗花柳病。

民国二十年（1931），从兰州中山医院毕业的临夏人侯静安来夏河县定居，开始在拉卜楞创设私人诊所，从事西医。这是甘南开设私人西医诊所之发端。

民国二十六年（1937），西北兽医防疫处在夏河设立拉卜楞兽医防治站，后于民国三十年（1941）停办。工作人员有四，即主任一，技术佐望员二，书记员一。活动经费实报实销。在其存在期间，也曾为当地藏族同胞治疗过疾病。成立两年来治病 7326 人次。

民国二十七年（1938），国立拉卜楞初级实业职业学校成立于夏河。校内附设有卫生所，略收药费，附带为群众医病。该校当时设有训练初级卫生技术人员的卫生班一班，于民国三十年（1941）毕业。嗣后，卫生班停办。故从此以后，卫生所徒具虚名，及民国三十五年（1946）该校为甘肃教育厅接办，更名为“省立夏河简易师范”，卫生所即告结束。

民国三十一年（1942），国民党拉卜楞区党部由国立初级实业职业学校分出，迁居市区，亦附有卫生所，所长由边区党部书记兼任，医师聘请职校卫生班毕业学生担任工作。民国三十四年（1945）另聘拉卜楞医院护士办理治疗工作。

民国二十九年（1940），甘肃省卫生处于拉卜楞设置夏河县卫生院。八月八日，吴青（大学生）携带药品、医疗器械，抵达拉卜楞，负责筹备工作。十月十日，夏河县卫生院正式门诊。院址借用民房三间。工作人员有院长兼医师一人（即吴青），助产士、助理护士、事务员、翻译员各一人。经费515元。月薪总额420元。民国三十年（1941）秋，曾准增添医师一人。次年也被调至黑错卫生院。此后医师一缺，虽经屡请求委派或自行延聘，终未请到。故吴青哀叹道：“经费、药品、人才极端缺乏，规模尤为简陋！”

民国三十一年（1942），甘肃省卫生处设立黑错（今合作）卫生院和卓尼卫生院。黑错卫生院修建费十万元。工作人员六人，院长兼医师为李蓉（大学生），现在浙江医学院工作。医务人员有吴好仁、张从会等。卓尼卫生院长兼医师为王恕三（大学生），还有医师、司药兼接生员、会计、通讯员、炊事员等共六人。院址借用民房，无床位和住院部。

民国三十二年（1943），甘肃省卫生处于夏河设立黑热病防治站，有工作人员一。

民国三十三年（1944），蒋介石允拉卜楞致敬团之请，手令卫生当局筹设拉卜楞医院，拨发建筑费一百零三万元，设备费三十七万元，共计一百四十万元。只因层次审核，辗转拨付，年将终了，款始领到。又因拉卜楞行使硬币，贴水高涨，全部预算，已入不敷出。而医院又为地方需要，经邀请夏河党政军有关各机关领导人，及地方耆绅，成立了拉卜楞医院建筑委员会，并呈准甘肃省政府于民国三十四年（1945）春购料招工兴修。后向拉卜楞寺院贷给银币1450元，始到继续修筑，全部工程于当年十月以后完竣。总计共费去银币约九千元。后来，拖欠医院址地价银币两千元、寺院债务银币一千元。

拉卜楞医院于民国三十三年九月筹备之初，并无医护人员及药械，所有拉卜楞医院医疗事务，统由夏河卫生院员工代办。自民国三十四年（1945）起，所有夏河卫生院医务人员，全数划入拉卜楞院系土木结构，设有门诊部和住院部。工作人员约十多人。院长为吴青。住院部徒有虚名，无人住院。

抗战胜利后，临潭等地痢疾横行，死亡相继，还是卫生艰难，医药极感困苦。临潭等县呈报甘肃省政府，请求准修卫生院。国民党政府声言“开发西北，建设西北”，提出一套“点、线、面相结合的建设卫生事业的措施”。于民国三十六年（1947）一月和三月，以地方款筹建起西固卫生院和临潭卫生院。西固卫生院院长为赵宽。临潭卫生院院长为封悔悟。

民国三十六年（1947）是解放前甘南卫生事业最鼎盛的年份：卫生机构八个，即：医院1所、卫生院4所、卫生所2所、专业防治站1所，工作人员中，卫生技术人员一十二名，乡镇卫生员一十二名（夏河一十一名，卓尼一名），接生员一名（临潭）。

二

据当年有关资料的记载，一些卫生机构医疗的大致情况如下：

民国三十年（1941），西北兽医防疫处驻拉卜楞的牲畜防疫队，曾为藏族同胞作施诊工作，并为来诊治的藏族同胞作血液“坎氏反应”，计百分之六十为阳性。

夏河卫生院成立以来，门诊病人，每日多则四五十人，少则二三十人，藏民占十分之八。门诊时间，虽有规定，但不拘泥，以方便群众为宜。

拉卜楞医院成立以来，求医之人络绎不绝，视其十之八九，为藏族同胞；询其病者，则多为恶疮，非一般流行之症。

夏河卫生院历年预防霍乱、伤寒人数表

年度 项目	民国三十年（1941）		民国三十一年（1942）	
性别	男	女	男	女
数量	92		214	66
合计	92		280	

夏河卫生院历年种痘人数表

年度 项目	民国三十年（1941）		民国三十一年（1942）		民国三十二年（1943）		民国三十三年（1944）	
性别	男	女	男	女	男	女	男	女
数量	197	180	187	188	282	243	426	379
合计	377		375		525		805	

拉卜楞医院历年预防霍乱、伤寒人数表

年度 项目	民国三十四年（1945）		民国三十五年（1946）	
性别	男	女	男	女
数量	152		504	620
合计	152		1124	

四万八千零九十四人，与民国二十五年相比，还少三千二百九十一人，与民国二十九年相比，仅增加了五千六百六十四人。夏河、卓尼、西固均有类似情况。这说明缺医少药对人口发展的影响是很大的。

本文选自中国人民政治协商会议甘南藏族自治州委员会文史资料研究委员会:《甘南文史资料选辑》，第四辑，1985年。

解放前甘南藏民族通信

杨靖国

一、拉卜楞寺院、部落通信

(一) 政教合一组织的形成和发展

夏河县拉卜楞寺 (以下简称“拉寺”) 创建于清代康熙四十八年 (1709)，至康熙五十九年 (1720)，政教合一的组织已成为雏形。自十九世纪至20世纪初，拉寺依靠宗教势力和雄厚的经济实力，并借助清王朝和民国政府的扶持，建立健全了一个“政教合一”的庞大组织，统揽属寺和部落的行政、民政、司法、经济、文化、军事、外交、商务、税赋、宗教大权。既有总理全盘事务兼理外交事务的要员“相佐”，又有执掌内政的官员“昂佐”；既有主持外事交际礼宾的官员“仲聂尔钦茂”，又有执掌司法、民政的官员“孜巴”和后来建立的“聂仓”；既有掌管文书档案的官员“仲毅”(秘书)、“仲毅钦茂”(秘书长)，又有警卫 (夏布席) 和卫士长 (高化)。

建寺初，设立了赤哇 (法台)，主管全寺宗教事务；格贵 (掌堂师)，维护秩序，负责执行规章戒律；翁则 (领经师)，领导众僧诵经；吉哇，管理全寺财务；郭尼尔，负责经堂一切财产。至二世嘉木样时，组织机构日臻完善，在原有组织机构的基础上，遂成立了磋钦措兑（上议会），后来发展为拉章组织，负责处理所有属寺、部落和整个教区政教、军事；仲贾措兑（下议会），后来演变为教务会议。上下议会成员中，均有秘书参加。

1940年，五世嘉木样从西藏学习返寺后，对拉寺组织机构进行了调整和改革，遂成立了由嘉木样大师亲自领导，相佐主持的"议仓"组织。议仓，本意为秘书厅，是嘉木样大师的办公厅由议仓堪布、司食长、司服装长、秘书长、承宣长、拉章代表二人、管家和司讼员等组成，统辖全寺和寺属部落的一切政治、宗教和军事大权，震慑全寺以致整个教区。

（二）拉寺之属寺和寺属部落分布

拉寺所属寺院遍布甘、青、川三省，远及蒙古、新疆、东北等地。拉寺及属寺通称一百零八寺，实际尚不止此数。大体分三种情况：政教两权属拉寺管理，并委派"更擦布"和"吉哇"、"赤哇"（嘉木样之全权代表）管理属寺及所属部落政教事务的有三十三寺；宗教上虽有密切关系，但不直接管理政教事务的有四十寺。

拉寺辖有八大直属部落：即夏河甘加、桑科、科才、多合尔（那义乡境）、南木拉贡玛（今达麦乡）、玛曲县作格尼玛、欧拉、四川阿坝州阿绒措周共八个直属部落。还有夏河县阿木去乎（包括今牙利吉乡）、博拉、扎油、下巴沟、加门关、青海化隆县相贡哇六个部落和拉卜楞附近的十三庄。拉寺对新属部落，分别委派"郭哇"（牧区）、"更擦布"（农区或半农半牧区）管理政事或政教事务。

（三）寺院、部落间通信组织系统

拉寺属寺繁多，所属部落区域辽阔，政教两权涉及范围甚广，为维持其政教合一统治之需要，客观上要求加强通信联络，沟通内外信息。嘉木样大师通过议仓（办公厅）组织，把拉寺一切权力集中在自己手中，通信亦由嘉木样亲自执掌。具体负责通信的官员称古觉堪布，犹如寺主机要秘书，肩负掌管印信、拟定公文和要员私人信件，并兼任拉寺至属寺、部落和外界具体通信联系。

“郭哇”或“更擦布”是拉寺委派到所属部落的全权代表，通过格尔岗吾（牧区头人会议，下设传令一员，藏语称秋德合，即送信人）或喇嘛洪布（农区或半农半牧区组织名称，各部落设烧茶做饭、传令喂马僧俗各二人，藏语称达哇）会议组织，俨如地方政府，与会成员称次合杰布，犹似政府官员，保证拉寺政教军务等迅速在属寺、各部落中贯彻执行。

嘉木样大师，通过议仓（办公厅）——郭哇（牧区）或更擦布（半农或半农半牧区）——格尔岗吾或喇嘛洪布——各部落头人——措哇（牧区氏族组织）或三木喜（各村村长），组成一套完整的寺院、部落通信组织系统。秋德合或达哇如今之邮递员，担负政教军务及上层人士私人信件的传递任务。

（四）通信方式及主要道路

经专访拉寺华尔旦等老僧，以前寺院的通信一般为专人传令、送信。拉寺的公文及大小活佛的信件，均无邮资凭证，寺院备有印刷的信纸、信封。遇有重要信函，须用火漆封口，并加盖印章。拉寺议仓的印鉴为法螺图章，称之为海螺印（藏区官方印信和私人图章多无文字，而在中间镌刻一个法器或动物图案，作为象征。拉寺议仓的印中镌有一只海螺，大如拇指，印章虽小，权力极大）。拉寺所发信函，由议仓堪布厅委派专人送至指定属寺、部落；也有指派拉寺附近十三庄牧民投送的（属例定差役），拉寺之经堂、佛殿、囊欠活佛的私人信件，多由十三庄牧民轮流投送。（注：十三庄牧民对寺院的差事，主要指寺上有事时，轮流派牛马伕役等，称之为乌拉，寺院总机构的差事，老百姓自备一切所需；十八昂欠及各活佛的私人差可管老百姓的吃食。

信函投送至属寺、部落后，再由秋德合或达哇（传令送信人）投递到收件人手中。属寺、部落间的信函，尤其是送拉寺的信函，须选择可靠之人专送，并讨回收件凭证。拉寺遇有重大活动时，除传令员专司传递信息外，亦有捎口信的、由近及远将信息接力传递至属寺、部落和村庄。

拉寺同中央政府、地方政府和外界的通信往来，均由议仓堪布厅委派专使实施。至于农牧民群众之间的通信往来，只能以捎口信联系。通信工具：远道以马传递为主，牦牛次之；近者才由人徒步传递。

寺院、部落通信道路，多取于便道，主要有六条。(1) 夏河至青海河南蒙旗：自拉卜楞经桑科滩，至多哇沟口，沿大夏河而上，经青海境之多哇、泽库，再南行达河南蒙旗；也可由桑科滩经达久滩，越完青布浪卡山口，再沿完青曲而下达河南蒙旗。(2) 夏河至保安：自拉卜楞越甘加山，经甘坪寺、仁爱，过念日日卡，经青海境之铁吾、甲吾达黄南同仁保安；亦可自甘加经甲吾、隆务寺达保安。(3) 夏河至临夏：自拉卜楞经完尕滩、桥沟、清水、出土门关至双城。再西行达韩家集（临夏县）；沿大夏河而下达河州（临夏市）。(4) 夏河至循化：自拉卜楞经甘加滩、越大力架山入青海境达循化厅。(5) 夏河至洮州：自拉卜楞经完尕滩（或隆哇）、下卡加、黑错（合作）、美武、日多玛、越腊利大山口，过卓尼完科洛，穿甘布塔暗门，经旧洮堡（旧城）达洮州（新城）。(6) 夏河至玛曲欧拉：自拉卜楞经桑科达姐华郎、万泰塘到科才，越大谗之洋拉滩、莪尔甲滩至玛曲作格尼玛，西南行达欧拉。

以上便道，基本能通达拉寺之属地和部落。其路程为：夏河至四川松潘，牛十二站、马十八站，夏河至临潭，牛、马均四站；夏河至青海循化，牛、马均二站；夏河至青海同仁，牛马均二站；夏河至临夏，牛、马均三站。

以上牛马站距，系指牛马脚力一日能行走的路程，须三十公里至五六十公里不等，此系藏族计程的一种方法。

据 1941 年《新西北》（月刊）第四卷刊载李安宅撰文：治（夏河）西三十里外三科滩（桑科）；向西南四牛站至阔材（科才）；再西南一牛站至大参，又一牛站越大参山至外四；由作格尼玛（今玛曲县）之悟尕西行两牛站，马尾拉方舟渡黄河至其曲为欧拉，再东南行达四川三乔科（今属玛曲）；由欧拉返作格尼玛东北行两马站过洮河至西仓新寺（今碌曲境），再东行一马站至吉仓寺（今夏河境）；再东北行十五里麦秀，越果勒山至安曲（阿木去乎）；由安曲东行二十里至保拉（博拉），东北行二十五里至刀哈（多合尔），再东北行二十里黑错（合作）；黑错东行二十里陌务（美武），北行二十里至下卡加，再西北行六十里至隆哇村；隆哇之南为杂由，西行登大麦山十里至大麦滩村，东行十里至闪堂，再二十里沙沟，再十里至王尕滩（完尕滩）；由古堆寺东行，而桥沟、清水、晒经滩、土门关、五十里至县界，县治北行四十里至二十家六族境（甘加、卡加、仁勤等），西南为仁安帐篷区，建有甘坪寺；夏河东南行百二十里至黑错（合作），系普通山路，再百二十里至临潭旧城。

（五）安多藏区最早的藏语电码

民国二十二年（1933）五月，拉卜楞保安司令部设有 100 瓦无线电台，之后又增置 15 瓦、10 瓦无线收发报机两部。拉寺第五世嘉木样大师明事理，对新事物尤感兴趣，经常到司令部练习收发电报，苦心钻研，精心编写了一本《藏文电报数码》，使用藏语通信非常方便。民国二十六年至二十九年（1937—1940），五世嘉木样在西藏学习期间，曾利用驻拉萨之蒙藏委员会办事处的电台，使用他自编的藏文电报编码，经常同拉卜楞保安司令部联系。五世嘉木样大师自编的藏文电报编码，可谓安多乃至全国藏区最早的藏语电报编码。

二、卓尼藏民族土司通信

（一）土司制度的沿革

明永乐十六年（1418），杨土司祖先的献地投诚以来，直至中华民国时期的洮岷路保安司令杨复兴，历经明、清两朝以至民国，延续五百余年，凡土司二十代，均为世袭。土司为辖区内的最高统治者。依照土司承袭制度规定：兄为土司（军政首领），弟为僧纲（宗教首领，即寺主）；遇独生子则身兼二职；直系缺嗣时，可在杨土司家族中按序承袭。

清光绪二十八年（1902），卓尼土司兼禅定寺僧纲杨积庆时，土司辖区包括现今之卓尼、迭部和舟曲插岗、博峪等地区。东邻武都、文县，南接四川松潘、若尔盖，西界碌曲，北抵临潭、夏河、临夏，总面积近三万平方公里，约十万人口。

土司衙门内部组织：土司下设头目两人，掌握军政大权，有“土司府两大金柱”之称；总管三人，大总管掌握全盘总务，二总管总理钱粮，三总管专管事务，“房科”为土司办公室。

土司衙门农村基层组织：城、郊区有十六掌尕（相当于自然村），其中城区有十二掌尕，郊区有四掌尕，每个掌尕有小头人一人。土司辖领四十八旗（相当于乡，系军政编制单位），包括后山十四旗，均在今迭部县境，其中，上迭六旗，下迭八旗；前山三十旗，以干不塔、俄藏、土桥、达加四大暗门为界，分为口里十八旗，口外十二旗；黑番四旗，舟曲县境之插岗、铁巴、拱坝、博峪地区。四十八旗中，委任旗长，亦称“长宪”三十二人（小旗数个任一旗长），负责属旗行政、司法与军事之责。据旗之大小，每旗设总管一至三人，每个总管辖理数个村落，称之为族。四十八旗辖有五百二十个族，视其各族大小，设头人一至三人。

卓尼禅定寺僧纲宗教组织：僧纲（堪布）为全寺总管，下设头目二人，大头目主管全寺行政事务，小头目主要处理外事及其他属寺的各类教务。两头目之下，设班头二人，统领班里五十名，专负监察全区寺院僧众的一切活动，向头人通风报信惩处犯戒僧人等职责。禅定寺所属寺院号称一百零八寺，实际上仅有六十多寺。划分十七个教区，各推出一名代表，组成尚书楼，相当于土司衙门之“房科”，称之为“十七代表”组织，分布于卓尼、临潭、迭部、舟曲等寺，并在西藏色拉下续部札仓设有五个康参（寺院的办事处），与蒙古地区的一些寺院有教务往来。

（二）土司及僧纲司通信组织系统

土司有私人秘书一人，称之为“红笔老爷”。由外地聘请文化程度较高的人担任，主要负责办理对外文稿。土司衙门下设“房科”，即土司办公室，工作人员计有九人，其中设掌案一人，经书、贴书各二人，类似正副科长，专管文稿起草，文书四人，专门负责房科文稿抄写，房科由土司直接领导。土司衙门设有传号房（类似今传达室），计有传号四人，轮流值班，负责衙门内外事务的传达，并处理一般民事纠纷。衙门马厩有马厩头，亦称马号头一人，领两、三个饲养员，管理乘马二十余匹。

禅定寺组织机构分堪布、法台两个系统。僧官下设尚书即

“办事员”，法台下设尚书楼即“头目印”。尚书是尚书楼的办事员，尚书楼则是具体的办事机构。其性质相当于秘书处或文书房，是执行僧官和法台有关人事任免及其他决定的实施机关，也是连接政务（僧官衙门）和教务（总法台）的中立单位，一班人马服务于两个体系。

土司辖区所属番民，例定有出力役与财赋的义务。力役分为：兵马差（相似近代兵役），乌拉差（相似近代工役）。以服役期长短又分为长乌拉（十日以及上，每户数年轮一次）、短乌拉（二至十日以内，每户每年轮数次），挨户轮流当差，当然传令、送信也就包括其中。城郊十六掌尕中，每个掌尕之小头目，有随时供土司差遣的责任。

综上所述，这样就构成了一套完整的土司、僧纲司通信系统。即杨土司通过衙门“房科”（办公室）——各旗（长宪）——总管——族（村落头人）；僧纲司通过尚书楼（文书房）——十七教区——各属寺。采用直送或接力传递的通信方式，沟通内外、上下、左右之间的军政、宗教信息。土司衙门的传号员（近程）和挨户轮流应差的番民（远程），便承担起属旗、属族间的通信任务。

（三）主要通信工具及通信方式

藏族群众善养马匹、除近程步递传送信息外，远程多以马递传送。土司衙门的机密要事，委派亲信专人投送；土司衙门、旗、族间的正常通信往来，一般由轮流差役之番民（乌拉）充当信息传递任务。民间通信多以捎口信沟通信息。

第十九代土司杨积庆，善于观察社会，估计形势的发展，每天阅读全国大小报纸。思想激进，易于接受新生事物，曾在卓尼首次架设电话，组装500瓦发电机。1936年9月，红军长征途经迭部，口示下属复信为红军开仓济粮三十多万斤，并亲拟书信派下属到临潭新城红军指挥部进行慰问。

在遇有战事发生时，杨土司境内的属民，都有出兵一员、马一匹，以及全副武装，自备粮秣的义务。战时发布命令的方式，系由土司衙门写一文告，绑于箭杆上端，文告上贴一鸡毛（以示十分紧急），谓之鸡毛文书，以接力通信的方式，迅速传递到辖区相关旗、族，被调集的兵马，须立即赶至命令中所指定的地点。当兵亦可雇人或纳金代役，至于无限制的临时征发，亦颇威行。杨土司也可以用竹筒或在竹筒上添插一根烧去一角的鸡毛，谓之翎箭，去召集民兵或征收财物。

民国二十六年（1937）农历七月二十七日，卓尼第十九代土司杨积庆在“博峪事变”中被杀后，传号赵希云等人，曾于卓尼禅定寺，采用“鸡毛信”通信方式，迅速调动北山诸旗、朱扎七旗、车巴诸旗之藏兵，复仇雪恨，平息内乱。

（四）土司属旗至洮州（新城）道路里程

杨土司境域辽阔，洮州属地处土司地域之中。据《洮州厅志》卷十六记载，洮州城西南距杨土司卓尼城三十里，杨土司属旗距洮州城（新城）路程为：上冶杓哇旗130里，班麻旗140里，岔麻的吾旗120里，约沙必拉旗80里，多力禾旗320里，阿夏旗320里，代麻旗150里，阿禾旗80里，少麻毫旗80里，土桥旗70里，达拉旗320里，善扎旗120里，迭当旗120里，车巴沟旗160里，别力达加的吾哇买桑旺甫多旗100里，包吾什旗50里，巴什旗60里，小术布旗50里，朱扎七旗60里，当多旗340里，亦哇旗240里，宁巴旗240里，上迭部拜扎旗240里，哇巴旗230里，什巴旗240里，买麻卡送旗240里，拉布什旗120里，私吾什旗15里，拉麻那旗120里，冬禾索旗50里，大峪沟旗60里，口子下家人旗20里，术怕初阴阳二旗180里，黑番阳山旗420里，铁坝旗520里，阴山旗420里，代巴旗520里，下迭部截你沟旗420里，尼俄娃藏旗240里，奄子旗250里，卡坝力秀旗240里。

本文选自中国人民政治协商会议甘南藏族自治州委员会文史资料研究委员会:《甘南文史资料选辑》，第十三辑，1999年。

解放前岷夏公路是怎样修建的

孙全信

解放前，甘南只有一条路，即岷夏公路由岷县到合作附近，然后西行，进入扎沙沟经过加尕滩，翻越桑多卡岭经桑科滩到达夏河县县城。

旧社会甘南的交通是非常困难的，运输全靠畜驮、人背，各族人民受尽了交通不便之苦，总希望在甘南境内有一条像样的道路。1940年6月，甘肃省岷县第一行政督察专员公署、保安司令部在合作寺院召开了临潭、卓尼、夏河三县（局）“保安行政会议”，有一百多名藏族代表向大会建议，要求兴建岷县到夏河、夏河到川边郎木寺的公路，以利边远地区的交通运输。1941年夏天，岷县专署电请甘肃省政府同意，由甘肃省建设厅派出技师洪文瀚踏勘，绘制详图，编制工程概算。同年9月及1942年1月甘肃省政府两次电请中央政府，要求拨款修建，但是没有得到批准。1943年国民党政府考虑到政治上和军事上的需要，电令赶修兰州到临夏、临夏到夏河的公路，并限定于1944年通车。后因这条路地段复杂，工程艰巨，一年期限无法完成。因此决定改修岷夏公路。

1944年1月，“甘肃省岷夏公路工程处”成立于岷县，由第一行政督察专员兼保安司令胡守谦兼任处长（同年6月胡守谦调往天水，处长由新任专员张仰文兼任），拉卜楞保安司令黄正清兼任副处长，甘肃省建设厅技正兼省道路勘察总队长盛石如为第二副处长，并请五世嘉木样活佛为顾问。

工程处下设总务股、工程股、会计室；并组成测量队两个，于1月20日和26日分头开始测量。原踏勘路线不包括卓尼、合作两条支线；后来考虑到卓尼、合作是沿线两个重要城镇，而且距干线公路很近，所以也就测量在内。1944年6月全线测量完毕，计干线公路全长254.68公里，卓尼支线长5.5公里，合作支线长4公里。为了修筑方便，将全部工程分为四大段：

第一段为岷临段，由甘川公路260公里处起，经岷县至临潭县新城计长70公里；第二段由临潭新城到完科乐（包括卓尼支线），计长73.04公里；第三段由完科乐到慕黑龙山（包括合作支线），计长62.5公里；第四段由慕黑龙山到夏河县的拉卜楞，计长58.2公里。

根据合作寺院会议的决定：修筑公路土方由全线各县（局）以义务劳动的办法征集民工；桥梁、涵洞与石方由工程处组织工程队修建；所需木料就地征用；石料由民工采集。为了征集民工和管理方便，采取划段包干的办法进行修建，由岷县到白土坡（在临潭新城东南10公里处）作为一段，计长59.4公里，由岷县民工修建；由白土坡到完科乐作为一段，计长78.549公里，由临潭县民工修建；由完科乐到合作为一段，计长63.15公里，由卓尼民工修建；由合作到拉卜楞为一段，计长62.73公里，由夏河民工修建。修筑公路所需一般工具，按规定应由各县民工自带；但这条公路所经多属藏区，所需洋镐、镢头、铁锨、背斗、绳索等统由工程处供给。

1944年二三月间，沿途各县开始动员征集民工；4、5、6月各县民工进入工地，动工修建。沿途帐篷连片，炊烟如云，劳动号子响彻山沟。据统计，各县进入工地的民工有三万多人。由于沿线各族人民对于交通运输的要求迫切，参加修建的人数众多，工程进展很快，到1945年11月基本完工，共计开挖土方184.96万立方，石方5.21万立方；大桥两座（全系木桥，总长145.4米），小桥五座，全长25米；涵洞24道，涵管47道（这些桥梁涵洞均在岷县至临潭之间，临潭至夏河之间桥梁涵洞因经费不足故未修建，均为便道通车）。同年12月16日在岷县举行试车典礼。在试车典礼之前由五世嘉木样在兰州购买小卧车一部，由省政府派大卡车三部参加了试车典礼。参加典礼的人员有：西北公路工务局驻兰办事处主任朱文秀，临洮工务段长于述世，甘肃省建设厅长张心一，省府会计处专员王昭文，岷县专员张仰文以及岷、临、卓、夏各县（局）筑路出力人员、各部落负责人。在岷县举行庆祝大会之后，主要负责人分乘一部小轿车和三部大卡车，由岷县向夏河进发，沿途群众初见汽车，欢呼雀跃，窥者如堵。自此岷夏公路作为工程处的一项任务已经完成。这一工程共计用去经费23025660元。这是我们甘南境内的第一条公路，作为公路发展的历史，还是值得记述的。解放后为了适应甘南各项建设事业发展的需要，对岷夏公路进行了改建和维修，加宽了路面，加固了桥梁涵洞。1956年合作到夏河段改线通车，以后又铺上柏油，就是现在的这一条路。

本文选自中国人民政治协商会议甘南藏族自治州委员会文史资料研究委员会：《甘南文史资料选辑》，第四辑，1985年。

西固县解放前工商业分布概况

解兴国[①]

一、解放前个体户

1. 三街：南街、北街、西街；两关：西关、南关

经营百货业15户，从业人员42人。中药铺3户，从业人员11人。染土布房4户，从业人员8人。灌清油小店3户，从业人员12人，供全城老百姓点灯、生活用油，少则二两、四两，多则一碗两碗。每年年关、元宵节前从岷县整桶运入县城，用土碗一碗一碗出售，解决四街两关灯会用油。吃食小卖17户，从业人员18人，主要供应烧饼、热豆腐、蒸馍、凉粉、热洋芋。饭馆2户，从业人员14人，对外承包酒席，另售顿顿饭。屠宰猪肉铺3户，从业人员7人。照相业1户，从业人员3人。鞋匠2户，从业人员5人。脚骡店3户，小客店3户，从业人员20人。木匠铺3户，从业人员5人。银匠3户，从业人员4人。挂面业1户，从业人员3人。其他4户，从业人员4人。共计个体户67户，从业人数156人。

进货渠道是：茶包从四川广元、中巴进；百货从武都进；清

---

① 解兴国，生于1932年11月，舟曲县城关镇东街人，1993年于县工商行政管理局（局长）退休。著有《我的一生》一书。

油从岷县进；白酒从成县进；生猪从宕昌县良恭收购。货物全靠人背、骡马驮运，交通十分不便。市场流通货币为铜板，有10文、20文、50文、100文铜板和白洋，1933年加行流通中国银行纸币。

2. 药庄加工业2户，从业人员23人

北街的“荆生茂”药庄，开业于1915年，系河南省孟州市西貌乡大字号解姓开办，号东委托亲房解洛书任“荆生茂”第一任掌柜，长达15年。号内设有记账先生（张达）1人，管库（刘长惠）1人，管伙1人，杂务2人，办事员4～7人，专跑上河、官亭、山后等地洽谈订购药材合同，收购现成的麝香、熊掌、牛黄、鹿茸、虫草等名贵药品。号内资金约计7000大洋周转城乡之间，每年秋季雇用大量人力，进行当归、大黄、黄芪加工，冬季解驻岷县、陕西、成都分号处理。

1926年（民国十五年），县城修建南桥，四街两关都有拉运桥木、桥板、将军（南北两岸桥柱）的任务。将军直径甚大，约有2尺余，长约2丈左右，如此巨木搬运全凭人力，其艰难程度可想而知。而这一任务却分给坪定完成，每天由几十人随着叫号声一寸一尺的拉运，10余日才能拉到沙川。为鼓励民夫尽快把“将军”拉运到工地，“荆生茂”号内出资40大洋，小麦2石，现场做饭。半月多时间方将“将军”运到广坝工地，大桥得以顺利完工。

1929年，解洛书病故，大字号总经理出资用两匹骡子套架灵柩运往河南省老家安葬。第二任掌柜为刘长惠。

西关的“天成西”药庄，系陕西省李姓人创办，开业时间、经营实力次于“荆生茂”。李姓初到西固后委托磨沟村杨占霖父亲（俗名杨瓦匠）修建“天成西”，修建时在当地挖出白元不少，磨沟杨家因之大发。“天成西”在西固经营药庄生意达16年之久，而收益有增无损，号内资金、人员、活动情况不详。

3. 小工业

县城及附近共有水磨41盘，磨里一般带碾米滚子一架。分布在城内10盘，三眼村1盘，罗家村5盘，北门和圆里6盘，南门11盘，西关、广坝1盘，后坝3盘，河南3盘，瓦厂1盘。那时候磨面全用升斗计量交易。磨一斗麦，打三碗课，磨什么粮食，打什么课。城里老乡赞有磨的人说："谁家有个滴溜儿转，永远不往天上看。"意思是不靠天吃饭，不管年景好坏都能维持全家生活。油房有2座（在月圆村）。棉花加工共4处，从业人员10人。棉花加工用水力带动拧花机、弹花机。交易方式拧1斤净棉，给棉花2市两或折价给钱。

4. 柴草、竹木、蔬菜市场

每天早上有庙沟、沙川、杜坝川、武士关群众约计三四十人，人背驴驮进城卖烧柴、木炭、糟子（灌木烧成）、木板、木方之类。市场地点在官台上（现在四大班子综合大楼前广场上）。一般每天交易约两个多小时后集市自动散去。如到冬季柴炭交易量大时，市场上人数猛增数倍，约有百人以上，成天交易。蔬菜小摊摆在十字街口（现在青峰广场口），每天有10多个北门村菜农专卖自产的韭菜、葱、黄瓜、茄子、白菜、菠菜、小葱和其他蔬菜，也有一些菜农兼卖柿子、柿饼、核桃、大枣、拐枣等果品。

二、国营企业

1. 邮政所

办事地点北街，所长1人，业务员1人，邮差1人（系两河口人），邮差每天赶一头黑色毛驴，早到西固城，晚回两河口，专程运送邮包，信件。

2. 中国银行

有办事人员4人，办公地点在西街大槐树下路南。设有行长

1 人，会计 1 人，出纳员 1 人，工友 1 人。专门办理全县借贷、兑换新旧纸币业务。

3. 商务会

谁当会长就在谁家办公。他的任务是组织商业户向当地政府交税，其次是管理物价平衡、解决商业内部纠纷事项。当时会长是北街刘长春（河南省人）。此后由东街洪懋学接任。每年过春节、元宵节由商务会倡导，组织在当地经商的商人耍社火，河南帮以“荆生茂”为主；四川帮以南街骡马店老板凌大耳朵、个体户秦东山承头，按河南、四川乡俗装社火、舞龙灯、跑纸马、耍海婆儿，花样繁多。他们分别去各神庙、大众场地给群众义务表演，深受当地群众好评和欢迎。社火从正月初七八出台，到十七八结束。期间，广大民众前拥后挤观看，场面十分壮观。从清代开始，西固一年一度的迎春会，在春场举行，这也是春场得名之由。迎春之日，县长、班头带头，全城男女老少，到春场观看鞭春牛、迎春姑娘，场面十分热闹。大字号每年合伙拿出白洋 20 元以助迎春会。

本文原载中国人民政治协商会议舟曲县委员会文史资料委员会:《舟曲文史资料》，第八辑，2007 年。

解放前洮河林区滥伐情况

李斌

洮河是甘肃的主要河流，发源于甘、青两省边境西倾山，流经碌曲、临潭、卓尼、岷县、会川、康乐、临洮、广河、东乡各县，在永靖入黄河，蜿蜒千余里，其上游大半在山谷中，两岸林木参天。所产有松、柏、杉、杨以及各种杂木，自古为甘肃建筑木材主要来源地区。

解放前我在甘肃省建设厅工作，曾两次到过洮河林区。第一次系1933年，我以建设厅秘书兼洮岷林垦局长身份于4月上旬前往林区调查，同年6月初返兰，历时两月。第二次系1948年6月，我以建设厅科长身份，陪同兰州核心工事工程处负责人，国民党陆军工兵第七团团长蔡耀华、营长梁树勋等前往莲花山、冶力关等处视察兵工砍伐木材情况，为时50天。这两次调查时，接触了不少老农和伐、运木工人，根据他们口述和我们在现场的了解，在解放前近三十年来洮河林区的破坏是很严重的。

一、洮河林区采伐的历史

洮河流域较大规模的砍伐始于何时，殊难稽考。根据当地农民叙述和我们实地观察的结果两相印证，约可分为三个阶段。第一阶段自清朝中叶至1931年。这一个阶段的特点是洮河流域的天然林尚多保持原状，砍伐不甚厉害。民间建筑，率多就地取材，少有赶远地砍伐和采购者。加以洮河中、上游居民狃于迷信，把大片林区，划为“神林”，不让木材水运，故大规模采运者不多。这一时期木商不多，资本不大，每年运出木材约4万余株，且多属小材，计合5000余立方米。推销范围也仅及岷县、临潭、临洮、陕西等地。

这一个时期伐运木商人多系临潭人，主要商户有世兴奎、临生祥、永泰和、三义合、景兴同、隆合永、庆衍宏等。其中除庆衍宏外，均先后于民国初年歇业。继之而起者为积牲祥、永兴隆（1918）、中和火柴公司（1922）、马同林木厂（1923）、邓隆之生茂运木公司（1924）、贺笑尘之世裕木厂（1927）。以上诸号，除积牲祥、中和火柴公司、世裕木厂外，均于1931年停业。

1932年至1941年为第二阶段。这一阶段的特点是对森林滥施砍伐，许多原始森林遭到极其严重的破坏。这是由于1932年以后，河运畅通，木商人数激增之故。“七七事变”以后，由于国民党政府西迁，后方建设事业较前增多，需用木材数量亦大，故1938至1941的四年中，采伐的木材很多，年运出木材数量达70万株，十万余立方米，且系大材居多。推销区域除陇南各县外，远及宁夏、包头。

这一个阶段运伐木单位达300以上，伐木区域，洮河中游由莲花山洋沙河渐及冶木河上游；洮河上游自西泥沟、纳郎沟、大峪沟，渐及于卡车沟、车巴沟、粒珠沟之深处。这个时期资本逾百万之商号有世裕木厂、祥泰公、复兴成、复兴西、复兴老、庆泰木号、恒泰木号、西北木厂等。

1941年至中华人民共和国成立，为第三阶段。1941年7月，国民党政府为谋垄断洮河林区的采伐专利，特以保护林区为幌子，成立了洮河流域国有林区管理处，规定洮河上游各地森林采伐，均需按照采伐规定，凡林相破裂，胸径未达23公分之林木，一概禁止采伐，并决定将林区分期收归国有。随即成立了甘肃水利林牧公司和洮河林场，从事木材垄断。这一个时期，除水利林牧公司外，甘肃省贸易公司亦曾于1942年开始伐运木材。1947年省政府主席郭寄峤为了建修文化会堂和兰州反共核心工事，又曾派人对林区大施砍伐，故林区的破坏更为严重。

二、林区破坏点滴

洮河林区在第二阶段以后（1932年至解放），破坏特别厉害。如临潭县属之北乡石关堡至大草滩，原有森林36处，总计面积六百平方里以上。南乡之多巴庄至东山延年沟一带，有森林31处，面积总计178平方里。西乡之卓尼沟至记尼双岔，原有森林31处，面积总计112平方里。东乡之新堡大板至丁哈石头沟、天地沟、石那沟一带，有林7处，每处面积都在15平方里以上。又岷县之西尼村至西乡马华村一带，森林长约四十里，平均宽约十五里，安拉子初路、迈路等沟，及大沟村、庙儿村、三十里村、坎布村各有森林1处，面积总计在200平方里以上。以上两处森林，在解放前三十年左右，尚是古木参天，绵亘千里，但到临解放时，大都变成童山秃岭，或仅有残株剩树而已。又如黑错（合作）附近的双岔大林，据当地藏民唐隆郭娃说，胸径在1市尺以上至3尺之大树，约有60万株，被国民党军阀焚烧两次，至1947年时已残存不多了。冶木河流域之尖山常爷林（庙产），面积25平方里，所产为洮河中游之最好木材，1946年被军阀纵火焚烧，延烧三月余，全部化为灰烬。

木商在林内活动时，全系趸购林木，垄断材价。在藏民地区，每先向山中藏民放款，藏民为生计所迫，不得不受其挟制，将森林廉价低售，商人则坐享利益。地方官绅以其有利可图，亦相率投资。如马鸿逵之复兴西、复兴老木厂，邓隆之生茂公司等。他们采伐林木，或论面积进行租山，或计株数，即所谓购柗子。论面积者，约定林尽归山，自租之后，商人先伐老林，次伐中林，最后伐幼林，不使存留一株，俟童山秃秃，始归还原主。如是历年戕采，林木茂盛者可传至两三代始能伐完。其以株计算者，每择大木砍伐，伐木之际，乱砍乱倒，不顾一切，往往一树倒下，殃及数十株幼木，对森林破坏尤甚。黄家路山一带的汉民，也多入山伐木，售给附近坐庄木商（木商派驻山口收购木料人员），并等讲好价后，包运入市。因此滥伐木材，破坏亦甚。此外，仅岷县城关一隅，每年用作燃料者，约耗胸径盈尺的巨材数十万株，洮河沿岸合计，则更不知凡几。

抗日战争中，揉皮用的单宁酸，断绝来源，兰州制革厂和化工厂曾在莲花山设厂制造，收买桦树皮作原料。山民为生计所迫，将林内生长数十年或百余年，胸径尺余之红桦、白桦，任意剥皮出售，致树干枯腐于林间者，何止千万株。

1947—1948 年，省政府为了建修文化会堂和反共核心工事，派保安第六团团长高攀桂率领士兵在莲花山砍伐木材，强派民夫，征用牲口，曾造成了林木倒下压死一男一女和牲口重大伤亡事故。省政府规定伐木士兵每月每人补贴口粮 15 斤，麻鞋两双，均先发价款。但这项补贴价款全数被高攀桂贪污，另由其规定每日工毕时，准各携带松椽两根自售，以作酬劳。两年之内，不知损坏了多少幼林。高本人又与临洮大木厂勾结，盗窃大批木料，运临洮变价，为数颇巨。

国民党的所谓国有林区管理处，虽然有林警数十名，并且还有几个林业专家，但对于护林工作却没有丝毫成绩。相反的却在林区设卡征税，鼓励破坏。如在洮河沿岸距峡城不远的门楼寺，国民党政府曾设有一个检查站，凡洮河放下来的木筏，除对有势力者不敢过问外，其余一般小木商木筏经过时，不是没收，就是罚款。1940 年门楼寺林警因向下放木筏，查验木筏未停，竟用枪击毙临洮籍水手一名，事后曾提出控诉，并经国民党农林部派员调查，然终未得申理，这就是国民党政府“护林”的真相。

本文选自甘肃省政协文史资料和学习委员会:《甘肃文史资料文库》，第 7 卷，2001 年。

略谈解放前卓尼的木商业

李宗宪[①]

洮河纵贯卓尼县境，自西向东流去。洮河两岸，自古以来有茂密的原始森林，且种类繁多，其中主要木材品种为粗枝云杉、紫黑云杉、细叶白松、冷杉以及落叶松、桦木等。据民国二十七年（1938）国民党中央派驻卓尼之“农林部洮河流域国有林区管理处”调查资料：“洮河上游森林面积约为三千余平方里，森林材积量约为四亿八千余立方。洮河中游森林面积约为六百余万平方里，材积量约为五千万立方尺。”天然资源虽如此丰富，但毕竟陆地交通梗塞，致使货弃于地，鲜少开发经营。

卓尼的木材开发私营经商情况，据史料记载：最早是大清道光元年（1821），自此以后，兰州、临洮、岷县等地木材商贩始陆续前来县境纳浪、大峪、博峪、卓尼沟、拉力沟、车巴沟等林区，开办木厂，到民国二十年（1931）时，外地木商有 250 家之多，这些木商明购暗盗、大肆砍伐贩运，国民党官僚与木商相互勾结，以谋利为目的，意图猎取木材资源以肥己，于是，凭其自身资力雄厚，几至行垄断居奇之能事。从部落、寺院、番民手中购买山林，以原始的斧、锯等方式任意砍伐，逐渐将卓尼木材贩运之木耳。根据民国三十一年（1942）洮河流域国有林区管理处统计资

① 李宗宪，甘肃省临潭县流顺乡农民，民国时期卓尼设治局文书，卓尼起义投诚人员。

料记载，年采伐面积为 1600 平方华里，伐木株数 49702 根。民国三十二年（1943），岷县野狐桥木材工作站清查统计数据记载，年经洮河水运木材达 341488 根。其中：大峪沟 49803 根、卡车沟 42511 根、纳浪 35615 根、博峪 30780 根、拉力沟 16620 根、大扎 30780 根、拉扎口 85526 根。此外，录竹沟、卓尼沟、木耳沟、若龙、羊化、大板等林区年生产原木 49853 根，其中运往临潭（旧城）约 30000 根。现仅择其有代表性者列述如下：

福兴号：老板邓甲三　　临夏县人

祥泰号：老板薛子明　　山西省人

亨泰号：老板廉玉山　　陕西省人

义源祥：老板邢学义　　兰州市人

庆泰号：老板（不详）系鲁大昌资金

实裕号：老板赵喜成　　陕西省人

德泰号：老板张汉卿　　会宁县人

临潭县人经营木材者有：

福顺号：老板杨荫林

春生茂：老板丁会亭

泰源德：老板尤重德

积生厚：老板杨馨轩

钱盛丰：老板李晓霞

隆法盛：老板朱炎炳

上列木商皆从卓尼辖境内大峪沟、博峪沟、拉力沟、卡车沟、鹿儿沟、车巴沟、录竹沟、木耳沟等林区与当地有林权的族、村部落头人、寺院主持洽谈，订立买卖文契，有的甚至连同农田、林地，以山川河流为界，以田为计，进行裹购，契约规定二三十年不等，其中代表性的洽谈项目大致分为四种：（一）“林尽还山”类：这是一种剃头式的采伐办法；（二）“年限采伐”类：这是不论株数多寡以所订“年限”为期或一月或一季或一年不等，以期满为止；(三)“选择采伐”类：这是由买卖双方亲自进林，在买主选好的一片林或树株上打号，采取“拔大毛”式的砍伐，论数计价(未打号的不许采伐)；(四)“收集现成”类：买主在林缘区居民手中收零星木材议价收购。买卖协议达成之后，即找采伐、水运揽头，分行雇工操作。

采伐“揽头”专雇采伐临时工，自备伙食及工具，带往指定林区，只管采伐积累，按时点交株数，结算工资。

水运“揽头”专门觅雇“水手”，编排“筏运”，每“筏”多则七八十根，少则五六十根为一“筏”，从卓尼洮河口岸起运，近则至岷县厂、临洮厂上岸交与厂主，核领工资。远则经黄河分别运入兰州、宁夏、甚至有到绥远(今呼和浩特)供销者，总之木材私商获利颇巨。

基于以上不合法的木材采伐方式，卖主与买主之间滋生诉讼，连年不休。卓尼设治局有鉴于此，便于民国三十三年(1944)，依据省颁“人民团体组织法”召集木商各号负责人，出示“政策”，充分酝酿讨论，然后组建“卓尼木商业同业工会”首次选出邓甲二为该会理事长，薛子明、廉玉山、丁会亭等为理事；邢学义、李晓霞、张汉卿等为监事，作为组织、监督木商业采购、评议木材价格等公证事项，负责代替地方财政按标准征收一切应纳税务(木料税由木商交纳、采伐水运税由总揽头按比例交纳)，上缴国库。事虽如此，然地方获利微薄，私营木商则大饱私囊，与国家曷有其益焉！

本文选自政协卓尼县委员会文史委员会编：《卓尼文史资料》，第七辑，2003年8月。

民国末年至解放初期西固县商业状况

——杨盘玉先生访谈录

尚丕礼[①]

按：2007年，舟曲县政协文史资料编委会委员尚丕礼同志采访了县供销社退休职工杨盘玉老人。这位跨越世纪、年近百岁的老人，以他的亲身经历向我们描述了舟曲县在民国末年解放初期的商业状况。商业是社会的缩影，透过商业现象，我们不难看出当时舟曲民生之贫穷、经济之落后、商业之萧条是何等严重，严重得甚至难以想象。通过这篇采访录，对我们了解当时舟曲之社会现状或有裨益。

尚丕礼（以下简称尚）：杨老您好！众所周知，您是舟曲县目前资历最老的商业人士，请您谈谈，您作为四川人是如何来舟曲县从事商业活动的？

杨盘玉（以下简称杨）：我的老家在四川省三台县三元镇杨家

① 尚丕礼，汉族，1948年生，舟曲县武坪乡人。舟曲一中教师，县政协文史资料编纂委员会委员，曾参加过舟曲县志编纂工作。

湾。我生于1912年腊月间，今年95岁了，兄弟姐妹共九个，我排行老大。我的父亲开了个中药铺，家道还算好。我从六七岁起上私塾，念了十一二年，办新学堂的时候我就不念书了，开始跟上村里的一些人跑生意。起先在我们四川跑，主要是绵阳、阆中、成都、剑阁一带，后来又跑广元、昭化、碧口，再后来就是武都、西固（舟曲）。

尚：您第一次到西固县是哪一年？做的什么生意？

杨：我第一次来西固县是民国三十一年。是跟我们四川老乡贺春山、蒲环素一道来的。上这里时带了一些像针、线、颜色、烟嘴、顶针、梳子、篦子等小杂货，也就百十来斤，全靠自己背。这些东西卖完后，我就在坪定收了一千来斤赤芍，雇了10个脚夫，准备贩到碧口去，结果那10个脚夫碰上土匪，跑了，把背的药全丢了，这一次算是亏大了，就我自己背的100斤赤芍在碧口卖了30元钱。坪定收的时候100斤也就七八块钱，利就大得很。我就用这30元钱置办了些针头线脑的小杂货，还买了点方钢又来到了舟曲。

尚：方钢是什么样的钢？在舟曲好卖吗？

杨：方钢是四川一带私人炼成的熟铁，也叫土钢，一般铸成1寸见方，四五寸长，大概七八两重（旧秤，16两为1斤），农民用它打造锄头、镰刀、斧头等农具。当时舟曲虽说有好几家铁厂，但他们炼的是生铁，只能铸铧、锅，不能打农具。所以这种土钢还是好卖得很，在碧口1两土钢五六分钱，在舟曲就要卖到1角2分，一倍赚两倍。

尚：您那时候做生意的方式是走街串巷还是在县城摆摊？

杨：刚开始的五六年，也就是从民国三十一年到民国三十六年，我主要是串乡，背上些日用杂货（火柴、黑白糖、针线、颜色、茶叶、刀剪之类）到坪定、峰迭、瓜咱沟、立节、大峪一带，卖货的同时，收一些药材如羌活、独活、秦艽、大黄、柴胡、丹参、猪苓、半夏、细辛等，啥药都收。收的药够三四个驮子就雇上脚夫吆上三四头骡子驮到碧口、绵阳或中坝卖掉，然后置办些货物来舟曲。后来本钱慢慢大些了，我就不再串乡，就在城内摆地摊，也兼收些药材。

尚：杨老，请您谈谈当时县城内地摊、铺子的情形。

杨：当时城内摆地摊的也就四五个，那个地摊真是可怜得很。一片皮板上摆点针头线脑就是一个摊子，也就是顶针、花线、颜色、火柴、香、蜡、黄裱、烧纸之类的东西，不过几十块的本钱。也有灌清油的摊子，多是东山人自产自销，三四角钱1碗，1块钱灌3碗，碗就是那种汤碗，大概盛4两油吧！也有岷县卖油的，卖油的摊有季节性，常年没有。还有两三个卖烧饼的摊子，一天也就卖十来个烧饼。城内的铺子有五六个，也是可怜得很。摆上几板布就是一个铺子，摆几块砖盐也是一个铺子，摆一两捆线也是一个铺子，还是好一点的铺子。到解放初，各铺子的货就比较多了一些，品种也增多了些。那时候最好的铺子还比不上现在街上一般的摊。

尚：看起来那个时期的物资非常贫乏，您能说具体点吗？

杨：那个时候一方面东西少得很，除了城里面，乡下一个铺子也没有，啥都买不到。一方面老百姓穷得很，有东西也买不起。就说打农具的土钢，多数都是买个几两，很少论斤买的，敬神用的香整包买的都较少，许多人甚至论根买。糖作为稀罕物，较富裕的人家才买上一半斤，许多人只是给老人孩子或病人称上几两。那个时候舟曲人普遍穿的是本地自产的家机布，虽说已有少量洋布（一般斜布）进入舟曲市场，但人们普遍买不起，少数人扯一二尺做条头巾或鞋面就不错了，很少有人穿成套的洋布衣裳。当时武都产的土布质量比舟曲本地土布要好，质地较细，平顺柔软，染成黑色，俗称“老哇翎”（老哇即乌鸦），有谁穿一件这种布的衣裳，人们都会欣羡不已。“哎呀，你还穿了一件‘老哇翎’的衣服耍人哩。”更不用说洋布了。最基本的食用品像盐也是非常短缺，上河一带人吃的盐大部分是瓜咱、峰迭人熬制的土盐。解放那年，国民党247师部队驻扎县城，食盐更是缺得不得了，老百姓无盐吃，1斤土盐能换到5升粮食。

尚：杨老，据我们了解您是1950年在舟曲成家的。在这之前您每次来舟曲时住在什么地方？当时县城有几家旅店、饭馆？情形如何？

杨：我刚来舟曲时（民国三十一年）有3家旅店，到解放那年就有五六家了。南门外两个冯家店，南门上沈家店，清和巷郭家店，南街林家店，西街刘家店。那时候的店都小得很，郭家店只能住两个人，一个冯家店用半间屋子打了一土坑能睡五六个人，只有林家店大一些，能住十几个人，另外两家店也只能住三四个人。那时的店多的是光床，啥都没有，有的只铺张席子，铺块旧毡的，就算不错了，林家店有一两个房间有铺盖，那就算是上等客房了。我那时来多住在冯家店，店家人很好，我自己在店里做饭吃，起先每晚收五六分钱，后来涨到每晚一角。

县城内有两家饭馆，南街一家，北街一家，吃饭的人很少，一天也就卖个七八碗面，最好的饭是炒米饭，五角钱一碗，只有政府的职员才吃，一般人吃不起，生意冷清得很。

尚：听说当时有几家名声较大的商号如“义和长”“天成西”“荆生茂”，您能谈谈他们的情形吗？

杨：“义和长”是四川梓潼县人开办的，舟曲“义和长”属分号，武都、碧口都有分号。资金是由四川一些商人共同筹集，做些药材生意，放些账（三分利），利润用来接济救助一些由于天灾人祸或病痛而无法回家的四川人，根据情况给予盘缠路费帮助回乡。民国末年，李开诚的父亲是舟曲“义和长”的负责人。“天成西”是陕西人所办，老板姓杜，主要做药材生意，生意做得比较红火，“荆生茂”是河南人办的，也做药材生意。

尚：杨老，您自 1942 年到舟曲，直到 1961 年才回了一趟家，中间竟隔了近 20 年，是什么原因使您未能早点回家探亲，这中间您和家人是如何联系的？

杨：那个时候交通很不方便，从四川到舟曲虽说许多路段通了公路，但没有班车，来去全靠步行，购买的货物也全靠人背马驮。到成都往返需一个月时间，到碧口往返也要半个月，当时做生意是非常艰难的。这 20 年中一直想回家看看，但天不遂人愿。有几次到了绵阳，离家只有 90 里都没去成。有一回到绵阳后，被同伴硬拽上赌钱输光了，没有脸回家就没去成，一次是腊月间到绵阳后大病了一场，又没去成，所以直到 1961 年才回了一趟家。

那时候和家里联络只有写信，舟曲有一个邮政代办处，两河口有邮件转发站，我往家里发一封信及收到家里回信要将近 3 个月时间，盼望家里回信真是眼都望麻了。

尚：请您再谈一下解放后的经历。

杨：解放后我继续做了几年小生意，直到 1955 年加入了舟曲县供销合作社联合社。开始到大河坝乡代销店当代销员，一年后又调往官鹅乡当代销员。1956 年 4 月间官鹅、大河坝划归宕昌后，我就回到县社，分配到插岗乡商店，一干就是十几年，1971 年调县社，76 年退休。

尚：杨老，您出生在民国元年，走过了中华民国和新中国将近一个世纪的历程，请问您有何感想？

杨：感想嘛多得很。总之现在社会好得很，跟民国时期简直不能比，真是天壤之别。现在市场物资丰富，人民生活富裕，自由自在，心情舒畅。我现在每月还能领到 700 元养老金，县老龄委近三年来每年给我发300元生活补助，不愁吃穿用。我要感谢共产党，感谢人民政府，我现在身体还好，还要活过百岁。

尚：谢谢杨老给我讲了这么多珍贵的东西，这都是后辈人了解民国时期舟曲县经济状况的宝贵资料。愿您老生活愉快，健康长寿。

2007年7月

本文原载中国人民政治协商会议舟曲县委员会文史资料委员会：《舟曲文史资料》，第八辑，2007年。

国民党的保甲制度在插岗破产经过

李宗宪

“黑番”四旗（今舟曲县所辖插岗、拱坝、铁坝、博峪）原为卓尼杨土司属地，1937年（民国二十六年）8月，卓尼“博峪事变”中，土司兼洮岷路保安司令杨积庆遭仇戕害。国民党甘肃省政府利用这一有利时机，插手“改土归流”，便成立了“卓尼设治局”（建县过渡）。虽经5年时间的“设治”，然终因土司制度渊源久远，根深蒂固，它在藏区民族宗教守旧习俗传统下，难在一瞬间适应“革故鼎新”。1943年（民国三十二年），抗日战争日趋严峻，在“国共合作一致抗日”的新形势下，共产党人怀以救国赤诚，积极进行抗日活动，国民党却心存异议，严防共党。为求肃清藏区，加强控制后方，在“防共反共”的思想主导下，始有编查保甲之议，特别提出“必须肃清共产党组织的地下活动”。故于同年6月14日，国民党甘肃省政府派驻岷县的甘肃第一区行政督察专员兼保安司令公署（后简称岷县专署）在临潭县（今新城乡）召集夏河、卓尼、临潭三县局行政首脑，讨论保安行政会议，其中即决定：三县局应于8月8日同时分别着手编查各属保甲户口，区划乡、镇辖境。但事不凑巧，卓尼北山与夏河陌务两地突然发生草山纠纷，双方激起火拼，为求处理此案，编查保甲事遂被延缓。同年10月，又由岷县专属主持在黑错（今合作）寺院召开夏、临、卓三县局布置编查保甲会议，并决定于11月初着手进行，斯时卓尼方面又连奉省政府密令，出动查禁叠部（今迭部县）冬根烟苗出土问题，编组保甲一事，又被搁浅。由于笔者斯时掌管设治局民政，其中情况自所熟知，现就追忆所及，兹分段陈述于后，以供赏阅。

一、卓尼全境的乡、镇保甲初步规划

1944年2月，卓尼设治局会同洮岷路保安司令部双方在合署办公的基础上，共同商研卓尼全境乡、镇保甲编查会议决定：划编9乡1镇。第一步开展编查洮河流域（亦即所谓山前），划为5乡1镇，即柳林镇，洮南、洮北、录竹、贡坝、北山5乡。编查人员由局、部双方临时抽调，分组进行编查。从3月1日至5月初，顺利编查竣事，共为47保，478甲（户口数缺）。5月1日，便在上列各地先后组成了乡、镇公所，各正副乡、镇长均遴选土司兼司令部团长、掌宪（即旗长）和总管任职工作。第二步计划开展编查白龙江流域（亦即所谓山后）的上、下叠布（今迭部县境），又因正值查禁大烟事难兼顾，遂从“黑番”插岗着手编查。插岗特设区署（局的代管机构）辖插岗、铁坝两乡，区长、乡长仍委杨土司公署的“黑番”掌宪（俗称府爷）赵国璋兼任；设治局临时指派合作室主任兼建设科长赵文耀以其别字“明轩”充任副乡长；以期协助编查工作（事竣即撤），编查业务当由设治局民政科户籍股长寇德昌及干事魏世兴负责表册制作。

二、赵国璋等进入“黑番”插岗

赵国璋一行6人（包括乡丁2人）于7月中旬乘马离卓，前往“黑番”（此名称由来很早，皆因当地藏族人民无论男女老少，一直喜爱穿着黑色服装，不论上下身内外衣服，头巾全为黑色棉织品缝制而成，故以衣指人曰“黑番”），7月下旬，抵达插岗并进驻拱坝衙门（原系杨土司时代所建），筹备召开四旗总管、头人会议，传达开导此次编查保甲的目的、程序和方法，连续讨论了数日，当时阴山旗总管尹占义，闻听不是滋味，但碍于与赵国璋私人过从较密，不便提出异议，只好勉强接受编查，应付过关。其他与会者，初以种种困难为藉口，继则互相推诿不愿意接受编查。至于阴山旗上、下骆驼村（即上、下先锋村，下同）群众，本来对编查保甲也很反感，但又碍于总管尹占义私人情面不便公然拒绝，亦只好勉强听任行之。于是首先从阴山旗上、下骆驼村开始编查，后在挨户钉挂门牌方面，群众更加反感，深恐编过保甲、钉上门牌，国民党政府便可挨户派征粮款，强拉壮丁充当“抗日”炮灰，后患将会无穷，当时纷纷提出：“愿缴门牌5角（指当时法币）但决不愿钉挂门牌。”旋即给赵国璋等送羊敬酒，以求一免，而赵国璋等肩负国民党“政令”责任重大，未敢允如所请，从此虽引起阴山旗众的满腹愤怒，但隐忍未发。此情此景早被传播到阳山、铁坝、博峪三旗，一时民怨沸腾，大有一触即发之势。然阴山旗众毕竟由于习俗较为淳朴，故未闹出格斗事件。而阳山旗众反对编查保甲气焰却日益高涨。赵国璋等在家察觉此种情景之后，立即上书卓尼当局，火速裁夺。如谓：“杨公司令、刘公局长钧鉴：职等到达插岗乡开始工作以来，初则一切顺利无阻，保甲之编制，8天内已编竣阴山全旗。但至8月5日，编查人员一到阳山旗、只木舟、阳庄后竟有带头抗编保甲的刁民雪个、君主、丁次力、占义、斜让次力、卓麻次力等，公然集合两村群众，在寺院吃酒盟誓，口口声声要杀害职等及其依附职等的总管、头人，并密派亲信，鼓动力族，进而集合阳山、铁坝、博峪三旗，掀起抗编风潮。其中特别是阳山旗力族庄的刁徒生郎旦主、血色、年旦主、则如等四人，很早以前，就在暗中串联庄民20余户，威逼全庄吃喝血酒，旋即公然拆毁龙主总管（为参加岷县专署会议并代表黑番四旗赴省晋谒谷正伦主席者）房屋19间，赶杀山羊20余只，猪2头，家犬1条，其他箱存衣物及铜、铁家具，粗细粮食一掠而空。拱坝总管光久、刀杰2人闻讯，立即前往现场用良言劝导之后，刁徒等稍似遁迹。职等以事出突然，兼之关系全境治安，更易影响四旗保甲之编查工作，遂将肇事首生郎旦主等四人暂行拘押乡公所；除会同该旗总管、头人派查主谋另案陈报外，谨请备查。”①

三、抗编保甲怒潮一触即发

“黑番”四旗人民，历来憎恨国民党的保甲连坐制度已经达到无法容忍的地步。赵国璋等环顾四周险情，深恐事出不测，遂立即迁出拱坝衙门，移住于下骆驼村的一座“经堂”里（因藏民对经堂非常珍惜，不敢轻易损毁），以求安全。此时博峪旗第二坎总管杨扎告、河坝村总管金加色两人公然出面，领导抗编保甲，一呼百应，又从博峪旗推出两人，负责调集全旗门兵约300余人，携带步枪50余枝，并持火枪、刀、矛，从博峪河出动，强攻骆驼村，开枪追击赵国璋等，双方发生激战，一面又向赵国璋喊话：“你是我们‘掌宪’，可以住在这里，叫设治局的人赶快离开我们‘黑番’。”当时赵国璋迫于形势进一步恶化，只好暂行停止编组保甲，临时委派骆驼村一老喇嘛下山，与杨扎告、金加色等进行谈判，以收缓冲之效，然未生任何效果。赵等不得已，又向卓尼发出万急电报：“万急！阴山莠民煽动全旗于8月6日聚众胁围乡公所。职等势孤力单，退至骆驼庄，急调阴山旗兵把守要道隘口，又调铁坝、博峪两旗可靠兵力于7日与来犯者火力死拼，坚持达4小时，刁民溃散，战场缴获火枪1枝、腰刀1把，俘虏1名。我方消耗七九枪弹187发，小开花枪弹59发，手枪弹89发。火药

① 见“甘南州档案”全宗1—3目录2案卷1。

百余斤，战斗效果尚佳。惟旗众中尚有明大义者，一再请求职等给以和平解决，另请速配子弹，以备急用，瑾电祈示。”①

赵国璋等又考虑到“远水难解近渴”，缓难应急，又向驻武都的甘肃第八区行政督察专员兼保安司令公署（后简称武都专署）孙振邦专员兼司令（孙的别字“醒华”）发出特急呼救函件（有关资料皆误为丁玺）如下：“醒公专座钧鉴：敬陈者，职乡编查保甲正在顺利进行之际，突有阳山旗刁民数人，煽动全旗民众于8月6日，武力胁围乡公所，职等因势孤力单，只好暂时退守骆驼庄，并调集三旗亲信民兵。8月7日与刁徒等火力接触，相持数小时，彼辈始不敌溃败，目下情况尚佳。此次受调民兵800余人，均驻守骆驼庄，谅刁风不致再涨。惟查此间与卓城遥远，消息无法通传，现拟好报卓电稿一件附费千元，恳请我公准予迅即拍发，并请暂借七九子弹若干发，可否请交来人带回备用，待事平息，定当归还不误。”②

赵国璋忧恐上次所发电报简略误事，故又以插民未字第十七号代电继发卓尼设治局：“局座刘公钧鉴：前托武都孙专员电报计达，职等于8月3日抵达阳山旗之只木舟庄后。该旗刁民卷主、血个、丁次力、占衣、斜让次力、卓麻次力等6人，暗中煽动全旗民众，阻编保甲。职等闻讯即派总管2人，前往和平开导，该刁徒等不独拒不接受，反将所派1人强行扣留，另1人幸获逃脱，旋于8月6日以300叛众，据守要路隘口，胁围乡公所。职等恐遭其害，即退骆驼庄，传集阳山旗兵300余以作防御，遂又派遣可靠之总管、头人分赴博峪、铁坝两旗，进行开导，以息乱源。岂料该叛伙等突于8月7日早10时许竟向我方发射排枪，大肆袭击，我等当以还击相持数小时，刁徒等始不支溃散，当日职又派亲信旗民，分赴阳山旗各村，进行宣慰，以分良莠，回报尚有一

① 见“甘南州档案”全宗1—3目录2案卷1。

② 见“甘南州档案”全宗1—3目录2案卷1。

般深明大义者向职等请求和平解决此次抗编事件。目前我方集驻骆驼庄的各旗民兵约800余人，刁风谅不致再涨，惟请我公急速设法补充弹药，或速电武都孙专员暂借若干，以备急需。再查此次抗编事件中，肯见义勇为协助职等调兵最力者，计有阴山旗总管扎什旦主、扎什等，拟请事毕应予传令嘉奖，以资鼓励，以后情况如何发展，另文再报。”[①]

同时赵国璋又以洮岷路保安司令部骑兵三团副团长名义发出布告，内谓：“这次本副团长奉了司令的命令到黑番来，没有别的事情，就是编查保甲。为什么要编查保甲呢？就是恐怕土匪坏人、日本人的汉奸到我们这里，我们这里的坏人把他们藏起来不易调查，所以我们要把四旗的百姓一家一户的写在纸上，就是有坏人或者土匪藏在谁家，也就容易查出来，所以我们要编保甲。并不是编了保甲以后向你们要粮要款，抓壮丁，绝没有这种事情。本副团长在你们黑番已经当了七、八年的‘掌宪’，对你们做的、说的，谅你们能信得过吧？本副团长这一次来，绝对给你们不做坏事，你们有啥难心，我总要想办法呈请司令替你们解决困难。希望你们大家想一想阳山旗百姓这次闹的事情，并不是大家百姓愿意闹，就是其中一两个不懂理的人挑起来的。现在事情虽然已经闹下来了，可是也没多大关系，人哪里没有错的呢？现在希望你们再不要害怕，个人去做个人的庄稼，也不要再听不懂道理的人的话。本副团长绝对是爱护你们大家的，你们大家万一不相信我的话，现在有许多总管、头人可以向你们担保，切切此布。”[②]

四、武都专署对赵等呼救之消极反应

当甘肃第八区专员兼司令孙振邦接到赵国璋等8月8日急信

① 见“甘南州档案”全宗1—8目录2案卷1。

② 见“甘南州档案”全宗1—3目录2案卷1。

呼援之后，当将“黑番”插岗四旗抗编保甲闹事情况，分别电转岷县甘肃第一区兼司令张仰文、甘肃省政府主席谷正伦，并复赵国璋等静候使命。卓尼设治局长刘修月也恰在这个时候即将赵国璋等遭遇情况连电省、专两级，发出紧急呼吁，可惜均未得到明显效果。率众抗编保甲之首脑金加色等仍在继续强攻赵国璋等驻地——上骆驼庄，赵等时感力不能支，恐遭意外，仅带贴身亲随，慌忙躲进附近拉布山密林藏身，阴山旗总管尹占义因有首先接受编查保甲并供给赵国璋等食宿之嫌，同样受到反抗者的切齿痛恨。因此，也只好跟随赵国璋等同入松林避险匿藏。

在这一次激战中，由于旗内个别人不慎，走火打死博峪旗一名同伙，又在骆驼庄误毙一名毡匠，这两件不幸事件的发生，更加激起了民愤，致使反抗旗众遂索性放火焚烧了阴山旗总管尹占义的屋舍，并将两名误毙死者的尸体投入尹占义屋舍的火海中，权作火葬。赵国璋等逃跑时所遗保甲户口册籍，也被一并投入烈火。反抗者咸以目的已经达到，便赶走尹占义家 16 头牛作为战利品，凯旋，战火至此暂告一段落。

恰好在这个时候，赵国璋等接到上、下大年、力族庄四名头人的书面报告，内云：“报告人是阳山旗上、下大年、力族三庄头人，农历六月十六日晚间，力族庄来这里（指上、下大年）传旗下 3 次，按先主、桑九喇嘛、甘九等言说：‘团长（指赵国璋）各总管、头人都在力族庄等候，让各带武器前来，倘有一人不到，罚银 50 两。’民等四人将三庄百姓传齐带至力族庄时，并不见团长（即赵国璋）及各头人之面，谅定有不太吉祥之事，我们将要带众回去，突然被上四庄众人手执刀枪将我等四面围定，不准动弹，民四头人好言相劝无效，并被扣押，到下午众人推说回家取干粮（食品），才得放回，倘右公家有大事，望团长速来公事，民众等绝不敢违抗，……云云。”①

① 见“甘南州档案”全宗 1—3 目录 2 案卷 1。

赵国璋等看罢这件报告之后，更感事端错综复杂，首尾将难兼顾，下一步应该如何走法？可谓捉襟见肘，惶惶不可终日。

五、黑番人民反抗声势此伏彼起

8 月 12 日，博峪旗众的抗编形势，犹如烈火燎原，愈演愈烈，立迫赵国璋等进退维谷，无地安身，情颇无奈，又以插民未字第十九号快邮代电呼吁卓尼设治局电云：

> 阳山旗抗编暴动案，请按该旗各村民众推派代表请求给予从宽处理，并保证今后绝对服从政府一切法令，接受继续编查保甲。似不存在其他问题，但还不敢过信。惟查博峪旗民兵自职等因事传调迄今均未到一人，又派一老诚旗众前往再调，去后仍无消息，正疑虑间，突于 8 月 13 日，博峪旗总管、头人送来函报“……我旗全体民众，皆以编杳保甲钉挂户口门牌为不然，故兵传集不起，更不愿前来你处，若依旧制（土司制度），粮、款照旧完纳不误，甚至当场表示有责罚我等之可能，我等实无法奈何，敬请‘掌宪’裁夺。”目前阳山旗抗编问题，虽云已经和平解决，独博峪大有蠢蠢欲动之势，值此一波未平一波又起之今日，究应如何对待，请电核示。①

赵国璋等处此内外交困、四面楚歌之际，又施展其分化瓦解手法，针对上、下大年、靛坪各庄群众，哀哀发出劝“谕”，词云：“上、下大年，缠坪庄众什人知悉：这次阳山、只木舟两庄一二不懂理的人，捣乱编查保甲的事情，绝对与你等庄众没关系，再你们今天派头人到我这里来，我非常喜欢和高兴，你们也不要

---

① 见“甘南州档案”全宗 1—3 目录 2 案卷 1。

害怕，希望对大家说，好好收获庄稼，做好事、活好人，这是我的一片老实话，望你们照着去做，……云云。”[①] 此不过是赵国璋的千虑一得，自我解嘲而已，有谁还肯听你此话，上你此当？何况博峪旗金加色所率门兵仍在波浪式的起伏之中，暴发即在眉睫之间。

六、赵国璋等逃奔两水镇之凄凉状况

8月14日，武都专署孙专员转来卓尼刘修月局长未元急电，谓云：“赵乡长国璋：密鱼函灰电均悉，此间已电请武都孙专员派队剿办，如能和平解决更佳，并随时秉承孙专员指示一切。所消耗弹药允后补充。”[②] 但恨为时晚矣。赵国璋等遭到金加色所率博峪旗造反门从尖道、坎坎坝（仅距上骆驼村三里）一带的猛力袭击下，好似风卷残叶般的连夜逃离“黑番”境界，遁往武都两水镇躲避，其景况详见他8月15日发往卓尼代电云：“局座钧鉴：阳山旗事件有幸得到和平解决，保甲编查工作，亦得顺利完成。铁坝旗亦于8月13日编组完竣。原计划于二三日内前往博峪旗着手编查，但在阳山旗事件发生之际，博峪旗门兵始终未被调到，职等当时即怀疑可能有不良迹象，但未得到任何消息。果然突于8月13日晚7时许，博峪全旗以400余人之众，携带快枪40余枝、火枪300余枝，偷袭尖道、坎坎坝，来势异常凶猛。14日拂晓，便向我方发起猛烈攻击，职等驻地当时仅有民兵百余，仓惶选居险要地形，奋起迎战，坚持到下午2时许，我方已弹尽援绝，对方又攻势益猛，终将职等及亲信总管头人先后冲散，马匹、文卷、衣物概被劫掠一空，职等同行8人，除乡丁魏世兴当地阵亡之外，其余各携枪支，星夜逃生，当晚12时，始抵武都两水镇。沿途遭

---

① 见“甘南州档案”全宗1—3目录2案卷1。
② 见“甘南州档案”全宗1—3目录2案卷1。

遇，坎坷备尝。现打算暂行投靠武都孙专员，如果马上从此直返卓尼，路途非常遥远，兼之职等手无分文余资，亦难成行。叩恳迅予设法救助，否则除非困死，别无二路。”

再查此次博峪旗敢于逞凶暴动，原有很大背景（即金加色等之策划），若不火速以武力扫荡，确难收到“黑番”四旗全境之就范与驯服。若昨日午夜所获之确切消息：“博峪旗现已强征其他三旗门兵，并作出有计划、有步骤之叛逆决定。（一）现追杀政府派来之工作人员及各旗倾向政府之总管、头人并抄其家；（二）强迫三旗人民每户压买快枪一枝及足够弹药限一月内一律买齐，以备抗拒官兵；（三）南坪、黑河一带居民逐年种植大烟，得利匪浅，独我‘黑番’既受限制，又遭蹂躏，现趁有利时机（即大烟正值培育冬根之际），一律开种大烟不可错过。似次景况，国法安在？政府若再不武力彻底剿办，一任助长气焰，不但政府威望即失，日后政令将如何贯彻？今为一劳永逸计。应速调集大军（火力最足者有两连人，再率以番兵即可），扫涤巢穴，彻底剿办。到时职等可作向导，虽死不辞，胜迫切待命之至（今后如来指示请由武都专署转交）。”①

至此，赵国璋等原来一行 8 人除缺 1 人亡命而外，其余 7 人惶惶如丧家之犬，拼命于 8 月 14 日彻夜逃离骆驼庄投奔武都专署，匍匐乞求孙振邦专员收留寄生。但孙以事不关己，兼系邻区争端，无意立即派兵出兵；又因碍于同僚（即张仰文专员及刘修月局长）关系，不好完全拒绝，遂面谕赵国璋等：“准其代达文县县长（武都专区辖属）某，立即选派住博峪河客民姬国栋（帮会大爷头子，博峪旗民非常崇拜），先行前往进行宣抚，若叛众坚不归附就范，再行军事制裁。”等语。赵国璋聆听之后，深感缓不应急，故而非常失望，旋于 8 月 16 日致电卓尼刘修月局长，电文云：“职等先日抵武，奉孙专员面谕：已电饬文县县长派员前往博峪开导

① 见“甘南州档案”全宗 1—8 目录 2 案卷 1。

宣抚，若不就范，再以军事制裁。……云云。”①

8月17日，赵国璋等连电卓尼刘修月局长，以“武都孙专员不予立即派兵征剿，似有辖属界域疑虑，为此恳电岷县张专员（仰文）让孙专员（振邦）切取联系，速即出兵，而野火燎原，愈烧愈旺。”②

去电多日，仍无丝毫动静，赵国璋等急不可待，又于8月19日电致卓尼刘修月局长，电文云：“皓倾向政府之总管、头人所派代表2人，连夜抵达武都面称：‘博峪旗叛众于8月14日早8时攻陷上、下骆驼，勒迫村民交出职等2人以及历受政府恩遇之总管头人，方可退兵。’该庄众由于无人可交，遂将扎什旦主（总管）亲戚血色、血因等家房屋放火焚燃尽净，并将上、下骆驼两庄抢掠一空，此皆为职等引招于两庄之惨祸，复查此次博峪旗起事之首恶，即总管大次力，第二坎扎告、河坝金加色、朱日郎总管窘主，阴山旗参加者计有扎什、四斤半、加次主、驼恼堪主，上述8人皆为罪魁。今后若不处以极刑，政府命令则永无推行之希望。除将该代表等原呈另行转赍外；再请迅电岷县张专员及武都孙专员，仍以火速发兵博峪旗施行剿办，方为上策，如再延缓，自必祸延‘黑番’全境。刻下孙转喻立代张专员来电表示。如此电一到，即可出兵（附代表等原呈二件）。”③

值此刘修月局长先后连接赵国璋等告急文电之后，事态发展当属至急，然文官谈兵，甚感无能为力，只有依样画葫芦，接连向甘肃省政府回报事态发展；转而又向岷县、武都张、孙两专员速求果断进“剿”，舍此而外，再无有效良方。赵国璋等在急不可待之余，逐以骄横措词用十万火急发电卓尼，文云：“迭经电陈，迄未奉示，使人焦急莫解。梗日接报：‘黑番’全境业已完全响应

① 见“甘南州档案”全宗1—3目录2案卷1。
② 见“甘南州档案”全宗1—3目录2案卷1。
③ 见“甘南州档案”全宗1—3目录2案卷1。

金加色等之叛逆鼓动，扬言准备以昔日对付故土司杨作霖之手段。群起大乱，果如此，将对一贯顺从政府之总管、头人连带匪浅，究应如何？能否火速电示？”①

赵国璋、寇德昌一行7人自逃离险域，匆匆8天，日虽焦思苦虑，一筹莫展，正在怨恨“早知今日、何必当初”之际，又于8月22日接读铁坝旗总管赵进德、工目次力二人密遣信使呈述：“自你们走后来信所托之事，小人就去上骆驼庄探听消息，你们的马匹衣物都在寺上。博峪旗反抗者们，早已收兵退去了，看近来的样子，铁坝旗又有复起反叛的迹象，但其中一半人还心神不定（如总头人尤旦主等）。再有阴寨族、冬折族、天干族（云主）、仁吾族、吓周族（念九）五庄，则应半庄，成天调集门兵。原来王家山提面、言垫、铁坝庄都其代、阴寨族沙过五位老民还能给我们时刻探送消息，现在他们也不敢显面见人了，看来我们不但有家难归，现在藏在森林中也难以保险了。看样子再过几天，四旗情形更会大变，到那时我们也只好逃武都城躲避了。”②

从各方情况看，在此次编查保甲之初，首先由阳山旗众滋生反抗烈火，如今已扩散到整个“黑番”四旗，而且此伏彼起，接连不断。看来赵国璋等所能得到的消息，除“四面楚歌”之外，别无其他“福音”。特别使他们最感伤心的，惶惶如丧家之犬和寄人篱下苦度时光之惨景，主子们似乎置若罔闻！正在痛苦无告，悲愤交集之间，武都孙专员译转卓尼刘修月局长急电：“‘黑番’博峪旗叛番袭击，殊堪痛恨！除电请省主席、张专员外，并请孙专员就近派队剿办，以遏乱源。至于你等所需已电请孙专员给予接济，由本局汇还。”③与此同时，卓尼刘修月局长体贴到赵等艰辛，为了尽量安慰他们，克制忍耐，又用代电致达其意。代电谓：“圭卿

① 见“甘南州档案”全宗1—3目录2案卷1。

② 见“甘南州档案”全宗1—3目录2案卷1。

③ 见“甘南州档案”全宗1—3目录2案卷1。

（赵国璋别字）、明轩（赵文耀别字）、德昌同志均鉴：博峪河叛番如此凶猛，目无法纪，令人痛恨！同志等艰苦备尝，余亦居心不安，但已早电谷主席及孙专员，并请求孙专员就近派兵剿办。同志等应将‘黑番’情形，需用多少兵力及进兵路线密报孙公，如允出兵，同志等仍作向导，努力剿平。兹由省银行汇来国币伍仟元，请查收应用。孙专员如何处置，仍望随时函告，此颂近佳。”①

8月22日，赵国璋等接读此函之后，并无丝毫快意，但灰心丧气之阴云，依然笼罩四周，例如他等在互相交谈中怨言百出，“纸上谈兵”“远水难解近渴”“近邻（武都）坐观成败”“早知今日，何必当初”等等怨恨言辞，时时溢于口头。而“黑番”四旗群众的反抗气焰，日益高涨，继续蔓延。

8月28日，赵国璋又接卓尼刘修月局长来函，内云：“圭卿、明轩、德昌三同志钧鉴：这次函电暨汇款伍仟元，谅已收到。兹将今日情况分述如下：（一）余已五次电请省主席、张专员电请孙专员派兵剿办，并请张专员亲临解决，今日已奉张专员函示，他将不日动身；（二）已电孙专员派员协剿并电省转饬孙专员应不分界域，迅速剿办，以免蔓延扩大；（三）张专员将于日内率队亲往彻查解决。余想孙专员接电后当令派兵临境，请同志等亲作向导，切实剿平。兹商心泉（赵国璋之父）先生略备礼物并筹国币6000元，以1000元郭、王（赵国璋之通讯员）2人路费，以5000元为同志等应用，前方情况随时函告。迭部铲烟已大获全胜，打死叠番11人，生擒1人，立即枪决。现上、下迭部烟犯全部就范，日内可以解决，余已电请杨司令由下迭部率兵进拱坝，唯恐士兵出征太久，草粮不济，需有相当准备再进也。但有孙公出兵、张公亲临、杨司令来与不来，想无关系，特此达知，即颂捷安。”②赵国璋等接读此函之后，精神顿觉为之一振，当就力所能及之联络

① 见“甘南州档案”全宗1—3目录2案卷1。

② 见“甘南州档案”全宗1—8目录2案卷1。

人员（四旗可靠之总管头人），互通情报，一面积极重整行装，大有枕戈待发之势，一面修函卓尼报告近况。如："局座钧鉴：孙专员所转电报今日收到，孙亦当即电达岷县张专员，俟张回电后即可出兵，着职等静后待命，故仍祈电请张专员速电孙专员出兵，愈速愈妙，倘再延时日，深恐不易征剿。来卓乡丁郭永泰如末启程，请将前阳山及博峪事件中所耗子弹237发交郭带来，以便归还武都专署。"①

七、赵国璋等之前景既明且暗

8月28日，岷县专署指派视察严明并携带张仰文专员手谕，抵达武都，对此次"黑番"事件起因抱有怀疑态度，除抗编保甲一节，自愿属公认事实，但其间是否另有他故？（即因藉机敲诈勒索番民逼起事端），严肃询问了赵国璋等的一言一行，赵国璋当将进入"黑番"工作经过及其事件发生、演变过程如实作了汇报，严视察根据赵国璋汇报向张专员做了陈述，文内有："职抵武后即会同赵国璋乡长请示孙专员，孙当时谓'姬国栋曾往插岗先行宣抚，尚无消息。'现奉孙专员明确面谕：'事属一区（即岷县专区），应由钧座主持，较为妥善。如拨兵进剿此间则极力相助，谨凭宣抚之功，恐难奏效。'……云云，究应如何处理？祈即电示。叩艳。"②

赵国璋等自思自想因公受累之苦，不独未能解除，反而引起张仰文专员怀疑有"敲诈番民"之嫌，于是在精神上又增添了一大压力。赵等值此忧忿交加、无法解脱之际，又接卓尼刘修月局长来电："密养两电悉。（一）已由省银行汇来5000元济用；（二）已分电省谷主席、张专员请孙专员派队进剿；（三）接张专员函后又分电谷主席及孙专员就近派队进剿，必要时张专员将亲率机炮队

① 见"甘南州档案"全宗1—3目录2案卷1。

② 见"甘南州档案"全宗1—3目录2案卷1。

来武；（四）专署严视察来武，希与切取联系商办；（五）对博峪旗客民希尽量利用宣布良民以减叛民之势，情况随时电告、卓门未感。”①

赵国璋与赵明轩正在苦虑寇德昌与吴尕长毛儿生命安危之际（寇与吴曾于8月27日密往乱区侦查情况），忽然接到寇等8月29日送来报告，内谓：“昨日弟等到达两水镇时，遇见交交喇嘛言：力族、阳庄、只木舟等四周日夜有人把守要道隘口；瓜子沟、下猴子两处，行人照常畅通。又闻28日博峪族众抵达拱坝旗并集聚四旗门兵，开赴铁坝旗，抢掠赵进德总管家财，弟等今（29日）日暗达力族应；探悉我等马匹尚在拱坝衙门，但无人敢往牵回，有待乘视再办。”②

8月31日，卓尼刘修月局长发来电云：“郭！王已到，详情已悉，杨司令远在迭部，缓不济急，又电呈省主席及张专员请孙专员就近派队剿办，俟杨司令返防即率警卫连及番兵入‘黑番’四旗常驻办理善后。卓门未俭。”③

八、压力愈大反抗力愈强

在此往返文电千篇一律的烦琐之中，赵国璋等已整整熬过了半月，各级当政者仍似乎无动于衷，赵等自感大伤脑筋。“黑番”四旗闹事群众则益加趾高气扬，不可一世，他们度定当局鞭长莫及。于此默默无闻之间，张仰文专员突于8月31日亲率甘肃省保安第二团团长王泽勉所部，赶到武都陈家坝，派人将赵国璋、赵明轩、寇德昌从武都专署召回，经过详细征询及精密策划之后，将保二团士兵立即开进阴山旗，旋又找来阳山旗只木舟庄总管邱

① 见“甘南州档案”全宗1—3目录2案卷1。
② 见“甘南州档案”全宗1—3目录2案卷1。
③ 见“甘南州档案”全宗1—3目录2案卷1。

万成、头人潘江江，充作带路向导，于9月1日，兵分两路，便怀以必胜信念，共同从陈家坝向力族庄纵深进展，然后一路由潘江江作向导沿小路翻越博峪山（力族山，编者注），从北面向力族庄进攻，另一路用大队人马由邱万成作向导，张仰文专员亲自指挥，翻越咸四汉山，从缠坪村与力族庄中间的山谷袭来，准备根据地形地貌，部署兵力，实想着一举全歼阴山旗的骆驼、拱坝闹事群众。当日下午3点左右，张仰文等的进剿风声很快传遍力族全村，而反抗群众亦由于时刻警惕防范，从未懈怠，故闻讯便放下农活，迅速携带武器，分头进入阵地埋伏袭击。从村西进犯的保二团尖兵，首先遭到埋伏在森林里的力族村众猛烈阻击，加之滚木、礌石，双管齐下，张仰文专员见势不妙，便仓皇弃马躲避，当时乘马立被礌石击毙，张专员头上的帽子亦被厉风吹落。此役"黑番"四旗门兵近千人，手持枪刀，四面层层包围，将保二团人马大有一口吞没之势，然保二团士兵立即开枪突围，双方火力异常猛烈，"黑番"旗众终以武器不敌，遂被击退。

9月2日，张仰文专员惊恐又恼怒，思想非常矛盾。他所惊恐的是对反抗者之所顽强估计不足；所恼怒的是国家"养兵千日，用兵一时"，没料到保二团士兵之战斗素质如此之差。于是愠怒满面，大发雷霆，喝令保二团长王泽勉，兵分西、北两面合力夹击，形势非常严峻，立迫力族村男女老幼700余人逃离家园，躲在村东深山旷野之中，幸免于难。下午7时，张仰文毅然下令焚毁力族村民房，并抬搬村民家中大小木柜垒集村口要道，构筑防御工事。邱万成与潘江江一看形势愈来愈僵，深恐日后旗众找他俩算账，便趁黑夜偷偷溜走，行至中途潘江江仍被旗众捕杀，邱万成亦被旗众捉获处死在只木舟。

9月3日清晨，张仰文又下令保二团士兵搜索力族村东一片林带，发觉有人咳嗽，旗民开铁地布当场即被击毙。白占义离此地不远发现保二团士兵持枪朝他闯来，不及防身后亦被一刀砍死。

杨卷依的母亲杨龙主因被保二团士兵拷问村众躲避地点而不作答，竟被活活打死。

保二团搜山士兵旋割下白占义、开铁地布、杨龙主3颗人头，凯旋复命，张仰文又令将人头悬挂示众，原想起到震慑作用，效果却恰巧相反。进一步又触起“黑番”四旗群众的无比义愤，他们既采取断绝水源，用快枪、火枪、大刀、长矛对保二团连续袭击了两天两夜，直至9月6日（农历七月十九日），一夜滂沱大雨，围困力族的四旗门兵暂行撤离避雨。张仰文已感粮绝弹尽，亦趁雨夜仓皇撤离，于9月7日凌晨全部退至陈家坝。就在退出力族之前，保二团士兵大肆劫掠，力族人民遭受了空前浩劫。博峪旗金加色进村见此惨状，立即号召大伙，互相帮助，并安葬了被害者的尸体，复仇之心，耿耿于怀。

9月8日，赵国璋、赵明轩等自尾随张仰文撤离力族寄住陈家坝之后，即将具体对峙情况电告卓尼刘修月局长，得到回答：“报告悉。仰随时秉承张专员意志处理一切，不得稍忽为要，卓秘申筱印。”

九、孙振邦之嘲弄导致刘修月之惊恐

武都专员孙振邦闻听张仰文被“黑番”反抗者击溃逃往陈家坝消息之后，似乎有幸灾乐祸之寓意，便以嘲讽言词发出议论，如说：“张专员没本事，他就不会办‘番案’，多丢人哪！”张仰文本来怀着满腹牢骚，又听到孙振邦的讽刺、挖苦，气愤、羞愧无地自容。历来国民党官员常用的伎俩就是“同级者互不服气，上级欺凌下级”。于是想出使气办法，只有转手痛斥卓尼设治局刘修月局长：“插岗抗编保甲，抵抗国军之行为，完全要你设治局承担责任。”刘修月一接张仰文的申斥电文，精神顿时紧张起来，因为觉察到自己辖属不羁，导致冒犯上级，其罪不轻，便才立即传遣信使，星夜驰往迭部转告杨复兴司令，杨在迭部对插岗闹事虽有所闻，但由于事不关己，漠然置之。时值杨复兴司令率军行抵电尕寺（今迭部县址），“黑番”插岗四旗群众所派三位代表亦来此向杨复兴司令禀报：“赵府爷即（国璋）引着张专员在我‘黑番’四旗编查保甲，我们因为没有您的口话，就没让编，还和他们开火打了一仗，现在到底应该咋办？”杨复兴司令一方面阅读了刘修月的来信，又听了“黑番”三位代表的面报，自感事关重大，再不能坐视不理，顺便指派贴身勤务员郑东至成，日夜兼程驰往“黑番”肇事地点详查情况。郑从“黑番”回来将起事缘由汇报以后，准备派员前往收拾乱局，处理善后。当时三个团长（杨景华、雷兆祥、安绪嗣）皆认为情况复杂，责任重大，不好处理，遂互相推诿，但又想到参谋长刘济清原在天水专区工作期间，张仰文时任天水县长，他俩平时过从较密，堪负斯任。于是杨复兴司令便决定指派刘济清随带书记官吴国屏以杨复兴代表身份，登程前往“黑番”插岗。

十、刘济清与吴国屏调处插岗抗编保甲事件之经过

刘、吴 2 人于 9 月 17 日只率一班警卫人员从迭部直抵“黑番”插岗，当地沿途群众男女老少聚集数千人，竭诚以民族宗教礼节，煨桑、鸣炮、敬酒、叩头表示迎接，然后挺进拱坝衙门，群众分头筹办食宿，表示非常亲热。

9 月 20 日，刘济清即派随从副官周数德持函前往武都陈家坝，便将刘、吴奉派来“黑番”插岗情况禀告张仰文，张仰文接读刘函之后，便于 9 月 22 日第二次又率保二团全部人马 300 余人，由陈家坝整队返回力族村。刘济清带领卡子村老总管、拱坝村总管光九、刀杰、坎坎村总管加喜礼节性的首先接见了张仰文，然后由

卡子村老总管（70余岁）向张乞求说："张专员，我们素不相识，现在我们的上司派的人来了，专员有话尽管和他们说说，然后由他们再给我们藏民传达。"张仰文当时也答应了这个意见，并说："让我想想。"但满面怒容非常明显，看来还无成熟意见，刘等稍事寒暄之后，仍回拱坝衙门。第二天（9月23日）张仰文从力族又移驻上、下骆驼村，当时阴山、阳山、博峪三旗共集门兵近1000余人，盘踞卡子沟松林一带，位置正好与下骆驼村相对峙；铁坝旗门兵又聚集在阿木族一带，正准备与张仰文的保二团接火，形势非常严峻，大有一触即发之势。

刘济清二次又去下骆驼村晋谒张仰文，张问刘："你来时带了多少人马？"刘济清回答："只带了10个人。"张又问："我率一团人叫藏兵险些将我打死，你带10个人却为什么安然无恙？你们杨司令这不是勾通藏兵专来打我吗？"又说："看来现在我们非打仗不可了，我命令你调集藏兵1000与保二团合力共歼反叛。"当时张便又手下谕给赵国璋："赵乡长迅速调集阴山、阳山两旗壮丁携带快枪、火枪速到上骆驼集合，归周团附编练指挥，勿延为要！此谕。"这完全是张仰文给刘济清的下马威。但刘济清却不以为意，反用缓和语气，劝谏张仰文，他说："您不了解卓尼藏区情况，藏民因循守旧的观念相当严重，如一定要强制编查和推行保甲制度极易引起他们的疑虑，故而产生武力反抗。因为卓尼杨土司世袭统治了数百年，藏民也习惯了他们的土司制度，但杨土司也受上级管辖，不过这些上级官员又不是世袭，两三年必然来往调动，而杨土司则永远不会离开卓尼；因此，藏民把汉官比作'流水'，把杨土司比作'石头'，这说明水易流逝，而石头常存。您虽然是杨复兴的上级，但藏民却敢和您相拼，就是不敢惹杨复兴，如果惹了杨复兴，就是永世的麻烦。我本人虽然也是汉民，但是杨复兴的部属官员，在藏民眼里要比您亲领千军万马看得重。依我之见，藏兵也不必调，仗也用不着再打，把杨复兴比作藏民的父亲，您管着杨复兴那就如同藏民的阿爷一样，既然孙子们得罪了阿爷，就叫孙子向阿爷赔情认错不就行了吗？假如您一定硬要打仗，事情就会越闹越大，到那时‘黑番’插岗藏民全部迁逃四川松潘、南坪不再返回来当甘肃百姓，您专员究将如何追剿？又将如何向省上交差？过去卓尼北山事件的经验教训，想您也是听见过的，应该引以为戒。”刘济清在谈毕这席忠言谏语之后，打算婉言辞出，而张仰文仍闭目沉思不表态度，剿欤！抚欤！尚在徘徊。但张仰文若有所获地突然向刘济清发问：“那么藏民为什么要打仗？”刘回答：“因怕您要编查保甲，杨复兴是您的下级不敢违抗，他们只好拚弃一切起来反抗，如果您坚持要编保甲，他们就只好再不当杨复兴的百姓，逃离这里，何去何从请您斟酌！”

9 月 24 日，刘济清又去参见张仰文，一如既往仍以赤诚向张谏陈：“专员，昨天我向您的建议不知您想通了没有？假若您一定要和藏民打仗，确实我是不同意的，因为我们处处要为民众作主。过去卓尼北山事件中要抓麻周，未动一枪一弹，事件平息（抓麻周就是采用了刘济清的高超手腕而成功的），专员一定要剿办藏民，他们确实也不怕您，您看现在藏兵数千人已集聚在深山老林中，他正在准备和您拼一死活，只要您不用武力，藏民不但会向您陪情认错，叩头道歉，就是已经调集起来的门兵也可以遣散回去。我说的话藏民当然不会全听，可是现在卓尼杨司令的书记官吴国屏在此，他是卓尼本土人，又是杨司令的亲信，也熟悉‘黑番’插岗一带的风土人情，他说话藏民一定肯听，这是一个关键所在，何去何从？现在就请您和保二团王团长（泽勉）从速研究决定。”在刘济清诚恳陈述了上项道理之后，王泽勉团长虽未启齿，但以他的神情流露默示刘的理由既通情又达理，应该采取。然张仰文面色仍带愠怒但并不作声，似乎怀着“不剿不快人心，若剿又恐大乱”，表现出左右为难的样子。刘济清见此状况，只好暂行辞出，徐步返回自己住处。

十一、张仰文的六个“必须”条件五个失败

9 月 25 日早餐毕，刘济清离开拱坝衙门，第四次又来张仰文驻处，进门即见张与王泽勉团长同榻叙话。刘一落座即问：“专员同王团长研究好了没有？”张回答：“现在我提出六个条件：(1) 必须交出肇事祸首；(2) 必须接受编查保甲；(3) 必须设立乡公所；(4) 必须修通只木舟、力族一带的道路；(5) 必须开设学校；(6) 必须罚款认错。”刘济清当即将此六个“必须”条件带回拱坝衙门和吴国屏作了详细的研讨，并由吴前往卡子村向各旗总管、头人做了传达。首先博峪旗第二坎总管杨扎告说：“我们已经闯下大祸了！您（指吴）来了就好得很。”吴国屏接着说：“你们这次把事情弄坏了！司令很担心。”杨扎告又说：“现在他们（指赵国璋等）硬要给我们编保甲、钉门牌，我们不接受，他们便动手打。要打我们就打到底，完全也可以把他们打败，不然我们全部‘黑番’搬进四川松潘、南坪住，有何不可？”吴国屏接过话头又说：“这次专员带来一个团你们要打，下次再带来一个师你们咋办？‘北山事件’的教训你们何不吸取？”接着吴国屏就将杨复兴司令派参谋长刘济清和他前来处理此事的命令，拿出交给杨扎告，让他的随从文书当场念了一遍，使其告全旗门兵。总管和在场的门兵们一致面向吴说：“您是我们司令的书记官，就是不拿派令我们还是信得过的。”吴国屏说：“张专员本来这次非与‘黑番’插岗打仗不可，经过我和刘参谋长代表你们向张专员求情，达成了六条协议，如果你们接受这六条协议，事情就会和平结束，不然恐怕结束不了。”吴即将六条协议向在场群众宣读了一遍，群众听后只承应罚款认错这一条，其余五条概不接受。总管杨扎告又表示：“编查保甲我们坚决不接受，交出祸首办不到。学校也不开办，我们世世代代的人没念书还是活过来了。只木舟、骆驼村的路也不修，乡

公所也不让建立，有拱坝衙门啥事没办成？至于罚款认错我们还可以商量。”吴国屏又按理说出厉害并加以耐心解释，然后提出他个人意见：“关于编查保甲问题，按情呈请上级想变通办法解决，不交肇事‘祸首’我想也能过得去，我看学校应该建立，这是为了教育后代是好事而不是坏事。修路问题不大，我们可以瞒上不瞒下。如今路虽未修，张专员的队伍也走进来了。”总管杨扎告惟恐还不明确，逐当众又重复地说：“保甲绝对不编。肇事祸首坚决不交，其余的你和刘参谋长看着办吧！能承担的你们就承担了，可是你们给张专员千万不要讲实话，只说除接受罚款认错，其余都不接受，要打便打，万一打起来了，希望你和司令部派来的人与张专员的那几位老总管向张专员认错道歉。我们参加带过兵打过仗的总管和头人一个都不能去。”他们和吴国屏这番交谈，等于初步达成了共识。在吴回到拱坝衙门与刘济清交换意见之后，刘便匆匆又向张仰文作了汇报。返回之后，刘要吴把昨天他与卡子村总管头人协商经过向张仰文再亲自汇报一次。于是，吴国屏带了两个卫士去见张专员。吴国屏万没想到，这次张专员和王团长对他表示非常客气，并让座倒茶，连声说：“不要害怕。”接着张向吴提问：“请你将和他们谈判的经过给我详细谈谈如何？”吴国屏回答的还是那句话：“除了接受罚款认错一条以外其余概不接受，万一专员要打，就叫我们与专员带领的人分开。”群众还说：“起初他们对专员没得认识，现在才知道专员是管我们司令的，因此我们搞错了，因为杨司令是我们的‘老子’，专员应该是我们的‘阿爷’。如今孙子们对阿爷有冒犯，那就让孙子的老子向专员阿爷赔罪道歉，目前我们司令老子不在这边，就让刘参谋长代表司令老子向专员阿爷赔罪认错。”这时张仰文越听越笑，满腹沉闷煞时消逝，于是顺手拿了望远镜和王团长、吴国屏三人上房朝林边望去。这时，博峪等三旗已集结起千余门兵驻扎卡子沟森林一带，威胁着张仰文驻地上、下骆驼村。张问吴：“这些都是那个旗的？”吴答：“是博峪等三旗的。”张又问：“铁坝旗的门兵距这里不远，是否准备两面夹击我们？”当时，王泽勉团长因早怀决战情绪便紧接着说：“这个地带根本不是作战的地方，障碍物太大，地形地貌又极复杂，等你一发现敌情就已经出现在眼前了，如欲取胜真难啊！”三人看了外面情况，下房回屋，张对吴以征求意见的口吻说：“那你们看该怎么办才好呢？”吴国屏对答：“目前尚在抗战时期，为了考虑后方安稳，地方免遭劫难，按照处理卓尼‘北山事件’的成规，可否转‘剿’为‘抚’，尚请专员慎重考虑，然后指示执行。”张仰文对吴国屏这个建议颇感称心，于是很和善地对吴说：“听你的谈话还很老实，回去后可请你们的刘参谋长到这里来，我好再作决定，就这样吧！”吴国屏回到拱坝衙门便对刘济清说：“张专员又要叫您来和他面淡。”刘济清立即又去见张专员，张见刘来便先说：“你们那位书记官说话倒很老实，现在你看这事该怎么办才好？”刘济清按照张提六条意见回答：“六个条件，藏民只答应纳交罚款，其余的都不接受，看情况交出肇事祸首确实是办不到的，编查保甲根本也不可能接受，依我看不如给他们罚款，再让他们向您赔情道歉，这样也就算您把人赢了。”张仰文听罢立即提出：“罚30万元（法币）其余的问题可以暂缓办理。”刘听后代为求情说：“我代请求专员，30万元数字不小，‘黑番’插岗地瘠民贫，若罚款过多还是拿不出来，如罚10万也够他们负担了。”这时王泽勉团长从旁插言说：“这次他们把专员的坐骑都给砸死了，还不应再罚他们5万元吗？”刘济清听了便以半承担的口吻说：“那好，我去再让吴书记官和各旗总管群众商量。”经过各总管、头人和群众反复商研之后，决定愿纳罚款15万元，以10元作为保二团的开拔费，5万元赔作张专员的马价。当天拉来两只礼羊，又由卡子老总管，阳山旗总管光九、刀杰，阴山旗坎坎坝总管加喜等跟随刘济清、吴国屏二人，直向下骆驼村张仰文、王泽勉营地赔情道歉。这时，张专员、王团长表示也很满意，并面朝各总管、头人们说："这次本来要想把你们从严惩办，但听了你们司令部的刘参谋和吴书记官的一再求情，就把你们从宽处理算了。"这时四位总管及头人们，个个向张仰文连连匍匐叩头不已，张专员谦逊地说："对了！对了！"随后群众一面为张专员送面送油送柴，一面赶收罚款，时仅3天，"黑番"插岗群众接受的15万罚款如数缴清。至此，历时3个月的"黑番"插岗"抗编保甲"事件草草结案。

十二、张仰文、王泽勉撤兵回防，赵国璋、赵明轩引咎辞职

9月25日，张仰文等命令部属重整行装，即将告别"黑番"插岗，赵国璋与赵明轩深感人地不宜，无意再留此地工作，遂联名向张专员提出辞呈，其文如下：

> 查此次"黑番"四旗抗编保甲案，皆因职等推行无方，致成骚乱，愿请给予应得处分。最近查各方实际情况，职等甚感人地不宜，若再滥竽其职，今后工作不但无法推动；且与政府威望攸关，故拟恳请准其辞职，随军赴岷，并所转饬卓尼设治局另委贤员俾资接替，实为公私两便，可否之处，仰恳鉴核照准。谨呈专员兼司令张。

张专员接阅后即批：

> 既不能继续工作，姑准随军赴岷，俟本署派员暂代，然后再令卓尼设治局遴委可也，此批。
>
> 仰文九　二五

张专员在征求了各方意见之后，以为吴国屏人地均极融洽，

故临时顺便加委，着其暂代乡长职务。

9月27日，张仰文及保二团团长王泽勉虽然率属撤离“黑番”插岗，返抵武都，赵国璋、赵明轩、寇德昌等皆尾随其后，但可怜赵等所带两名乡丁（房元禄、魏世兴），一个为了执行张专员命令，在去武都联络途中不幸阵亡，一个在前被迫离乡公所时遭其捕杀。两赵痛忆往事，悔恨无及。张专员返抵岷县专署后，即对卓尼刘修月局长接连施加压力，窥其目的除非杀戮这次“黑番”插岗抗编保甲之领导者金加色等，决难解除心头之恨。

10月间，杨复兴司令及其所有去迭禁烟人员，全部凯旋。设治局刘修月局长即与司令部方面商讨调整“黑番”插岗区、乡行政人员，会议研究决定：“插岗区署区长由司令部骑兵第二团团长雷兆祥接替并兼插岗乡长职（司令部黑番四旗‘掌宪’自也归雷掌管），铁坝乡乡长由司令部办公厅秘书张书铭兼理。”遂即由局、部双方分别通令新旧人员办理接交手续。

10月15日，插岗乡前副乡长赵明轩在岷县专署途次为前阵亡乡丁房元禄抚恤事，备文电呈张专员，如下：

窃查前插岗乡阵亡乡丁房元禄系临潭县艽城镇第八保古巴山人，家庭贫寒，且有七旬老母，恳转临潭县政府豁免其家庭差徭。魏世兴卓尼人恳转卓尼设治局设法抚恤，谨呈专员兼司令张。

10月30日，赵国璋及赵明轩联名向设治局呈报“黑番”插岗起事期间遗失公物情况，分类列表报请核销。

现将其原表照抄如下：

插岗乡编查保甲事件中遗失公物清册

品名	数量	单价	总价	遗失情形	备考
马枪	1			博峪河攻乡公所时连乡丁阵亡夺去	已由王、郭二人来卓汇报
步枪	1			博峪河攻乡公所时被夺去	张专员会刘参谋长追交四旗赔价2万元吴国屏返卓带来
小麦	1.9石	斗100元	190元	迫离乡公所后被劫去	斗为黑番老斗
大麦	1.3石	斗75元	97.5元	同上	同上
办公纸	1刀	450元	450元	同上	同上（有发票）
信封	20	3元	60元	同上	
麻袋	10张	0.8元	8元	同上	
小楷笔	2支	25元	50元	同上	
洋火	四盒	10元	40元	同上	
洋红	1个	60元	60元	同上	
邮票			100元	同上	

注明：共计国币4633元（枪支在外）。

十三、金加色叔侄惨遭诱害名垂千古

1945年3月，岷县专员张仰文迭次责令卓尼设治局及洮岷路保安司令部，限期务将去秋“黑番”插岗抗编保甲带头起事者金加色等严加惩办具报，否则将以纵容包庇惟局、部双方领导者是问。卓尼当局处此严厉压力之下，欲罢不能，即派雷兆祥、杨景华两团长率警卫30余人，此外又从迭部抽调强悍民兵20人，浩浩荡荡进驻插岗拱坝衙门。地方总管、头人及男女老少，皆以为自己父母上司莅临，送肉送面，送草送料者络绎不绝，供献土特产品（熊掌、鹿茸、麝香、虫草）者更不乏其人。亲热融洽之盛情，时时溢于言表，万没想到雷、杨此次来意。而雷、杨两团长聊尽一番应酬之后即派人前往博峪旗阳坡村诱请金加色，谎谓金在去年秋季带头抗编保甲有功，杨复兴司令委任他（指金加色）为“黑番”四旗总管，特邀请前来拱坝衙门接委任状并参加开会，金加色闻听“喜”讯高兴万分，自己也认为去年在抗编保甲事件中，出了大力，不会怀疑自己的父母上司官设置圈套杀害他。于是穿好新衣，携带上好礼品，率领自己侄儿及同伙一行五人，奔往拱坝衙门，拜见雷、杨两位团长。雷、杨二人便对金加色率领旗众抗编保甲、击溃张仰文事迹，大加赞赏。然后宣布：“司令已委你为黑番四旗总管，并提出，还要你立即亲去卓尼晋见司令，可能你会领到司令的奖赏。”金加色闻听之下，受宠若惊，表示非常高兴，当天再未返回，就便夜宿拱坝村石总管家里。兴奋之情，彻夜未入梦乡。第二天凌晨，雷、杨二人早已布置妥当，将要施行处决金加色等，便派刽子手等催带金加色登程赴卓去见杨司令，其实这是迫使金加色将要走向断头台的危险时刻。诚然，一个具有忠于父母土司、爱护邻里，敢于反抗国民党倒行逆施的金加色，也坚信自己的世代官员万难使出这一凶残手法，事实恰恰走向反面。金加色叔侄五人在辞别雷、杨两团长，双双走出拱坝衙门，刚至村头白杨林边，毫无提防，便遭刽子手用枪击毙，5 条善良人命，一无幸免。

雷兆祥这才正式向当场旗众庄严宣布：“我们是奉上司的命令来枪决抗编保甲的祸首金加色一伙的，其他的人一概既往不咎，望各安生业；并从今天起，司令已委我为‘黑番’四旗掌宪。设治局委任我为插岗区署区长，又兼插岗乡长。至铁坝乡长现由司令部秘书张书铭兼任，常川驻守，办理‘日常公事’。”旗众一见这种悲痛场面，个个掩面饮泣只好隐隐离去。雷、杨 2 人完成使命遂率部返卓复命。

十四、插岗区、乡政府仍以人民胜利而告终

张书铭再接掌拱坝乡长之后，雷兆祥早已委托他又兼理插岗区、乡事务，“黑番”四旗群众忧心如焚，但坚持继续反抗之心与日俱增。不久，插岗、铁坝两乡保甲制度又经张书铭手，次第编成。其他如征集代了马骡、派粮索款，几无时机，苛捐杂税纷至沓来，人民负担之重，确实达到了无以复加之地步。

1946年夏，适值四川松潘、南坪一带大烟临到收割之际，陇南一带（西和、礼县、徽县、成县等）前往南坪等地大烟商贩络绎不绝，但率多取道“黑番”属境。张书铭见此状况，初则恐遭“黑番”辖境有种植大烟之嫌，继而顿生物欲，更以机不可失、时不再来，何不趁机大捞油水以自肥的企图，擅自在通往松潘、南坪隘口、要道，设置盘查哨站五六处，安置亲信，日夜驻守，专门检查过往行人。按铁坝乡公所资料表明，数月之内共查获烟商十余批（每批3至5人不等），有的所带烟土被全部没收，有的则受贿纵放，有的因无油水可捞，便将其拘留。被拘留者在转解武都途中或放或逃，多达10余人之多。“黑番”四旗人民，面对此种不法行为，初则敢怒而不敢言，然张书铭却误认为人民已被征服，莫奈我何！后来竟对辖境人民巧立名目，横征暴敛，达到登峰造极。旗境人民在博峪旗客户团头惠某（帮会头目）鼓噪下，遂将张书铭在“黑番”近年来的累累劣迹联名写控于甘肃省政府及岷县专署，省、专两级按阅状帖后，责令卓尼设治局清查究办，但设治局又碍于张书铭虽为辖属毕竟原为司令部的在职官员（秘书），颇感棘手难办，只好顺水推舟，索性将责任推卸于洮岷路保安司令部。省、专两级鉴于局、部双方办理不力，果断下达密令，欲将张书铭解案法办，张闻讯远逃，最终只好以“通缉”结案。

“黑番”四旗原组建之区、乡政权，从此名存实亡。四旗人民

用先武后文之斗争策略，令人钦佩。民族斗士金加色为公捐躯，可歌可泣。时至今日，将近半个世纪（47 年），强权即是公理之社会已成过去，正理战胜邪恶，世世永存。

本文原载中国人民政治协商会议舟曲县委员会文史资料委员会:《舟曲文史资料》，第四辑，1990 年。

原洮岷路保安司令部正式武装部队概况

梁崇文[①]

卓尼杨土司始祖些地于明永乐十六年（1418）进京贡马，被封为正千户，并授为世袭指挥佥事兼武德将军。

九代土司杨朝梁在清康熙年间奉调参加平定“三藩”之乱，军功卓著，康熙帝前后封杨朝梁为甘州城土司，住兰总尉等。在晋见康熙帝时，朝梁面求：“臣已落齿，恐负皇恩，居住故地，对皇上之忠，永远不移。”康熙听了他的诚心请求后，高兴地说：“赐尔等子孙后代都可获土司头衔。”

民国十一年（1922）河州镇守使裴建准委杨积庆为河州南路巡防马步十三营统领。

民国十七年（1928）甘肃省主席刘郁芬委杨积庆为洮岷路游击司令。

民国十九年（1930），甘肃省主席马鸿滨委杨积庆为洮岷路保安司令。

以上就是土司、统领、司令头衔变化的由来，土司衙门也随之改称司令部了。土司衙门的主要官员，也相应地由头目改称支队长、团长了。

卓尼土司制度从始祖些地始，到1949年解放，历经了十九代、

① 梁崇文，政协卓尼县第九届委员会主席，离休干部，已故。

五百余年。在其形成和发展过程中，政治、宗教、军事三种因素相辅相成，起着同样重要的作用。就军事行动而言，历代土司一般都是服从中央政权调遣，参与平息大小动乱，因功受封受奖，同时也不断扩大了统治地盘，维护了境内安宁。可以说，军事因素在土司制度的形成、发展、巩固过程中起了相当重要的作用。

土司衙门的军事制度，也就是“兵马田”制度，是土司制度中最重要的一环。所谓“兵马田”制度，就是在辖区内实行上马为兵，下马为民的办法，要求每户备一匹马、一枝枪，平时在家放牧务农，遇有战事，一声令下，自带马匹、枪支、口粮参加战斗，就连土司衙门及其后保安司令部的警卫部队，也是由自带口粮、半月或一月一换的农牧民组成。这种军事制度，在历史上起过重要的作用，但随着社会的发展，越来越明显地暴露出它与时代不相适应的方面，主要有三大不可克服的弱点：

一是平时就没有训练，人员又不固定，有老有少，一有战事，临时集合起来立即投入战斗，战斗力不高。

二是自备马匹、枪支，但家有穷富之分，决定了马有好坏，枪有优劣，不可能达到同一水平，其装备也不可能跟上时代更新的步伐。

三是自备口粮，藏民虽然习惯酥油糌粑，便于携带，但战争过程和时间是不以人们意志为转移的，自带口粮有限，时间长了，人无口粮，马缺草料，难免发生扰民事件，军纪难以严明。

历史的车轮，前进到20世纪40年代。洮岷路保安司令部，顾名思义，就是要负责洮岷二州的社会安定，若继续依靠原有的旧的军事机器，不要说洮岷二州的安定，就连卓尼本身的安全也无保障。建立一支正规的适应客观现实的武装部队，是社会的需要，时代的必然。

1943年10月，岷县专署专员胡受谦和保四团团长吉猛到卓尼整编洮岷路保安司令部，组建了由120人组成的警卫连，这是卓尼有史以来第一个正式武装连队，战士由附近各旗征调，服役期三年。前后担任连长的有杨国华、吴珍（眼藏人）、杨如东（着逊人）等，他们都是军校毕业生；排长有高得胜、赵廷均、赵芳录等，后改称保安中队，雷兆祥团长兼任中队长，排长有赵芳录、李生贵、李恒山等，配备三八式步枪（又称三八大盖），住司令部前院。

洮岷路保安司令部防区辽阔，仅一个警卫连当然不能胜任，要扩大武装部队就要经费，但国民党并不供装备和给养。在此情况下，杨复兴于1946年春召集卓尼党政、机关团体负责人开会，决定在全区开展一次“自卫特捐”活动，以筹集扩大武装部队的经费。这次捐款，在方法上也有创新，历来群众向土司所纳钱、物，在边远各旗，是每户平均分摊，附近各旗，以户定级（分头、二、三、四、五门）按等级交纳。而这种等级一定不变，富户破产，穷困户上升是常有的事，但负担并不按实际情况调整。而这次捐款，既不搞各户平均分摊，也不按原有等级负担，而是按当时家庭实际情况，由旗长、总管、头人、公正老人等掌握对象，自报公议而定。由于理由正当（为了地方自卫）方法适宜，捐款很顺利，全区共捐硬币两万余元，购买枪200枝，子弹2万发。

1947年春，杨复兴等去南京晋见蒋介石，提出上陆军大学的要求，是年冬接国防部电，调杨复兴上南京陆军大学受训。1949年初，杨复兴从陆大毕业回来，加快了扩大武装部队的步伐。一是开办“洮岷路保安司令部军事干部训练班”，从卓尼（40人）、临潭（10人）、岷县（10人）招收有一定文化程度的青年60人编为一个大队，三个分队，配发中正式步枪，住复兴坪，大队长由杨国华担任，分队长由马毅（岷县人）、昝振华（昝土司后代）、刘德祥（卓尼人）担任，他们都是军校毕业生，既是队长，又是教官，按简化后的军校教材进行严格训练。

在开办军训班的同时，组建直属营第一连，120人组成，配发中正式步枪，每人子弹 100 发，住大操场（现民贸公司所在地），由排长赵俊等负责训练。

解放战争形势发展之快，是洮岷路保安司令部领导层预想不到的。在 1949 年上半年，他们还是按原有计划积极扩大武装部队，为最终达到一个混成旅而努力。6 月，组建直属营第二连，120 人组成，暂由排长安仁寿负责训练，住复兴坪，配发汉式干巴枪，每人子弹 100 发。

营部还有一个机炮排，小炮、轻重机枪也有，但无士兵，只有一个排长叫李君毅。

1949 年上半年是洮岷路保安司令部练兵的高潮期，三四个连队同时在大操场、复兴坪、寺滩等处进行训练，或去尕路那山一带打野外（实地练兵），或去马战那修路。军歌、口号此起彼伏，加上嘹亮的军号声，给古老而寂静的卓尼城增添了不少活力，各连队士兵都由附近各旗即现在的纳浪、木耳、大族、卡车、阿子滩、申藏、城关等乡征调，兄弟二人在家的一人要当兵。父亲还可劳动，儿子已成年的也要当兵，名曰父子兵。连队生活比较艰苦，一年只发棉衣一套、单衣一套，而衬衣、鞋袜都要自备。每月每人供原粮 50 斤，大多数为当地产青稞，菜金硬币 5 角，由于条件有限，炊事班做的青稞面窝头没有农家做的贴锅巴好吃，而未带家属的连排长也在大灶吃饭，炊事班当然还要另做好的，这些也都在全连 60 元菜金中开支，所以士兵一般是窝头加开水，或洋芋白菜。军干班学员的生活比战士较好，细粮比例高，每人每月菜金硬币 1 元。

军干班扎扎实实训练了五个月，到 7 月底基本结束。司令部正式任命杨国华为直属营中校营长，刘德祥为营副，方忠厚为军需，马驰云为书记官、马毅为第一连连长，昝振华为第二连连长，不久辞职回家，由孙维宗（临潭人）继任。排长有安仁寿、周树德、赵俊、魏安邦等。军官薪金以硬币计发，营长月薪 7 元，连长5元，排长3元。

1949年9月11日，杨复兴率领部属随同省保安副司令周祥初等在岷县通电起义。当日晚饭后，杨国华营长在复兴坪召开各全体官兵参加的大会，宣布了起义的消息，并提出：

一、摘下青天白日帽徽，逐级上交；

二、从明天起大家互称同志；

三、从明天起见军官不敬礼。

散会已是夜幕降临，杨国华又在复兴坪前沿碉堡附近召集军训班学员讲了话，大意是国民党大势已去，司令已代表部属起义，我们要听从命令等。

已经解放，部队当然再不能扩大，而60名军训班学员到哪里去成了问题。根据当时保甲制度已废，人民基层的政权一时还未建立，政令还是通过旗长、总官、头人这一渠道传达执行的实行情况，给60名学员分配了工作，营部司书1人、保安中队排长1人、3个连队文书、特务长（管理、排长）6人，3个连队有9个排加上机炮排共10个，每排分排副（实际上成了班长）3人，共30人、其余22人有的派去当旗长并给有些旗增派了一名指导员，有的保送去兰州“草大三部”学习。

解放不久，即掀起了大生产运动，一连去牙贯一带伐木，其余连队和机关都在古牙川开荒。前后开出耕地100余亩，修房20间。

1950年，根据社会治安情况需要，部分部队奉命去临潭旧城、新城、申藏、过大等地区驻防。这时，各连队原定轮换期已到，有的已经超过，再加解放了，战士也敢于提意见，各连战士纷纷提出要求轮换，意见得到重视。是年10月份，三个连队战士都由新抽来的兵员顶替换了班。年底，部队进行整编，直属营改为独立营，撤销了保安中队番号，改编为第三连（洮岷路保安司令部），陈世昌任连长，其余营、连长继任，并委派赵生鹏为营教导员，何克礼为一连指导员，王凯和为二连指导员，康振锡为三连指导员。

通过整编和政工人员进连队，部队管理工作逐步走上正轨，加之供给已纳入甘肃省军区，指战员和战士们的生活也有很大改善。

1952 年底，卓尼武装部队指挥机构改组为“卓尼民兵司令部”，下设政治股、管理股、军事股。独立营撤销，战士回家，军官有的在民兵司令部任职，有的派到各区武装部，有的转业到地方得到妥善安置。

时间过去了 40 余年，少数跟随杨复兴起义的人员在革命的征途中由于这样那样的问题掉了队，大多数都在中国共产党的领导教育下，不断成长进步，有的还担任了地、县党政领导职务。现在，他们大多数都已离休，安度晚年。

本文选自中国人民政治协商会议甘肃省卓尼县委员会文史资料委员会：《卓尼文史资料》，第三辑，1991 年 4 月。

碌曲十二部落藏族同胞反抗国民党军阀鲁大昌的斗争

杜自飞　赵效卞

解放前，碌曲县由四大部落（双岔、吉仓、阿拉、十二部落）头人按所占地盘各自辖治。各部落土官头人经常为占地盘、争草山而矛盾冲突不断，以致械斗、仇杀，牧民群众往往死于无辜。统治阶级的互相倾轧给军阀扩张造成了可乘之机，因而牧民群众更加处于水深火热之中。

盘踞在岷县的军阀——国民党陆军新编十四师师长鲁大昌是一个阴险毒辣、野心很大的反动头子。他不但觊觎卓尼土司杨积庆所辖地盘，对森林繁茂、水草丰盛、羊肥马壮、物产富饶的碌曲，更是虎视眈眈，垂涎三尺，早有野心吞并，因中有杨部阻挡和碌曲各部落以洮河屏障防御而无从下手。1932年，主持毛日寺院活佛尕藏罗日加措（系拉卜楞寺院四大色赤之一，即萨木察活佛，后于去西藏途中圆寂）因故要到西仓寺院去住，双岔头人拉代认为是十二部落头人加毛策划所致，意欲起兵抗衡，又怕失败，即差人去鲁部求援。同时，夏河的麦西、阿木去乎等部落与十二部落素有草山纠纷，连年械斗不息，也希望有人一举击败十二部落。拉代此举正中鲁的下怀。鲁以调解为名，派兵前往碌曲镇压，以进一步达到占据碌曲的目的。

兰旬沟之战

1933年5月，鲁大昌派新编十四师旅长梁应奎率骑兵团、特务团、手枪营出岷县，经临潭、阿木去乎、麦西，气势汹汹，大有一口吃掉碌曲各部之势。其狼子野心，昭然若揭。碌曲各部落闻报，亦积极备战。十二部落首当其冲，头人加毛召集各属部头人商议退敌之策，会中歃血为盟，立即征集藏兵千余人，沿洮河南岸各要地分兵布防，并出兵洮河北岸兰旬沟阻击来敌。

兰旬沟位于洮河北岸的西仓东北三十华里处，沟长十华里，中有兰旬梁，以山梁为界，山梁以北为麦西所辖，中有通往麦西的大道，也是鲁兵进犯的必经之路。29日清晨，鲁部前哨部队由团长顾某率领进入兰旬沟即遭到在这里设防的拉仁关部落藏兵阻击。藏兵手执长矛大刀，跃马冲入敌队，往来冲突，奋力冲杀。敌人遭到突然袭击，仓惶应战，加之和后续部队失去联络，十分混乱。藏兵则同仇敌忾，远则矛刺，近则刀砍，勇猛冲杀，势不可挡。经过激烈战斗，鲁兵已死伤过半狼狈逃走。这一仗，打死鲁兵80多名，伤20多名，俘虏鲁兵20名（后经西仓寺院活佛派人送往鲁部），缴获枪20多枝。民兵死亡两人。在清理战场时，从一死亡军官处获得鲁部团长顾某官方印信一枚，方知敌团长顾某也被击毙。

兰旬沟之战，充分表现了藏族人民为保卫家乡、反抗掠夺、反抗欺压，争取自由、敢于斗争的英勇精神，在少数民族反抗国民党军阀的斗争史上留下了光辉的一页。

五月三十日的惨杀案

鲁兵初战失利，在麦西重整旗鼓，当晚即出兵偷袭兰旬沟。十二部落民兵因兰旬沟之战获胜产生轻敌麻痹思想，加之民兵都是战时由土官下令召来作战，平时不训练，缺乏军事知识和应有的纪律性，战斗胜利后即撤出兰甸沟。老奸巨猾的梁应奎预料藏兵会因胜利而产生麻痹，所以不费一枪一弹，顺利通过兰甸沟出桑地口，杀奔西仓部落。

5月30日凌晨，鲁兵攻入西仓根岔，村民闻讯逃离，鲁兵泄愤纵火焚毁房屋，抢劫财产。中午，攻入西仓加禾，焚烧房屋，抢夺财产。继又攻入西仓寺院。

鲁兵攻入寺院后，穷凶极恶，见人就杀，见物就抢。大部分和尚事前逃走，鲁兵捕获在寺和尚22人，除久买公去乎一人脱逃外，21人全被屠杀，活佛土罗贡尕被绑至西仓桥墩，惨死。寺院除大经堂和三个昂欠因驻兵未烧外，其余十多座经堂、佛殿和昂欠，以及其他建筑、文物、古迹俱化为灰烬，荡然无存，寺院所有财产及群众所寄存的财物都被抢劫一空。接着，鲁兵包围了登知山神林，搜捕隐藏的和尚和牧民，僧俗群众30余人被捕，用铁丝穿透锁骨串牵而去。五月三十日的惨杀案暴露了鲁大昌的土匪本性和狰狞面目，从而使碌曲各部落群众也看清了鲁大昌的野心。阿拉、吉仓、双岔部落纷纷起兵反击，在桑地、楼口、高一河、牙藏等地凭险伏击。鲁兵被冷枪打死事，屡有发生。鲁大昌对此生疏的地形，复杂的情况，束手无策，遂放弃长期占据碌曲的念头，沿洮河北岸撤兵。兵撤至牙藏沟门则岔地方，遭到藏兵袭击，被打死打伤数名，三营文书当场毙命。鲁兵恼羞成怒，当即枪杀押解的30名僧俗群众。鲁兵至双岔地界，又烧毁毛日寺院两座昂欠，群众财产又被抢劫。双岔头人拉代引狼入室，咎由自取，自食苦果。后鲁兵翻阿拉山，过麦西，出加木关，经临潭撤回岷县。

鲁兵的暴行引起了藏族人民的极大义愤，各部落群众纷纷声援十二部落藏族同胞的反鲁斗争，舆论界为之哗然。在各界正义人士的支持下，十二部落头人加毛上书甘肃省政府，控告鲁大昌残害藏族人民的滔天罪行。省府委派军界人士邓宝珊和夏河知名人士黄正清前往碌曲查办。查办结果：由西仓寺院出两万银元，以赔偿鲁兵战时的损失。因鲁兵焚烧了西仓寺院，便相互抵消了结。十二部落出两万银元，偿鲁兵死人命价。十二部落藏民为了不再受鲁兵的骚扰，含冤以牛羊马匹折价交清了这笔冤枉债，换来了家乡的暂时安宁。此案遂告结束。

本文选自中国人民政治协商会议甘肃藏族自治州委员会文史资料研究委员会:《甘南文史资料选辑》，第三辑，1984年。

根绝烟毒　造福群众

——舟曲县禁烟禁毒始末

赵元良[①]

1840年鸦片战争后，中国逐步沦为半封建、半殖民地社会。帝国主义列强“合法”地将大量鸦片运往中国，毒害中国人民，吸食和种植鸦片者遍及全国，使国家主权丧失，财富大量外流，经济、生产遭到灾难性的破坏，人民健康受到极大的损害。

舟曲这个偏僻的山区也未能幸免。山大沟深，交通闭塞，倒成为吸食、种植和贩卖鸦片的有利条件。随着吸食鸦片人数的增加，严重地破坏了生产，损害了人民的健康。妻离子散，家破人亡，越来越多的群众挣扎在死亡线上。国民党西固县政府也曾出布告、发通知，组织县自卫队缉私禁烟，关押、捕杀外地走私烟贩，但由于政府官员、地方绅士和负责缉私的自卫队官兵中有些人也吸食鸦片，有勾结烟贩和利用禁烟从中渔利的事实，徇私舞弊，大发横财，始终没有在县内禁绝鸦片的吸食、种植和贩卖。直到解放前夕，全县吸食、种植和贩卖鸦片的人数越来越多，人民生活越来越贫困，鸦片对人民的毒害程度也越来越严重。

解放后，党和政府十分重视禁烟禁毒工作，把禁烟禁毒列入

① 赵元良，舟曲县党史办原主任，现已退休。

工作的重要议事日程。县上领导同志清醒地认识到，要使人民群众在政治上、经济上得到彻底翻身解放，就必须彻底根绝烟毒的危害。因此从1950年开始，制定了禁烟禁毒的一系列方针、政策，并组织培训干部，大力开展宣传教育活动，揭露烟毒的危害。发动社会各阶层的力量，深入广泛地开展禁烟运动，铲除烟苗，举办戒烟所，组织缉私队，打击一贯种植、贩卖烟毒的不法分子。从1950年开始到1955年底，全县共铲除烟苗4507.75亩，先后办戒烟所7期，改造烟民400余人，没收大烟2011.9两。经过6年的艰苦工作，终于在全县范围内彻底根绝了烟毒的种植、吸食和贩卖，使广大群众摆脱了烟毒的危害，积极投入国家社会主义建设，发展了生产，增强了人民群众的身心健康。

一、原西固县领导下的禁烟工作

1949年12月10日，舟曲县（原西固县）解放，中共西固县委和西固县人民政府同时成立，开始组织力量接管和建立区、乡、村各级政权机构，发动群众，剿灭国民党残匪，镇压反革命，以安定社会秩序。正在人民政府忙于建政、剿匪、镇反等工作的时候，一些反动分子和不法分子又将大量烟籽带入县内，煽动群众大量种植，扩大了种烟面积，增加了吸烟人数，严重地危害社会秩序的安定和人民身心的健康，阻碍了生产力的发展。这一现象引起县委和县人民政府的高度重视。1950年6月，县委和县人民政府根据上级的法令和指示精神，研究决定成立西固县禁烟禁毒领导小组，并从县政府、县公安局各抽调4人，首先在城关地区进行查禁。利用黑板报、开群众会等形式宣传烟毒的危害和政府禁烟的法令、政策，以提高群众觉悟，为自觉禁烟打好思想基础。同年9月，县禁烟禁毒领导小组改为西固县禁烟禁毒委员会，县长李广植任主任委员，在县、区领导参加的会议上宣传、布置了禁烟任务。1951年春，各区、乡相继成立了禁烟禁毒委员会，结合减租减息运动，利用区、乡农代会在全县范围内大力宣传、制定铲烟禁毒办法。四区农代会、禁烟委员会向一区发出挑战书，提出“干部带头，不包庇，不隐瞒，坚决执行政府法令，彻底干净地铲除烟苗，保证本村不种一苗”。各区、乡发动群众订立禁烟公约，登记吸烟烟民，帮助烟民订出戒烟计划和生产计划，鼓励他们自觉戒烟。联合区还组织了烟民规劝小组，对烟民宣传说服，让其参加变工组，在生产劳动中戒烟。

为了帮助烟民很快解除烟瘾，从1951年开始，由县民政科、公安局负责具体，在城关、官亭等地举办戒烟所。首先对地富和敌伪人员中的烟民实行强制劳动改造，让他们补修城区街道、公路，给烈军属背柴等。在群众参加的戒烟所里，白天劳动，晚上组织学习、讨论，召开烟民诉苦会，注重思想教育。有的烟民解除烟瘾后动员亲人、朋友入所，自觉接受改造，推动了戒烟运动的开展。立节乡烟民张老三步行70多里来所戒烟。到1953年底，全县在戒烟所解除烟瘾者145名，得到群众和烟民家属的拥护。

原西固县人民政府多次颁布禁烟法令，利用各种会议宣传禁烟方针政策，禁止群众种烟。但每年都有分散居住在深山密林中的群众偷偷种烟的事情发生。面对如此形势，各级禁烟委员会认真贯彻“自铲为主”的方针，实行“自动铲除者不问，抗拒产禁者惩处”的政策，发动群众自动铲烟。到1953年底共铲除烟苗2055.25亩，并对抗拒铲烟者依法逮捕判刑。同时县、区缉私队在沙湾、南峪、沙川等主要桥头和道口设卡，查禁走私烟犯，共没收大烟1737.3两，没收吸烟灯具159副。经过四年的禁烟工作，全县范围内虽然还未禁绝烟毒的种植、吸食和贩卖，但使大部分群众认识到烟毒的危害和党的禁烟政策的好处，提高了群众觉悟，许多群众开始自觉地戒烟，基本控制了大量种植、吸食和贩卖鸦片的局面。

二、西固、舟曲县联合组织禁烟运动

1954年初，甘南藏族自治区成立，县内开始酝酿、讨论区划工作（原西固县迁往宕昌，新建舟曲县，划归甘南管辖），马学海同志带领的舟曲工作组已到舟曲调查、摸底、筹备建县工作。有人就乘两县讨论区划、接交手续之机，种植大烟。有的说："现在划到甘南了，种些烟也算不了什么大错。"有的说："划到甘南可以种大烟，杨家的百姓还在种大烟哩。""甘南的干部情况不熟，头知道时我们把烟收了。"因此在偏僻的山区又普遍种了大烟苗。如洛达乡赵家巴藏63户人家种烟者60户；黑峪乡黑峪村73户人家种烟者72户；阿果坡村19户人家、九原村43户全部种了大烟。由于大面积种烟，造成粮食减产、群众生活困难，社会治安混乱。曾为贩运大烟发生图财害命案件两起，致死人命两条，发生殴打制止种烟村干部事件三起。瓜咱沟坏分子煽动群众强迫农会主任种烟，扬言"如不种就打死"，致使该农会主任外逃，不敢回家从事生产。贩烟人数增多。官亭区秦峪乡大村民兵×××策动群众30多人，将供应的粮食全部卖掉贩了大烟。因吸烟导致的家破人亡、流离失所屡有发生。城关乡一烟民×××与其妻均吸食大烟，女人吸烟成瘾得病后无钱治疗而死，他将家产田园即土改时分的土地、骡子、农具、衣物等一律卖光抽了大烟，最后将两个儿子出卖，他逃外度日，家里只剩空房，两个知情后逃回的小孩无人照管，家境十分悲惨。

西固县人民政府和舟曲工作组的同志通过调查，在1954年4月22日召开的各区长、派区工作组长联席会议上对禁烟问题进行了认真讨论，并做出决定：1. 坚决贯彻禁烟政策；2. 坚持群众自铲的方针；3. 教育与惩处相结合；4. 各区、乡政府通过召开上层及民主人士座谈会讨论决定，本着民族团结的精神，制订禁烟的有效措施，并利用打山队发现烟苗。为了统一思想，首先在县上召开了民族上层人士座谈会，讨论了禁烟、区划及民族团结问题。与会人员明确了政策，提高了认识，一致表示拥护政府的政策，加强团结，协助政府，坚决完成禁烟禁毒的任务。在以后的禁烟中，这些人确实起到了积极的作用。

中共西固县委于5月底转发了县政府党组《关于1954年禁烟禁毒工作指示》，此《指示》列举了大量事实分析了烟毒对社会、家庭和个人的严重危害，表示了党和政府禁烟的决心，制定了禁烟方针、政策和各种具体措施。舟曲、西固两县联合成立了禁烟禁毒委员会，委员会由李文英，杨作祥等9人组成，李文英任主任委员，杨作祥为副主任委员。两县共抽调干部60人、公安队战士35人编为两个工作队，由李文英、杨作祥分别负责。在县召开的下乡禁毒工作人员会议上，县委书记李广植、工作组组长马学海、副县长黄巨福分别讲了话，学习了政策，布置了任务，强调了注意事项。6月4日，李文英带一个工作队（46人）赴联合区，杨作祥带一个工作队（46人）赴武坪自治区，其他各区由区委和区政府组织力量自行查铲烟苗。

工作队到区后，区、乡抽调人员配合开展工作，每3人编为一个小组，分赴各村。各村也成立了3至5人的铲烟小组，召开干部、积极分子会议，培训骨干力量，并召开宗教界和民主人士座谈会，统一认识，发挥上层人士的积极作用。工作队向群众广泛开展宣传教育，用大量事实讲明烟毒对国家建没、社会治安、家庭生活、个人健康的危害，以及政府禁烟禁毒的决心、方针和政策，发动群众自动铲除烟苗。干部分片包干，深入深山老林检查、督促，认真贯彻“自铲从宽，抗拒从严。过去从宽，今后从严。群众从宽、干部从严”的方针政策。通过宣传教育，大部分群众受到教育，提高了认识，自动进山铲除烟苗。如联合区瓜咱沟两个行政村，6个自然村，110户人家，种烟者85户，面积达92亩，两天时间全部铲完。但也有少数不法分子喝血酒，订立攻守同盟，抗拒铲烟。丰迭乡的杨××、曲瓦乡的沈××等，事先开秘密会议，拉拢、瞒哄干部，并威胁、恐吓群众说："谁给政府报告，轻者罚款，重者致命。"将92.25亩烟苗只报了6亩。对这些抗拒分子的罪行在群众中进行了揭发，实行了法律制裁，使其他人也受到教育，对积极铲烟起了一定作用。到8月底，全县共铲除烟苗2281.85苗，并做到了边铲烟苗边补种庄稼，弥补了粮食生产的损失。铲烟后，各村重新订立了禁烟公约。对于吸烟成瘾的烟民，为了尽快解除烟瘾，举办戒烟所，共改造烟民179人。加强缉私工作，打击烟贩，共缴获大烟274.6两。惩处烟贩13名(死刑1名，有期徒刑11名，罚金1名）。

三、重点复查，巩固成果，根绝烟毒

中共舟曲县工委和县人民政府为了巩固禁毒成果，彻底根绝烟毒，以利于发展社会主义建设事业，于1955年4月抽调干部7人组织了禁烟复查工作组，对黑峪、巴藏、瓜咱、老地等5个乡的26个行政村和曲瓦乡各村普遍进行了一次复查工作。本着"彻底根绝，坚决铲净，不留一苗"的方针，采取"哪里发现哪里铲"的措施，经过40多天的工作，召开各种会议39次，参加的干部群众1645人次，群众普遍受到爱国守法教育。通过进一步宣传政策、发动群众、互相监督。干部跋山涉水亲自检查，共发现种烟地189块，种烟者206户，共铲除烟苗170.75亩，并及时制止了准备种烟的面积58亩。经过这次复查，结合农村互助合作、发展生产等一系列运动的开展，舟曲县境内彻底根绝了大烟的种植、吸食和贩卖。使社会秩序更加安定，革命和生产的形势蓬勃发展，广大群众在党的领导下，团结一致，齐心协力，积极投入农业社会主义改造和社会主义建设的群众运动。

本文原载中国人民政治协商会议舟曲县委员会文史资料委员会：《舟曲文史资料》，第四辑，1990年。

忆一野联络部创办的民族学校

闫继祖[①]

1949年10月上旬，我随同卓尼、临潭、会川县的近30名藏、汉民族青年一同到兰州藏民问题研究班学习，后来随着藏民问题研究班的易名、变迁，我又到“革大三部”第一、二期学习，毕业后留校继续学习。

“革大三部”，是1950年元月在兰州公园路马家花园里由中国人民解放军一野政治部联络部筹建、管理的一所培养少数民族干部的学校。它的全称是西北人民革命大学兰州分校第三部，是由藏民问题研究班发展起来的。1950年8月，又在此基础上，创建了西北民族学院。

四十七年过去了，但每当想起在这段时光里学习、生活的情景，就不由地使我联想起一野首长及一野政治部、联络部的各级领导当时对民族教育工作和培养民族干部工作的重视，对少数民族青年学生在政治上、学习上的关怀和生活上无微不至的照顾。

从藏民问题研究班发展到西北民院，一直受到彭总（彭德怀总司令）及其他首长的关怀与重视。

---

① 闫继祖，甘肃省临潭旧城人，汉族，在夏河拉卜楞高级职业学校预科上学时学会藏文。1949年10月，参加藏民问题研究班学习；1951年1月，西北民族学院毕业留校工作；1976年，调任甘南藏族自治州计委计划科副科长；1981年，任甘南藏族自治州统计局副局长；1988年9月，任甘南藏族自治州审计局副局长；1994年退休。

1949年9月，夏河的7名藏族知识分子到兰州后。一天，彭总就在他的办公室前接见了他们。从卓尼、临潭、会川县招收来的第一批学员到校不久，10月初的一天中午，一野副司令员、兰州军管会主任张宗逊同志就亲临马家花园看望大家，并在四合院外东南角空场地上给大家讲话，勉励同学们搞好团结，努力学习，提高思想觉悟，树立为少数民族人民服务的思想，为少数民族的彻底解放贡献自己的力量。

藏民问题研究班开办初期，彭总指示由一野政治部联络部部长范明兼任班主任、联络科长王直负责实施。主要学习党的民族政策，国际国内形势，座谈夏河及甘南地区政治、经济、文化情况和藏民族的风俗习惯。研究班从西北大厦迁到马家花园后，一野政治部又从宣传部抽调李舒翰同志继续主持工作。改为藏民学校后，仍由范明部长兼任校长，并加派一野秘书科的郑景先同志具体负责学校的日常工作，直到“革大三部”。1950年4月中旬，“革大三部”第二期开学时，彭总派张养吾同志来具体负责学校的日常工作。当时学校内部还设立了教导处，调来李生华（藏族，“文革”前任甘南藏族自治州人民政府秘书长，后任甘肃省政协常委）同志为主任，联络部王有轩同志为副主任。教导处下设组教、编译、总务三个股，王有轩同志兼任组教股股长。

从研究班后期到“革大三部”第二期结束，学校开设的政治课有：《论联合政府》《论人民民主专政》《新民主主义论》《中国革命与中国共产党》《共同纲领》等，文化课为藏文。讲授这些课程的同志有一野秘书科的彭秘书、田秘书和郑景先、慕生忠、甘泗淇等同志。其中，甘泗淇同志讲授的《中国革命与中国共产党》最受同志们的欢迎。每逢他来讲课，就连学校的工作人员和领导也来听讲。他讲起课来，理论紧密联系革命斗争实际，语言生动，不时引起同学们欢声大笑。他讲课时，一口四川话，每讲完一段，就问同学们“听懂听不懂”，当同学们齐声回答“听得懂”，他才又继续往下讲。

甘泗淇同志当时身为人民解放军的高级将领，每次给我们来讲课，衣着朴素，总是穿一身浅黄色的解放军普通军官服，光着脚穿一双三条线的草鞋，为我们再现了红军老战士在长期革命斗争中养成的简朴生活作风。

1950 年 9 月，“革大三部”第二期开学后，张养吾同志来校与各族学员和教职员工朝夕相处，扎实深入的工作作风使人终生难忘。

他刚来校时，部分同学思想不稳定，纪律松散，各族同学之间关系不够融洽。他首先从狠抓组织纪律教育入手，要求大家必须按规定出早操，凡出早操他总提前到操场进行检查，然后与同学们跑步、做操，从不间断。每周六下午卫生大扫除，他亲自带领各区队长到各区队卫生区和学员宿舍逐一检查，对卫生搞得好的区队发给流动红旗，表扬先进，促进后进。为了用革命歌曲教育、启发同学们的学习热情和向上精神，他还从一野文工团请来了关键同志，给同学们教唱《东方红》《三大纪律八项注意》《咱们工人有力量》《解放区的天是明朗的天》等激励人心的歌曲。他还结合“革大三部”的办学宗旨和对学员的要求，亲自作词创作了《革大三部校歌》。每逢集合开会听报告，各区队之间都要赛革命歌曲和校歌。不到半月，校园里充满了热气腾腾、生动活泼的气氛，学校从精神面貌、生活秩序方面走上正轨，营造了良好的学习环境。

“革大三部”第一期毕业后，我留校工作，被分配到组教股。张养吾同志来校后，因我年龄小，新同学多，学员中缺少骨干，经和我个别谈话，动员我到区队参加第二期学习，并亲自领我到二区队，还让我担任了小组长。

“革大三部”从研究班开始，学员的一切生活供给都是通过联络部由一野后勤部发给，学员享受解放军战士待遇，部分学员还享受中灶待遇。学员都着解放军的军装。冬装有棉大衣、棉衣、棉裤、衬衣、衬裤、棉鞋、袜子。取暖用煤由一野后勤部用汽车直接运来，堆放在院子里，各宿舍自己取用。夏装发给单衣裤、衬衣裤、鞋袜。每人发日用品毛巾、肥皂、牙刷、牙粉。学习用品发笔记本、稿纸、墨水、蘸水笔。另外，每人每月还发给津贴费两万多元（折合新币两元多）。后来听说，有些家庭生活困难的同学，还将积攒下来的津贴费寄回家买了耕牛。研究班到“革大三部”初期，还给抽烟的同学每人每月发给50支装“耕牛”和“铁桥”牌香烟各一包，散装的莫合烟自由领取。

享受大灶伙食待遇的学员，每8人为一组，大家蹲在地上就餐，每顿两个菜，一荤一素。主食多为白面馒头或小米饭，有时也吃大米饭，不限量，吃饱为止。逢年过节，更为丰盛。每次会餐，都有七八个菜。同学们生了病，都去三爱堂一野后勤部医务所就诊。

1950年春节，兰州各机关、单位组织了秧歌队。当时“革大三部”也组织了秧歌队，我也是秧歌队的一员。我们的秧歌队到三爱堂后，被允许进入后院，在彭总办公室前院子里扭了秧歌，跳了藏民舞。拜年结束返校时，一野后勤部还为我们赠送了很多饼干、点心、香烟和战利品——美国罐头，用汽车送到马家花园学校里。当时，各族同学都为能允许到三爱堂后院给一野首长们拜年而激动不已。

卓尼土司制度

卓尼县政协文史资料编辑委员会

卓尼地处甘肃南部，在封建统治时期，辖区介青、川、康之间，面积3万多平方公里，2万多户，10万多人。

卓尼原禅定寺开始建立时，寺院内大经堂前有一棵针叶马尾松，西藏人叫“胶相”，迭部一带人叫“胶呢”，当地人顺口叫“卓乃”，卓尼实际上是藏语“卓乃”的变音，随着人们共同语言的称呼就以卓尼为定名。

卓尼在封建统治的大部时期，是世袭土司制度，与其他地区封建统治制度又有所不同，现就政治、经济、文化等方面的特点作一概述。

一、卓尼土司世袭二十世

从卓尼历史上考察，杨家始祖的来由，根据藏文经典《旦君》和《道买其君》记载，卓尼杨土司始祖是西藏王念知赞布派，其后裔尕一西达吉到造格令娃（今四川若尔盖）地区，征收税款，看到这个地方牧草丰茂，风景优美，有三条河（玛曲、麦曲、尕曲）流经全境，宜于农牧。当地老百姓因他是西藏王的后代，就很拥护他、尊重他，以后发展了上下造格地方，他在这里娶了妻室，生了五子，长子继承了尕一西达吉的领导职务，以后长子生了两个儿子，老大就是些儿地，老二就是傲地。明永乐二年（1404）经川甘边境的岷山山麓，征服收降了迭部达拉沟十八族等地，沿洮河而到卓尼境地定居，经大告铺、龙马沟，最后选住卓尼现址。他信仰佛教，在大告铺搭草棚居住时，听卓尼有个寺院，就去朝拜了寺院的“沙加派”首领，首领说：“今后寺院让你来管理，你就像洮河水一样，永远流传下去。”以后，他给寺院修塑佛像，卓尼百姓就拥护他为寺院的首领和这个部落的领袖。

明永乐十六年（1418）皇帝鉴于些儿地征服边陲有功，诏令些儿地入京，授为世袭指挥签事兼武德将军。到明朝宣德四年（1429），赞卜必力继承其父些儿地之职，照例管理藏民，把关守隘。天顺年间，扎什继承其父赞卜必力之职，成化年间（1465—1487）尕节继承其父扎什之职，正德年间（1506—1521）旺秀又继承其父尕节之职。旺秀承袭父职后调京引见了皇帝，皇帝赐姓杨，改名为洪，从此旺秀就改称杨洪了。当时杨洪住在龙马沟，人口有所发展。嘉靖年间（1522—1566）杨臻继承其父杨洪后，嘉靖皇帝封了签事官职，赐印一颗，防守边疆，修筑了卓尼城围。万历年间（1573—1619）杨葵明继承其父杨臻后，征服了大小板子、纳浪、朝勿、禾多、大峪沟上下日扎、善扎、欧化、塔扎、迭当什、东巴沟等地。天启年间（1621—1627）杨国龙继承其父杨葵明，清朝康熙年间（1662—1722）杨朝梁继承其父杨国龙。在杨朝梁承袭时期，收复了术布、欧化、卡加、迭部等 24 个部落，平叛有功，封官委任。康熙十四年（1675）平息河州（临夏）吴长毛之变有功，赏锦标一面，授以洮岷协副将并加世袭拜他喇布勒哈番三品世职。康熙二十年（1681）杨威继承其父杨朝梁。杨威因平叛有功，授予随营游击。康熙四十五年（1706）杨汝松继承其父杨威。杨汝松承袭期间领兵征服了武坪（今舟曲县），平息了二十四部落反对清朝统治的暴动，划黑番四旗归卓尼管辖。乾隆十五年（1750）杨冲霄继承其父杨汝松。乾隆辛酉，杨冲霄之子杨昭科中武举，还未得继承父职而病死，杨昭之子杨声年幼。从乾隆十九年（1754），土司政务就由祖母李氏兼管，又叫做护印。至乾隆二十五年（1760），杨声乃袭祖父之职到死。乾隆四十五年（1780），杨宗业继承其父杨声，在杨宗业继承时期又因率兵平叛河州叛乱有功，封赏给三品顶戴并赏戴花翎，后来于乾隆四十九年（1784）又平息了石峰堡。嘉庆十九年（1814），杨宗基承袭其兄杨宗业之职兼任禅定寺世袭僧纲。道光二十四年（1844），杨元继承其父杨宗基。道光二十六年（1846），杨元跟随青海大臣达洪阿剿捕黑错（今合作）藏民民变，屡次加奖，并以报捐军饷有功赏给三品顶戴。参加剿办了青海循化撒拉族民变，赏给二品花翎，加志勇巴图鲁名号，后又以收抚洮州新旧两城赏给头品顶戴，从此地方安靖，朝廷给杨元照军劳头等之功加了一级。杨元之子杨作霖在同治年间，随同其父剿抚地方变乱，屡次立了战功，多次授奖，赏给头品顶戴花翎。光绪六年，继承杨作霖正式承袭父职，兼任禅定寺僧纲。杨积庆是杨作霖的承嗣曾孙，于光绪二十八年承袭土司。民国26年（1937），在军阀鲁大昌阴谋策划下发生了卓尼博峪事变，杨积庆及其长子杨琨一家六口被杀害后，由八岁次子杨复兴继承。当时杨复兴年幼，内务由其大母杨守贞代管，并由国民党甘肃省政府委派杨世俊为参谋长。民国37年（1948），杨复兴在国民党陆军大学将官班毕业后，被正式任命为洮岷路少将保安司令，时仅17岁。1949年8月，西北解放战争中，杨复兴随同国民党甘肃师管区司令周祥初率部起义，有历史可查的二十代世袭土司制度从此结束。

二、土司的政权组织

根据卓尼地方文献证明，从杨土司的始祖些儿地到杨积庆，是世袭土司十九世。在杨积庆以前，卓尼土司的政治、经济、军事、文化无详细的文字记载，无法考证。根据现存历史资料，以及杨土司当年部属的回忆，杨积庆于光绪二十八年（1902）承袭土司后，民国 11 年陆洪涛督甘时，由河州镇守使裴建准委派杨积庆为河州南路巡防马步十三营统领。民国 17 年（1928）刘郁芬主甘时委派为洮岷路游击司令。民国 19 年（1930）甘肃省主席马鸿宾委派为洮岷路保卫司令。民国 21 年（1932）甘肃省宣慰使孙蔚如委派为洮岷路保安司令，官职名称虽然不同，实际上内部仍然实行的是土司制度。

（一）土司衙门内部组织

卓尼世袭土司的衙门组织：在土司的衙门内部，土司以下设头目 2 人，总管 3 人。大总管掌握全盘总务，二总管、三总管各 1 人，辅助大总管管理土司内部事务，二总管管理钱粮，有记账 1 人，并管土司衙门祠堂家谱。马厩由马厩头又叫马号头负责，有七八个饲养人员，管理乘马 20 多匹。三总管专管事务，管理伙房做饭，常年有妇女五至七人，多系长宪（与解放初期的乡长相似）家属，轮流服役。劈柴烧炕的有八九人，专门轮流给土司烧炕。衙门内并设有磨房一处，专管土司面粉。炮手一人，土司因公出进正门鸣炮三声，炮手并兼打五更。水夫八户，这八户人是土司给了“水夫田地”的人才能担任，就是每户新种土司的土地八斗为一份，占有八斗地派水夫一人。除水夫外，其他总管以及喂马、做饭、劈柴、磨面、打更的人均给微量报酬（二月开仓打给粮食）。

土司衙门内设有经堂一处，专奉杨家护神，专门有一人为经堂打扫卫生、点灯、烧香，请活佛喇嘛念经。

土司衙门的行政组织：土司以下设头目两人，掌握军政大权。传号 4 人，轮流在传达室值班，为土司传达衙门内外事务，处理群众一般纠纷案件，传号下有二三班班头两人，直接管理监牢，班役 10 人专管犯人，长宪 32 人在各管旗下征收钱粮，群众中发生重大案件奉土司之命持票传人，遇有战争，领兵出征，土司有私人秘书 1 人，又叫红笔师爷，由外地聘请文化较高的担任，为土司上宾，主要负责办理土司对外文稿。房科类似土司办公室，内设 9 人其中掌案 1 人，经书、贴书各 2 人，类似正副科长，专管文稿起草，文书 4 人专门负责房科文稿抄写，房科由土司直接领导。

土司衙门的各类人员，都从十二掌哈内产生，勤务人员绝大多数都由大总管选拔，头目、传号、长宪均由土司悬牌任免。各旗总管由地方遴选经土司圈定产生，由土司发尕书（藏汉两文委任状）委任。长宪也能带兵，单独处理群众纠纷，有能力者可逐级提升，长宪可升头目大总管。黑番四旗两个长宪，迭部两个仓官距卓尼边远向土司请示不便，特许单独办案，职权最大。

（二）土司衙门的基层组织十六掌尕四十八旗

土司衙门的农村基层组织，有 16 掌尕、48 旗。掌尕相当于解放初期的自然村，公社化后的生产队。16 掌尕有城区 12 掌尕、郊区 4 掌尕，每个掌尕有小头人 1 人，由土司衙门传号头目推荐，写好名单，呈送土司红笔指定，城区 12 掌尕的小头人如遇要事集中后直接到衙门谒见土司，向土司可以直言上谏，衙门内其他人不得阻挡，当时又叫“参马都司”。土司衙门所属的大小官员，均系在 12 掌尕内产生，48 旗的旗长叫长宪，其中黑番 4 旗又叫“副爷”，都由衙门内总管头目向土司推荐，由土司点头同意后，由总管通知房科悬牌派委，并由房科向本人送红纸捷报贺喜，新长宪接喜报后，招待来人，并向科房送钱，看官职大小，为数不等，房科收钱后按科内人员官职高低比例分配。

48 旗，每旗相当于解放初期的乡，公社化后的公社，包括后山即上迭部 6 旗、下迭部 8 旗。前山每旗或二三旗，除设长宪 1 人外，每旗并在群众中由土司发尕书（委任状）委任总管 1 人，每村视村之大小指派头人 1 至 3 人。

四大暗门：干不他暗门、俄藏暗门、土桥暗门和达加暗门，暗门以外称为口外 12 旗，暗门以内称为口里 18 旗，接近阶州（武都）的黑番 4 旗，共 48 旗。

土司衙门所属 16 掌尕名称：

城区 12 掌尕：唐尕掌尕、岔格掌尕、皂日掌尕、牙赛掌尕、骆驼掌尕、卡莱掌尕、都盖掌尕、照盖掌尕、格及掌尕、桃代掌尕、桃日掌尕等。

郊区 4 掌尕：博峪力晒掌尕、木耳掌尕、冰角掌尕、所藏出路娃路掌尕。

土司衙门所属 48 旗名称：

后山 14 旗：益娃旗、哇巴旗、半扎旗、什巴旗尼、尼巴旗、买马卡宋旗（以上为上迭 6 旗）。尖尼旗、安子旗、大拉旗、哈巴录秀旗、沙录娃旗、阿夏旗、多力禾旗、桑巴旗（以上为下迭 8 旗）。

前山 30 旗：拉嘛那旗、大峪沟旗、冬科松旗、拉卜什旗、思吾什巴旗、朱扎旗、朱盖旗、大族旗、麻龙盆地旗、卡车旗、破古录旗、下朱盖旗（这后七旗又叫朱扎七旗）。小术布旗、包吾什旗、巴龙会旗、他那旗、口子下家人旗、卓宋旗（以上为口里 18 旗）。拜来达加旗、桑旺盆多旗、善藏迭当旗、扯巴沟上旗、扯巴沟下旗、脑索旗、土桥旗、日完玛旗、阿科角缠旗、岔麻路的吾旗、勺娃康多旗、多么旗（以上为口外 12 旗）。

黑番 4 旗：插岗旗、铁巴旗、工巴旗、泼峪旗。

(三) 土司衙门及所属官员的经济来源

土司杨积庆设有博峪衙门、卓尼衙门两处。民国 17 年马仲英烧毁卓尼衙门后，就搬到博峪衙门办公。民国 26 年博峪事变，杨积庆被害，杨复兴承袭后又搬到重新修复后的卓尼衙门办公。

土司衙门所辖掌尕及各旗，对衙门应尽的义务，实际上是藏民对土司应尽的义务。无论是历代封建统治时期，还是国民党统治时期，卓尼藏民都不给国家交粮纳税，只给土司纳粮进贡。

1. 卓尼土司制度时期，卓尼全境土地的所有权都是杨土司的，藏民耕种的田地都叫“兵马田地”，耕种者对土地只有使用的权利，没有买卖的权利。

卓尼辖藏民所对土司纳粮进贡，除黑番四旗每年每户给纳官钱 200 文（铜钱）外，根据 48 旗 16 掌尕地理环境、气候的不同而交纳不同特产。农区各旗、每年交纳粮食 1 斗（45 斤）、禾草 1 牛车、生猪 1 头。拉卜什旗全旗交野鸡 50 只、羊腔 4 个。山丹村交油籽 4 石 8 斗（1920 斤）。农林兼有的各旗，除交纳粮食 1 斗外，以林为主的各旗在拉力沟以上各村，每户向土司交纳大松檩 5 根，年终交过年烧柴 1 捆。大峪沟旗每户全年另交纳土司烧炭 1 背约 45 斤。以牧为主的各旗向土司交纳酥油顶替交粮，如扯巴沟全旗（八九百户人）交纳酥油 22 斤、狼肚菜（菌类植物）15 斤。日扎卡莪五旗，交酥油 150 斤。上冶 3 旗，交羊肉腔子 6 个。桑旺盆地 20 旗，交酥油 70 斤。距离衙门边远的黑番 4 旗，给土司交纳官钱 500 贯（串）。下迭所属 8 旗桑巴旗原有金矿规定每年交纳黄金 12 两，无金可交者，折交白洋 600 元。多儿阿夏旗，除每户交官钱 200 文外，全旗交烤猪 4 个，还承担往前山运粮任务；另外，阿夏旗还给土司白蕨菜 1 口袋，沙录娃旗每年给土司交烤猪 4 个，每户交上等麦粮 1 斗，运往曹日仓储藏待土司备用。尖尼沟、卡巴、安子3旗每户1斗粮200文官钱，每旗给土司交烤猪4个，每户杂粮1斗。大拉沟旗每年交土司奶牛1头，折价30串，顶30个白洋。

上迭6旗，每户1斗粮200文官钱，每旗交烤猪20个，土司出巡到达上迭时，上迭各旗及所属五寺院，规定给土司送乘马1匹。

2. 土司衙门内的总管、头目、传号以及杂役人员，一概没有规定应得的薪金，大小总管每年年终从土司仓粮中经土司同意提取杂粮若干石，杂役人员如喂马、劈柴、烧炕、做饭的每年每人杂粮2斗（100市斤）。杂役人员的零用钱，由总管向头目要诉讼传票，借此向诉讼当事人索要“鞋脚钱”，收入多寡不等。头目处理一般诉讼纠纷后，当事人给头目所交“衙门钱”，除一部分上交土司外，均归头目所有。黑番四旗长宪、下迭仓官收入较多。

48旗的32个长宪中，黑番4旗的长宪职权最大，可以单独处理案件，在群众诉讼纠纷处理后，当事人所交的衙门钱全归长宪。每年每旗给长宪交肥猪1头，每户给长宪1斗麦子。长宪乘马的饲料、烧柴，随用随派，数量不等。

下迭8旗，每年收粮时每户给仓官马料2升，以村为单位，收齐后，一次交付，每村4背面粉约100斤，4瓶水酒，4疙瘩酥油约2斤，烤猪1个。调解纠纷后，当事人给的衙门钱也归各旗所有。给长宪4个烤猪，每户马料1升、面粉、水酒、酥油与仓官同等。

上迭6旗，仓官由长宪兼任，每户给长宪马料2升，以村为单位送烤猪1个，面粉4背、水酒4瓶、酥油4块约2斤。

前山18旗中，朱扎7旗没有给长宪马料，长宪依靠给民间处理纠纷、传票索取“鞋脚钱”，有多有少，收入不等。其余前山10旗，每户给长宪马料1升（5市斤）。经济收入也全靠处理一般纠纷，传案索取“鞋脚钱”。口子下家人旗，因给土司轮流服差役，没有设长宪，没有任何负担。

三、土司的“兵马田制”

卓尼土司所属48旗均为“兵马田制”，48旗土地所有权都是杨土司的，一家一户耕种土司土地的，有事时自备乘马匹、枪支、弹药、口粮，总管长宪将各旗民兵按需要多少集中后，带到土司衙门排队点名，以土司指定头目为率领，传号1至2人为帮办，长宪、总管带领所属兵丁前往出征。打仗时，规定北山日扎卡莪等5旗为先锋，朱扎1旗为土司卫队。土司不去领征时，由头目率领出征。打仗中若有总管阵亡，土司给总管的儿子发给总管的世袭尕书（即执照），一般兵丁阵亡发给达汗尕书（抚恤证明书），不当差役。每年年终，土司衙门向朝廷报步骑兵名额2000。有事需要调兵时，由土司根据情况抽调多寡不等，最多时约调官兵四五千人。常年防守4大暗门、25处隘口。

各旗各村的外来迁入户叫“尕房子”，没有土地，没有林权，不负担兵马差役。老户又叫大房子，如遇死亡或缺嗣，田地无人管理者，“尕房子”可以通过一定手续占有使用，谓之“吃田地”。吃了田地，就要按“兵马田制”出兵马，吃田地由总管长宪报请土司批准发给藏汉尕书（执照），平时为民，战时为兵。

四、土司衙门对群众诉讼案件的处理

土司衙门有权受理16掌尕48旗群众申诉的民事纠纷案件和刑事案件，民事案件以及轻微的刑事案件各旗长宪、仓官、总管先调解处理，如果案件申诉到土司衙门，先由衙门传号、头目审问，口头判处，原被告人具结了案，结案后，当事双方各交衙门钱5串，并按情节轻重，罚款10串～15串，如遇情节严重的杀人犯，则向衙门交纳“夏旦”罚金50串。

重大案件，如经传号、头目处理后当事人不服，或者案情重大，传号、头目不敢处理者，呈请土司亲自开堂审问，传号、头目在土司开堂审问时左右陪站，开堂前房科准备好审问单，写明原告被告人姓名证人是谁，呈交土司开堂审问，传票人将原被告、证人领至堂前叩头跪诉，二班、三班衙役（与法警相同）携带所需刑具站在土司两边，听候土司命令，有时对不承认事实的一方当事人用刑。开堂审问结果，由土司口头宣判，不写文字通知，重大杀人案件，有的当堂宣判，有的土司审问后交群众中有威望的总管、头目调处，凡是杀人案都要“打命价”，打了命价案件结束，坐牢的杀人凶手才得开释。杀人后，凶手逃跑，凶手家属恳求土司允许后由总管头目调处，打了命价案件结束后，规定在逃凶手三年不能上庄。打死男人“打命价”500串，女人“打命价”300串，按当时情况折合白银或银币以及用牛马实物折抵。48旗基本相同。

土司衙门内，设有监牢一处，内分二班和三班，案情重大的犯人押入二班，情节轻微者押入三班，各班有班役分管人犯。刑具有：木枷，木墩，脚镣、手铐、铁绳、木板子，木棒。杀人犯、抢劫犯、强奸犯要戴木枷，押在土司衙门前院，白天示众，晚上收监。女犯另有监牢监管。

1980年稿

本文选自中国人民政治协商会议甘肃藏族自治州委员会文史资料研究委员会：《甘南文史资料选辑》，第十三辑，1982年；选自甘肃省政协文史资料和学习委员会：《甘肃文史资料文库》，第7卷，2001年。

安多藏区卓尼之现况

杨复兴①

一、沿革

卓尼为“安多藏区”之一部，僻处甘南，地介青、藏、川、康间，原隶禹贡雍州。自秦以还，为边防重镇，晋为吐谷浑所据，迄唐贞观年间置叠州，今卓尼属迭部之巴什殿下，即古迭州遗址。唐末为吐鲁番所陷，唐之李勋、李晟、李诉，明之李达等名将皆曾率重兵镇抚其地。明初笔者始祖西藏王讳松赞公布之裔孙些尔地自西藏率众东来，披荆斩棘，拓殖其间，抚慰兼施，消弭祸乱，乃变为藏民之乐园。明永乐二年归隶中原后，迄于笔者本人世守忠贞，服从政府，招之抚之，勉尽厥职，故历二十世，五百余年，无边圉之虞，此尽人皆知之事实。

二、地理环境

卓尼位于洮河上游，有高屋建瓴之势，当北纬二十四度一分

① 杨复兴，藏族，最后一代卓尼土司。中华人民共和国成立后，历任卓尼县县长、甘南藏族自治州副州长、甘南军分区副司令、西北军政委员会民族委员、甘肃省民委副主任、西北民族学院副院长等职。此文是1949年杨复兴与杨生华、姚天骥去南京之际，登载在当时《西北月刊》上的一篇文章。

至三十四度九分间。东界岷陇，南达川属松潘、汶茂等县，西与莪哇、毛尔格等草地相接壤，直达西藏，北与夏河相毗。径通青海，握交通之枢纽，为边地中心，内以文县、武都、康乐、西固及临夏、临潭等县，犬牙相错，往来频繁。辖境面积据卓尼设治局估计，约为三万五千平方公里，合计十四万平方市里。据本部估计，约为五万余平方市里，约占甘肃全面积二十五分之一弱，约当江苏全面积八分之一弱。地方辽阔，蕴藏亦丰，河流纵横，山峦起伏，山为昆仑山之北岭系，属岷山山脉，西倾山为其分支之北出者，洮河发源于西倾之北，白龙江发源于其南，入川会西汉水而成嘉陵江，注入长江。卓尼城居洮河之阳，山林环抱，海拔二千四百五十公尺，据甘肃水利林牧公司洮河林场，三十四年度之记载，年平均温度摄氏负二二点五度，年平均雨量二六七点八五厘，为汉藏交通之冲衢，历为边域之锁钥，唐称南部四川，即洮岷、迭宕，宕已属甘肃岷县，今之宕昌县是也。迭部曾遭明末张献忠之变，庐舍荡然，今卓尼以地处遐陬，世鲜注意，值兹建国大业积极开展之秋，自应加速建设，以固我西北一角也。

三、经济形势

卓尼辖境广袤，物产富饶，如畜牧、森林、药材及矿产等，若能积极发展或开采，其前途必极乐观。兹分述于下：

（一）畜牧：卓尼境内以畜牧业为主，农业副之，据民国三十年西北经济研究之调查估计，有绵羊七万九千五百一十六头，山羊一十三万八千一百九十一头、马二万六千三百四十二匹、牛四万九千一十头、猪三万三千九百六十头，惟近年来疫病流行，死亡率甚大，苟兽医发达，前途可观。即就牛奶一项而言，卓尼乳牛二万五千头左右，每头每日产乳量平均以四磅计，每天可出产牛乳量十万磅以上，其他畜牧之副产如皮革、羊毛、猪鬃、骨骼、乳酪、肉等产量亦甚丰。

（二）森林：卓尼境内森林密布，种类繁多，主要者有粗云杉、细叶白松、冷杉、桧以及落叶松、桦等。据农林部国有林区管理处之调查，洮河上游森林面积约为三千余平方市里，森林材积量约为四亿八千余万立方尺。洮河中游森林面积约为六百余平方市里，森林材积量约为五千万立方尺。白龙江上游森林面积约为八千平方市里，森林材积量约为二十三亿立方尺，由洮河水运可达黄河，供销兰州、宁夏、绥远一带。陇海路打通，全国各地均可取给于此。如在白龙江上游迭部附近，筹设最新式之电力造纸工厂、人造丝工厂，仅此白龙江上游林区，每年可供给最上等制丝原料云杉、冷杉等木材，约一千余万立方市尺，制纸及人造丝，可达一万万磅，以时价计算，约值五万亿元，可以供给全国之用。苟能合理采伐利用，森林仍可保持永续状态，他如森林副产品之柏油、木精、木醋、木醛、松节油、木酮、蓚酸等，用途颇宏，甚愿农林部经济筹资经营，或协助人民经营，利用厚生，必有善果。

（三）药材：卓尼境内以森林分布较广，草山更多，故中药出产约有五十余种：其主要者如党参、贝母、知母、蓁艽、大黄、羌活、茯苓、麻黄、黄芪、川芎等，据本部估计药山面积约计有一万平方里，每年可能出产各种药材一千担，至如鹿茸、麝香、牛黄、熊胆等出产亦巨，他如农林畜牧工矿等，合理经营后之各项副产品，以及为原动力之瀑布等水力，均足利用。惜卓尼藏区之各项经济事业，概依原始方式，粗放经营，殊为可虑。

（四）矿产：卓尼辖区内矿产，迄无精确调查，先司令积庆公曾极力设法探采，虽因无专门技术，成效未彰，但如迭部之金矿、银矿、铁矿，江尔岔之硫矿，达拉麻牙金矿，以及插岗之雄黄矿，均具有新法开采之价值。

四、政教特点及与西藏之关系

卓尼藏区之设治，始于民国二十六年。据设治局调查全境有一千零六百一十八户，人口约在五万人以上。但据本部估计，全境户口在两万多户，僧俗民众在十万人左右。至于政治基层组织，虽世袭相承，形似保持封建色彩，但揆诸实际，则与今之民主精神多相吻合，凡一村一族，视其户口之多寡，设置头人一人或数人，头人由全村共举，故均有过问地方政治之机会。以言军事，纯为寓兵于农之征兵制度，与现行兵役制度完全吻合，沿例称“兵马制度”。规定每户至少一兵一马一枪，均民间自备，平时归农，遇国家地方有事，可一呼而全部应命，自动集中，迅速确实，决无规避逃匿情事。依照政府规定，应报部士兵二千，当此国家多事之秋，政府似应予以适当之军需与配备，俾蔚为国家劲旅而巩固边圉也。

卓尼辖有四十八旗，五百族，一百寺，在此区内，政属于土司，教属于僧纲，据考，笔者始祖些尔地及其弟鄂尔地同莅是邦，兄任民长，管理民政，弟任寺主主持宗教，历代相传，土司长子承袭土司，次子例袭僧纲。遇独子时，土司兼任僧纲，故卓尼禅定寺，为全部宗教之原动力。故十六世宗基公，十八世祖作霖公及先父积庆公均得兼摄禅定寺护国禅师僧纲职，今笔者弟丹珠仍袭是职。若以藏民习惯而论，凡政治力量所及之区，悉负有宗教力量配合其间，此卓尼政教之最大特色。

卓尼藏民，崇信佛教，凡语言、文字、风俗、习惯、宗教、血统等概与西藏同。西藏为佛教圣地，僧俗对西藏之信仰极深，每年不远千里，前往朝藏，故西藏三大寺院中，卓尼僧人，多留学其间，往来密切，感情融洽，尤以达赖座前四大藏王之中“策林”王世为卓尼籍，已历七辈，信仰最深，每当达赖圆寂后，代为摄政，在藏地位既高，故西藏对于卓尼非常重视，而卓尼信赖西藏者，此一因也，笔者始祖来自西藏，西藏实即笔者之故乡，故无论就地理或民族言，关系均极密切。但卓尼世代屡建殊勋，迤南各部藏民及各部落酋长，均归服而往来频繁也。

五、一点愿望

自上所述，则卓尼之种种不难了解，此一政治区域，属于甘肃省，宗教信仰为佛教，但佛教之教义，实与伟大精深之三民主义同一旨归，此笔者所极欲声明并愿国人有以明白之。

中华民族是一体的，各宗教间如兄弟手足精诚团结，和衷共济，毫无杆隔之分，必如是，而后可使中华民族屹立于天地之间，以缔造世界和平，增进人类福祉。

兹所欲言者，卓尼地处边陲，一切事业落后，当此国家多事之秋，故建设边疆，以巩固边疆为急务，第言卓尼之建设、教育为首要，今卓尼仅有保国民学校二十所，中心小学四所，女子国民学校一所及国文教义讲习所一所（教育部办），数量少而设备简陋，实不足以应实际需要。故深盼政府当局明鉴及此，充实原有学校并筹设中学一所，尤盼海内贤达，与各地区藏胞人士，本中华民族一统之精神，积极从事研究调查及实际建设工作，俾卓尼地方地尽其利，物尽其用，货畅其流及人尽其才，则国家建设，边圉巩固，实利赖之。

本文选自中国人民政治协商会议卓尼县委员会文史资料研究委员会：《卓尼文史资料选辑》，第一辑，1984年。

我与拉卜楞寺青年喇嘛职业学校

黄明信[①]

第五世嘉木样呼图克图一生的事迹中，他亲自担任拉卜楞寺青年喇嘛职业学校的校长应该说是一件最重要的事，但是在藏文的《历代嘉木样呼图克图传略》里只字未提，我是与此校关系最深的一个人，对此应该有所记述。不过年代久远，当时曾经有详细的日记，但我于1952年将日记交给组织了，现在手头没有任何资料可供参考。现在是2008年10月，我91岁，年纪衰迈，记忆严重衰退，不免有不甚准确之处，俟后补正。从电脑里查到《边疆通讯》1947年第4期和第11、12合期上有阴景元所写有关拉卜楞寺青年喇嘛职业学校一文，如能找到可能对补正此文有些帮助。

据我所知，拉卜楞寺青年喇嘛职业学校的设立，是1943年黄正清率领的拉卜楞僧俗赴渝致敬献机代表团提出的，说是学生的来源、生活费用、校舍等都是现成的，成立起来很容易。其实这并非嘉木样五世本人，也不是黄正清提出的，而是代表团的汉族秘书自己想当然地做的文章而已，不想教育部长朱家骅是很注意

① 黄明信（1917—），藏名索南嘉措。1938年毕业于清华大学，20世纪40年代任华西边疆研究所助理研究员。他长期致力于历算研究，具有深厚的藏文功底和藏族古典文化的素养，出版有多卷本《黄明信藏学文集》。

边疆（当时没有少数民族这个名称）党务和教育的，他知道后认真起来，1945 年批准设立，任命第五世嘉木样为校长，而教导主任则由教育部直接任命以便控制。一个小小的职业学校的教导主任不由该校的校长任命，而由国家教育部直接任命这是很少有的。所任命的人是绳景信，这个人是当地国民党特别党部的书记，是黄正清取得国民党中央候补委员地位的引线人。任命他做这个教导主任也算是对他的一点酬劳。

学生有甲乙两班，甲班的学生 50 名就是拉卜楞寺原有的 སློབ་གྲྭ（学校）的学僧，乙班的学生是由嘉木样命令拉卜楞寺的五个扎仓（གྲྭ་ཚང་།）各派十名学僧而来。学生们在他所属的扎仓有施主放布施时回去领取，午饭由他们自己带酥油和糌粑来，学校只提供热茶。校舍借用嘉木样在寺院附近建造的别墅。这个别墅算是嘉木样送给他父亲的，实际上他的父亲并没有在这里住过。教育部主要负责教职员的薪水和行政开支，中央的薪水比当地高，是当地人羡慕的。而且报上去的名额比实有的人数多，也就是说有几个“空额”，这些空额的钱被有权力者瓜分，具体如何瓜分我不清楚。

本来黄正清的地位是由他是拉卜楞寺寺主嘉木样活佛的哥哥这个亲属关系而来，但是他是俗人，不便于直接干预寺务，他的幼弟阿莽仓是该寺的大襄佐（ཕྱག་མཛོད།），掌握该寺的实权。但是嘉木样本人并不甘心做一个只有空名的傀儡。他想培养一批他自己的干部，将来派到所属寺院和部落去，逐渐掌握实权。那个 སློབ་གྲྭ 就是他模仿拉萨的 རྩེ་སློབ་གྲྭ（国立青年喇嘛职业学校）而设立的，只学习书法（拉寺的学者一般注重口头辩论和讲授，不注意书法）和记账，以便写报告，暂时没有汉文课程。而他已经感觉到汉文、汉语的需要。青年喇嘛职业学校虽然不是他倡议的，却正适合他的需要，因此乐于接受这个任命。

绳景信不会藏语，更不了解藏族青年喇嘛的思想，他的某些措施受到学生们的反对，甚至动手打了他。他这个教导主任做不下去了，必须任命一个新的教导主任。教育部边疆教育司的司长凌纯声原来是中央大学社会学系的教授，他与燕京大学社会学教授李安宅相识，李安宅先于我到拉卜楞，和我很熟悉，凌从李安宅那里听到我的情况，建议我做这个教导主任。

其前，依托拉卜楞寺建立起来的甘肃省夏河县成立参议会，任命阿莽仓为议长，甘肃省建设厅长张心一（老清华留美的，原名张继忠）推荐我担任秘书一职。一个县级的参议会秘书对于我来说本来是不屑于担任的，但是在寺里，大襄佐的命令我是无法拒绝的，于是我和阿莽仓发生了关系。也因此嘉木样活佛知道了我这个人，找我去教他汉文汉语，以师礼相待。他坐在炕上时，驾前堪布都坐在地下，而叫我坐在他的对面，这是极高的礼遇。教育部提出任命我做教导主任他自然很同意。我不但无法拒绝，而且认为与他的这一批将来的干部建立了师生关系对于我将来开展工作大有好处，也欣然同意。我接手之后把这些“空额”的钱用在学生的福利上，而且向凌纯声公开说明这样做的理由，得到他的默认。这当然受到学生们的欢迎，但不免受到原来吃空额的那些人的不满。

甲班的藏文教员仍是原来སློབ་གྲྭ的教员，汉文教员是阴景元；乙班的汉文教员是马兆麒，藏文教员是一个青海人（名字我不记得了），他得了重病，垂危时对我说，他的水平已经不能适合学生进一步提高的需要，他推荐毛儿盖（地名）桑木丹དམུ་དགེ་བསམ་གཏན།继任。此人是阿莽仓的经师、拉卜楞寺的顶尖学者གྲགས་པ་མཐའ་ཡས།（智华塔益）的亲弟子དཀོན་མཆོག་བསམ་འགྲུབ།（贡去乎桑木周）的得意门生，不但精通佛学（内明、因明），其他几种“明处”（声明、梵文、语言学、医方明、工巧明）也都通达，是中年学者里很杰出、很全面的一个。我向嘉木样提出后他很高兴，立即任命其为职校教员。当时寺内的气氛对于职业学校教员这样一个职位是很看不起的，认为是糟蹋了一个格西。他的师父来求情，嘉木样坚决不准，他只好接受。不过后来他却是由于这点因缘新中国成立后来到北京，在中央民族事务委员会和民族出版社工作，对于藏传佛教和藏学的发展起了很重要的作用，后来被选为全国政协委员。这时他担任甲班的教员。

后来担任乙班教员的人名叫丹巴嘉错。藏族人重名者甚多，通常加上其籍贯、特征、绰号等以资区别。他被称为 བསྟན་པ་སྣ་དམར། (红鼻子丹巴)，是一位佛教学者，书法好，精于文法修辞，曾任议仓的僧官秘书长。他是怎样到职校来的我记不得了。阿莽仓曾经想利用他曾经做过僧官这一点，让他重新穿上僧官的服装——绣金的坎肩，意思是恢复僧官的身份。我是一个普通的僧人，必须服从于他，而僧官是受大襄佐指挥的，这样，他就可以拿到职校的实权。但是嘉木样没有同意。藏文的《历代嘉木样呼图克图传略》写作时阿莽仓当权，其中关于拉卜楞寺青年喇嘛职业学校只字未提就是这个缘故。嘉木样也曾经想叫我穿绣金坎肩，我没有同意，因为那样一来就不能像普通的学僧那样参加学经的法会了，而我主要的目的是学经。

接手教导主任之后不久，我接到李安宅的一封信，说是经他的推荐，美国耶鲁大学社会系主任 Osgood 给我一份奖学金，一年 2000 美元，这在当时是够用的，但是路费要自筹，问我能不能取得嘉木样的资助。嘉木样说：我这个学校刚刚起步，你不能离开，等这个学校走上轨道之后，我资助你去美国不成问题。我就未能离开。

拉寺的制度，ཚོགས་ཆེན་ཞལ་ངོ་། (总掌堂师，汉族称之为铁棒喇嘛) 有其威风，一般的僧人不能与他迎面走，必须回避，实在无法回避时就应掩面趴在路旁。我作为教导主任遇到这种场合未免尴尬，而有一定地位的则不必回避，于是向嘉木样提出，希望给我不必回避的地位。本来我的目的仅此而已，想不到他为此在大经堂里给了我一个特殊的座位，位在卸任的各大元老僧官那一排座位的排头。有了这个地位，路上遇到铁棒喇嘛当然可以不必回避，不过这个地位的特权远远不只这一点。那些人自然不服，又不能抗拒，怨气集中在我头上。5 个扎仓对职校也有怨气，因为他们送到职校的那些学生，照领本扎仓的布施，而不受本扎仓的管辖调遣。种种反对青年喇嘛职业学校的力量碍于寺主嘉木样大活佛的权威不敢正面反对，于是怂恿嘉木样的父亲出面要回他别墅的房屋。学校如果没有校舍自然无法开学。

职校本身也存在问题。作为“职业学校”不能停止于藏汉语文的课程，于是我向教育部提出自建校舍、学生公费、开设印刷和医药卫生两个职业班的计划。教育部基本同意，由我代表校长去南京“述职”商量具体的办法。1946 年我去南京，与边疆教育司谈得很顺利，争取到不小的一笔钱。那时法币贬值很快，学校收到这笔钱之后马上换成银元，得到 4 万元大洋，这在当时当地是一个不小的数目。完成任务之后我回到北平省亲，家里有我的母亲和妹妹，1937 年抗日战争开始我离开北平之后已经 9 年未见到了。从北平回拉卜楞要先乘火车到西安，转汽车到兰州，再转骑骡子到拉卜楞。这时解放战争开始，北平到西安的火车中断，只有乘飞机，而航空公司的飞机因连续摔了三架也停飞了，因此我在北平停留了两个月之久。这期间，嘉木样活佛患天花病重，连续来了好几个电报催我回去。好不容易才找到一个空军飞机的座位，等我回到拉卜楞他已去世，喇嘛职业学校的事也就发生了急剧的变化。

反对职校的势力原来就很大，仅仅慑于大活佛的权威不敢动作而已。嘉木样一去世他们马上行动起来，各扎仓召回他们送去的学生，学校没有了学生，自然陷于停顿，只有解散。教育部的意思是任命我为校长继续办下去。他们很难理解这根本是不可能的。经过一年多的时间，我反复多次向他们解释这种实际情况，最后教育部终于勉强同意解散这个学校，把设备移交给临夏的师范学校。1948 年我自己考得了 རམ་འབྱམས་པ།（硕士）学位之后，把移交的事托给留守的人，离开拉卜楞回到北平，那 4 万元大洋则下落不明。我和拉卜楞青年喇嘛职业学校的关系大体就是这些。

本文选自《黄明信拉卜楞寺研究论集》，兰州，甘肃民族出版社，2011。

中华民国时期甘肃藏族的信仰

邓慧君[①]

藏族、蒙古族、裕固族、土族等信仰藏传佛教，藏传佛教不仅主导着他们的精神生活，而且也影响着他们的日常生活习惯。宗教信仰无处不在，无时不有。藏族人家的每座帐房里左首朝外都悬挂着一幅小佛像，人们身上佩戴护神器，脖颈上佩戴念珠，手拿经轮，边走边摇。每日晨起，即口诵“唵嘛呢叭咪哞”的六字真言，在佛像前煨桑，朔望便到附近的寺院烧香拜佛。每月请喇嘛到家里念经两次，一次约两三天，凡部落里的活动或家中生老病死、婚丧嫁娶等均请僧人念经。藏族对僧人尊崇，对活佛更是崇拜至极，遇寺院做法事必前往寺院求活佛摸顶。

信仰藏传佛教的民族其游牧地和居住地分布着大大小小的寺院，大的部落都有一个寺院，几个小部落共同拥有一个寺院。在天祝藏族聚居区，就有 14 个寺院；永登连城的 8 个部落，有 6 个寺院；武威和永昌的 7 个部落，有 1 个寺院；民乐的 14 个部落，有 2 个寺院。[②]寺院僧人多是所在部落或是其他部落的男性，家有二男，须送一子为僧，有男女各一，须送子入寺，藏族人家几乎每家有一个入寺的僧人。入寺的僧人并不和家庭脱离关系，家人

① 邓慧君，甘肃省社会科学院政治所研究员。

② 张掖地委秘书处编：《河西志·上》，1958 年，未出版。

可以到寺院探望，其念经所得收入还可补贴家用。

寺院僧人的生活全靠附近的部落布施维持，每个寺院，每年都有十多次神会，到时人们前来祈福施舍，而僧人替施舍者念经祈福。寺院的僧人有一定的身份等级，地位较高的僧人拥有财产，死后一部分财产归寺院，一部分由其亲属入寺继承。僧人也可以还俗，还俗时或受体罚或给寺院一定的财产赎身。

在20世纪二三十年代，著名的黄教寺院拉卜楞寺有3000名左右的僧人。拉卜楞寺的僧人来源甚广，藏族、汉族、蒙古族、满族、土族诸人均有入寺为僧的，其籍贯则远自东三省、新疆、内外蒙古、西伯利亚之蒙人，康藏之藏人皆有之。寺内有汉族喇嘛50余人。拉卜楞寺所辖分寺范围广，在夏河有47处，临夏有3处，临潭有3处，青海有10处，四川松潘县有11处，西康有10处，西藏甘孜有1处。另外，北平的甘就寺（或为甘德寺）、五台山的甘觉寺均为拉卜楞寺的分寺（也有资料说管辖分寺在甘南102个、四川30个、青海9个，共计141个寺院，共有活佛、僧官、喇嘛、僧人近4000人）①。

甘肃东南部藏族聚居区历史比较悠久的又一所藏传佛教寺院是禅定寺，规模仅次于拉卜楞寺，有僧人500余人，所辖分寺号称108个，实际上较为著名的只有38个。禅定寺所在地为杨土司辖境，杨土司摄政该寺。在洮岷山地除了一些寺院，还有一些嘛呢寺，由几位僧人自建房屋设置嘛呢，供附近乡民朝拜。

本文选自《甘肃通史·中华民国卷》，兰州，甘肃人民出版社，2009。

① 绳景信：《甘南藏区纪行》，见甘南藏族自治州政协文史资料研究委员会编：《甘南文史资料选辑》，第2辑，合作，1983。

民国时期甘肃藏族文化促进会以及宗教界人士的办学活动

邓慧君

藏族新式教育的推进与藏族聚居区地区的行政变革和藏族进步人士接受外界影响联系在一起，1926年，甘南拉卜楞设治局成立。为促进藏族文化教育事业的发展，经五世嘉木样活佛和拉卜楞设治局保安司令黄正清（嘉木样活佛长兄）等人的积极倡议，在国民军第七方面军总指挥部政治处党务特派员宣侠父（中共甘肃特别支部成员）以及进步人士的帮助下，在兰州成立了“藏民文化促进会”，黄正清担任会长。促进会成立后，在临潭、岷县、永登等县成立了分会，开展办学活动。1926年，在夏河创办小学，招收藏族学生30多人。1927年，促进会迁往拉卜楞，更名为“拉卜楞藏民文化促进会”。1935年改小学为拉卜楞小学。

1935年，该会根据国民政府颁布的人民团体法令进行改组，修订章程，规定：该会以“促进藏民文化，实施普及教育，发扬民族精神，刷新民族思想及改善风俗习惯为宗旨”。其任务是设立藏族学校，办理文化事业。下设理事会和监事会，理事会推出常务理事3人，黄正清担任理事长，总理会务，下设总务、教育、宣传三股；监事会推选出常务监事1人，监理考核会务推行情况，下设审核、稽查两股。该会改组后，在甘南等藏族聚居地区创办了陌务、阿木却乎两所小学。1941年，组织成立了边闻通讯社，设总务、编辑、印刷3个股，编辑发行《边闻通讯》，分汉、藏两版，同时还设置了夏河县图书馆、阅报所、体育场等文化设施。“藏民文化促进会”在成立后的20余年里，开展各种文化教育活动，为藏族文化教育事业的进步做出了积极的努力。

民国时期，藏族上层人士也开展各种形式的办学活动，卓尼的杨吉庆土司热心地方教育，1937年，向“蒙藏委员会”争取经费支持，在甘南创办了6所小学。1939年，拉卜楞设治局保安司令黄正清夫妇倡导创办拉卜楞寺女子小学，1940年正式成立，有学生80余人，其中藏族女生10余人。1942年，与拉卜楞中心学校合并。

河西民族聚集地区新式教育起步很晚，1939年前后，在今肃南县，裕固族僧人七世顾嘉堪布、马罗汉等以寺院为教室，在莲花、慈云、马蹄、西藏寺、洪湾、明海等寺院创办私立小学6所。这几所学校设立董事会，选举顾嘉堪布为董事长，各部落头人为董事。学校按照教育部规定设置课程，用汉语教学，有的学校开设了藏文科。办学经费一部分就地自筹，一部分由国民政府蒙藏委员会以及中英庚款董事会补助。到1947年，共有学生258人。

1944年，教育部聘任嘉木样等5人筹设国立拉卜楞青年喇嘛职业学校。嘉木样下令选派青年喇嘛100多人来校就读，分甲、乙、丙三个班，设纺织、边疆师范、卫生、印刷等专业。1947年4月停办。

20世纪40年代初期，卓尼禅定寺创办了一所喇嘛半日学校，经费由教育部月拨百元，有学生18名，年龄在10岁以下，半日念经，半日读书①。

在哈萨克聚居区的阿克塞地区，蒙古族聚居的肃北地区，早

① （民国）陈宝全：《甘肃的一角》，见《中国西北文献丛书》，第4卷，影印抄本。

在1913年前后，曾经在靠近肃北地区的青海北左翼右旗（俗称科骨沟族）旗王所在地设有一所学校，肃北蒙古族子弟在此就学。不久，旗王去世，学校停办。

民国时期，甘肃的民族教育处在起步阶段，发展十分缓慢，学校分布很不均衡，藏族聚集的今天祝县在民国初年只有几所私塾，到1949年有完全小学1所，初小5所，在校学生203人，且学生多为头人子弟，农牧民子弟很少；而在甘南藏族地区共有小学91所，学生1933人，其中藏族学生245人，且学生多集中分布在夏河、临潭、卓尼、舟曲等县城。地处边远的碌曲、玛曲、迭部等县没有一所学校。1949年新中国建立前，全省有少数民族专设小学338所，有学生17763人，专任教师426人，其中全省少数民族地区共有开课的学校302所、少数民族学生3463人、少数民族教师185人；全省专设民族中学6所，其中设于少数民族地区的5所，在校少数民族中学生274人。

本文选自《甘肃通史·中华民国卷》，兰州，甘肃人民出版社，2009。

甘肃洮砚史话

谢润甫

洮砚石产于甘肃省洮河流域中下游，旧日汉、藏两族交错地带，即卓尼的“喇嘛崖”。地在洮河东岸，从“洮州厅”北区的石门沟地方对岸斜望，相距不及十里，但因管辖关系，在前清时代，凡来作洮州厅的官儿，需要砚材，必得具正式公文向杨土司索取。在杨土司方面，虽然对于这种要求，认为是对上级官府的正常供应（前清的洮州厅带着“抚番府”的官衔，管理辖境的汉、藏、回几种民族，杨土司世职的官阶“指挥使司佥事”虽然比洮州厅高，但须受他的管理），但因有这样沿袭下来的一种手续，就形成非洮州厅的正式公文，就不能采取的习惯。他们自己，根本没有用处，所以在1920年以前很长的历史时期，除非由在洮州作官的人带出一点，还有被雇用的采石工人在替官府采取的时候私下夹带一些之外，再没有采取的机会，这是一方面；其次，喇嘛崖产砚石的地方，在洮河河床，是河底的水成岩（有说并非产于水底），平时水大，河岸陡峻，无法施工，必须在冬春水涸，河床大部呈露，才能施工，逼水西移，加以采掘，工费并不太大，但由于民族忌讳较多，产量总是有限的。

洮砚石的特点，除过宋、金人所已知道的色泽和“能淬笔锋”之外，还有重要的两点：第一，因为是水成岩，天然润泽，能保持墨汁，不易干涸；第二，好的砚材，发墨很快，有的端砚还赶不上，在这一点上，有人说："竖的石槎发墨快，横的就差一点。"其实，一样的槎子，发墨快慢不同的例子，我见到的不止一两个，所以主要还在于它的质料。

质料的好坏，有没有衡量的标准呢？有的。好石料有鹦鹉眼，和端砚的鸲鹆眼一样，越多越好；有浓厚的黄色石皮，叫作"黄膘"，和端砚的"蕉叶白"一样，越厚越好；此外还有小点金星，满洒面上的，也为人们所珍视，但比之以上两点，不甚重要。在制作上，"眼"和"膘"能安排在惹人注目的地方，标志显然，而"金星"就没有这种便利，不过没有"眼"和"膘"的时候，"金星"也是难得的了。因为它不是别处所产的像绿石所具有的，比如米南宫的《砚史》里，就有"陇西绿石"，而宁夏贺兰山砚石也有绿的，就是"喇嘛崖"附近河岸边上的岩石，绿色的也不少，所以这个标准，还是具有一定价值的。这些好石料陆续发现，才使得洮砚的质料后来居上，比之端砚，没有愧色；但这还不是已尽其奇，更奇的是它在1920年以后，出现了一种紫、绿相间的东西，一层鹦鹉绿，一层羊肝紫，凝合在一起，这就使得制作的名工高手，大有"意匠经营惨淡中"的用武余地了。这种紫、绿相间的砚材，以我所见，只有宁夏贺兰山有过，若果不是真正的自己见到而且收藏过的话，绝不会相信这是洮石。这是推翻了"洮州绿石"的旧观念的事。本世纪以前的赏鉴、收藏家们，是绝对想象不到的，因而也就有专用紫石层仿作端砚的事。以地域关系，西北不容易得到端砚，"物稀为贵"，自然就会发现以洮充端的东西，不过洮石的紫色，比端石浅得多，见过端砚多的人，很容易分辨出来，而且这种东西，以小而薄的为多，稍微大一点，厚一点，就是紫、绿相间，不能剥离了。所以这种东西，毕竟为数不多，无关大体，但对以洮充端的东西，赏鉴、收藏的人们，不可不予注意。

以上是洮砚石的历史和质料的大致情况，现在再来谈谈制作上今昔朴拙和雕饰的不同现象。

《宣和砚谱》和《西清古鉴》里的砚式，抗日战争前，故宫博物院曾印为日历的图案，普遍发行过。收在里边的，有365种之多，大体不外方、圆、长方、椭圆几种基本形状，雕琢的花样，虽然是雅素大方，但总是古朴、简单，作为实际应用的东西，自然是很够条件了。若果在应用之外，更进一步而要求有艺术上的加工的话，那就“后来居上”，旧谱实在有点逊色了。主要在形状方面，后来突破了以前方、圆、长方、椭圆的范围，而是尽量利用砚材的自然形状，可以琢为什么物象的，就琢为什么物象，山、川、云、物、禽、鱼、鸟、兽、花、果、竹、木……总之，那块砚材，能雕成什么最合适的东西，又能把主要的特点，如“鸜鹆眼”“黄膘”等安排在最显著的地方，那就是“匠心独运”的高手。这种设计，每每要经过很长的时间，所以制成的成品，在当地几十年前，已经以硬币几十元论价，而且是常常供不应求的。设计是一方面，还有刀刻的笔触，也和篆刻家一样，有苍老、峭拔，活泼、生动种种的不同，虽有好设计而刻法嫩、弱，表现得无力，也只是普遍应市的东西，一般的只卖几块钱，石料大的，也不得超过十多元。因为这类东西，在洮州一般识点字的人，从小时上学，自己就弄上一块砚石去琢磨、刻画，成了一种家庭副业。在以前的集市上，纷纷兜售，过客随时可以购得，在当地算不得什么名贵的东西。现在就我所见到的名工李生祥（已亡故，1920—1930年期间，在临潭县新城药王庙工作，人都叫“李师”）所制的好砚谈一下：

残荷叶型：利用不甚圆的砚材和边上的黄膘，制为残荷叶型，黄膘恰好作为荷叶边上苍黄的部分，看上去真像一枝残荷叶，没有人工雕凿的痕迹。

湖山型：一块不规则的砚材，一边很厚且具丘陵状的石齿，一边却薄得不相配称，若作一般的方、圆、长方、椭圆等型，真是一块废料，他却把丘陵状的石齿，随其形势，琢为平远、陡峻的坡陀、峰峦；把薄而低的一边，琢为湖水，于是湖上有了山，山下有了水，湖心有个眼，恰如月映波心，好像是有意地布置起来的一局小湖山，哪里知道它是无用的废材呢！

葡萄串型：利用像一串葡萄的紫、绿相间的不规则砚材，把紫的雕为葡萄，绿的雕为叶子，砚池占着大头的叶面上，在不磨墨的时候，就活像带叶的葡萄。

缺月型：只是一块半圆的砚材，但却有两个眼，他就把它琢为缺月形而使两个眼作为两个小星，和缺月相映衬，觉得缺月反比满月更有意味。

秋海棠叶型：秋海棠叶式，是把不规则的砚材，琢为秋海棠叶型的砚，加工不多，而形象生动，陈在案上，映照得周围的事物，好像都有生气了。

这里是随便举了几个受人欣赏的作品。他的作品是多种多样的，除过他自己匠心独运的作品以外，也有照顾客的喜爱，依旧日砚谱式样制作的，有盖的刻瓦当文，博古图种种，但很少如他人刻八仙、三星图等人物细致图案，也不愿意作普通方、圆、长方，尤其有盖的东西。我曾问过他：为什么不作这两类东西？他说："细致人物费工多而不易生动，也没有运用匠心的地方；至于方、圆、长方等有盖的东西，实际上是费工最多，费料也特别多，比如上面举的几种砚型里，这些料全没有用，但在顾客看来，好像费的工料都一样，哪里知道其中的难易呢？而且这些零碎材料里，每每带着'眼'和'膘'，整块的里头未必一定有，若不随材赋型，加以采用，那就有用的材料，没有多少了。我是宁愿多费点脑筋，少费点腕力，把无用的废材化为有用，作出一件得意的东西来，顾客看着喜爱，我精神上也是一种鼓励。"

他的话虽则这样说，实际上，他是具有艺术天才而又有深刻修养的，每当他的作品出来，别人就跟着仿造，但没有一个人能赶上他的。他的东西好像天然生成，不见人力，别人雕的就满面刀痕，叫人觉得很不自然。

这是过去几十年的话了，解放前找他的作品，已经不容易，现在就更难找到了。但这一段史话，至今还是洮砚历史上大可怀念的。

1964 年稿

本文选自甘肃省政协文史资料和学习委员会:《甘肃文史资料文库》，第七卷，2001 年。

遥远的路

——徒步求学的艰难历程

陡剑岷[①]

1942年，我13岁，小学毕业了。

那时，临潭没有一所中学，小学毕业后若要继续学业，就要到外地去上学，主要是到临洮和兰州。临洮有临洮师范和临洮中学。兰州学校较多，有兰州师范、兰州中学、兰州女子师范、兰州女子中学。还有志果中学（这是一所私立学校）。因为当时政府鼓励青年人上师范学校将来毕业后担任小学教师以便普及小学教育，所以师范学校都不收学费，还有伙食补助。中学都要收学费，临潭学生也有上兰中和女中的，但多数上兰师、女师和临洮师范。1940年，中国政府在“大后方”建立了十所中学和十所师范，以收容被日本人占领了的“沦陷区”逃亡青年上学。建立在甘肃省境内的有两所：天水的国立十中和兰州的国立西北师范学校。1941年，国立西北师范学校迁到临夏，1949年后改称临夏师范学校。西北地处边远，沦陷区的逃亡学生并不多，所以国立西北师范学校，成了西北地区贫困学生的首选学校，我小学毕业后，考上了这所学校。

临潭距离兰州600多华里，距临洮400多华里，距临夏600

---

① 陡剑岷，西北师范大学教授，著名画家，已故。

华里，都很遥远。而且道路崎岖难行，必须翻山越岭，穿林过河，都是羊肠小道。甚至有的地段，地势险峻，悬崖峭壁，下临深涧大河，必须两手攀崖，小心移足，才能通过。一路上日晒雨淋，蹚河过涧，踩冰踏雪，风餐露宿，十分辛苦。这就是当时临潭学生上学必须要走的路。

记得接到西北师范学校的录取通知书，母亲就为我准备行装。我穿了一身较新的衣服，背一双布鞋和一双麻鞋，准备了一件衬衣和一条单裤。还有一个被子，一条褥子，一件棉衣和一条棉裤，由于包袱里背不下，我们六个学生就合雇一条毛驴驮着，由一个脚户送我们到学校去。

由新城到临夏，要走六七天的路，每天早上四点钟起床，摸黑出发，走到中午，找一个有泉水的地方，喝泉水，吃自带的干粮。稍稍休息一下，继续赶路。走到下午七八点钟，在一个山村小店（也就是兼开旅店的农民家）歇脚，吃一顿农家饭，上炕睡觉。炕上没有被褥，只有一条竹编的席，六七个人和衣躺在上面，第二天继续赶路。没有走惯这种长路的人，第一天和第二天，脚底就会起泡，很痛。脚户用在火上烧过的针给我们把泡挑破，使血水流出来。挑破时会很痛，第二天走路时还是痛，但可以忍受了，一瘸一拐地走。旧泡好了，还会磨出新泡，再挑破，再走。这样走上两三趟后，脚底就会得到锻炼，走长路也就不出泡了。回想上中学、上大学在临潭——临夏、临潭——兰州、临潭——岷县之间走了十几趟。工作之后，参加土改、社教、引洮，几十次步行或骑脚踏车到甘南、陇南、青海等地写生，也还是要走很多的路，上山过河，沙漠戈壁都有，脚底因已受到锻炼，再也不会起泡了。

新城是一座山城，多一半的城墙筑在山上，有如万里长城。它共有五个城门，北门最高，凤凰山头就包在北门城内。记得第一次出远门，母亲把我和同学们送到北门外。出了北门，不远处就是兔石梁了，这里已是原始森林，翻过兔石梁，就走长岭坡、大草滩、羊沙、小岭、甘沟这一路都是林区。再过去就要翻越莲花山了。第一天，我们住在羊沙，脚底都磨起了泡。第二天，天还没有亮，就翻越小岭，这是一条捷路，林木茂密，松树高大，黑压压有点恐怖。干沟很奇怪，沟很大，但没有水，所以叫干沟。莲花山现在是著名的风景区，主峰3578米，但我们翻越的垭口较低，大约在3200公尺左右。第一次过莲花山，适逢金秋季节，森林中许多野果都成熟了。有一种叫熊阿婆的白色野果，挂满树枝，我顺手摘下来，装在衣袋内，边走边吃。下山时跑跑跳跳，根本不知道保护双腿。直到下山进入川道时，腿痛得简直走不成路了。后来才知道，走路翻山，上山时只是疲乏；下山时必须膝盖微弯，足尖先着地，不能像走马路那样，两腿挺直，讲究姿势，更不能蹦跳着往下跑，否则膝关节就会受伤，痛得不能走路，第一次翻越高山，就吃了这个亏。山下有个村子叫足古川，可以歇脚住宿，但脚户却坚持再走二十里，到杨家河口住宿。我只能跟在大家后面，忍着痛，一步一步地挪着走。过了斜角滩，看到一条碧绿的大河由南向北流来，我知道那就是家乡的母亲河——洮河！经过岷县，向北而来，到这儿又见着它了。一见洮河，就像见到母亲一样，我竟然哭了起来，一直哭到杨家河口才歇到店里。

开店的是个老奶奶，一见我哭着走来，便怜爱地说："这么小的娃娃走这么远的路去上学，多孽障啊！娘老子怎么放得下心来！"她叫我睡到她的热炕上，专门给我做了好吃的浆水面条。第二天早上临走时，还不收我的店钱和饭钱。我很感激她，冬天回家过年时，买了一盒临洮酥糖去看望她。1943年，甘南农民在王仲甲领导下造反，莲花山成了农民军的根据地，这条路不能走了，我们只得改走甘南草原。1944年，我再一次经过莲花山去看望她时，她已去世了。但在我的心里永远挂念着这位好心的老奶奶。

走路虽然辛苦，但沿途风景很好，所以心情也很好。特别是由临潭到杨家河口，两面都是森林，所以这三天路程，走起来很愉快。尤其是莲花山林区，包括小岭、羊沙、东西沟，都是古老的原始森林，松树巨干盈轮，拔地参天，遮天蔽日。林间苔藓如茵，松针成毯。原始森林的浑厚深邃，神秘奇幻，使我想起童话故事中描写的众多生活在森林中的人物和精灵。而我们也和这些人物与精灵一样，在享受大森林赐给我们的幸福与快乐！有时候路过一些特别幽暗的大林，例如莲花山的旧路，还不时有一点恐怖。看着林间山崖下的一些石洞，我想万一里面跳出来一个什么猛兽，那可怎么对付。幸好，这十几次的长途跋涉，除了经常遇见一大群一大群的羚羊、麋鹿从离我们不远的地方飞奔而过外，我们没有遇见过狼、豹子、熊之类的猛兽。鹿是善良的动物，它奔跑的姿态很优美，尤其是鹿群跳跃前进时的韵律，使我们十分开心，引起了我们一阵阵大声欢呼，这是极为难得的享受。林间野花缤纷，香气袭人。松柏更散发出松脂的香味，沁人心脾。少年时的这种美的感受，一直萦绕在我的记忆深处直到老年。即使到了现在，我一来到了森林旁边，一闻到森林的气息和它的香味，马上就会精神焕发，忘记了疲劳。

在甘南草原行走，别有一番风味，天高云淡，草原一望无际。在那里，散落着藏民放牧的帐篷和牛羊，黑白相间，点缀着碧绿的草原。偶尔有一两个藏民穿着黑红相间的藏袍出没在羊群之中，那更是万绿丛中一点红，宛如一幅优美的图画。但是也有危险，有时路过帐圈要和藏獒搏斗。藏獒是犬类中最大最凶猛的品种，它们一见陌生人走近，就会立即猛扑过来，而且是三五只甚至七八只合群来袭。一旦被他们扑到，就会被严重咬伤，甚至丧命。我们徒步行走，手中又无器械，对付藏獒，真是不胜惊险。幸好我们也了解它的习性，当它袭来时，千万不能逃跑，跑是跑不过它的，它会将你从背后扑倒。唯一的办法，你立即蹲下身去，捡起一块石头，当没有石头时，哪怕捡起一块牛粪也行，向它摔去，不一定要打着它，它会立即回身去咬石头，这时你可以退几步，寻找石头，当它第二次扑来时，再摔，它再回头咬石头，你再退……如此三五次，它的猛劲就没有了，只能站着吼，最后放弃进攻。只要你不逼近它，不企图进入它的帐圈，它就不再来扑咬你了。我们了解了它的这种习性，一见它们飞奔着前来，大同学们立刻把小同学围在中间，看好地上的石头，一蹲一摔，一摔一蹲，使藏獒的猛气一而鼓，再而衰，三而竭，直到停止进攻，我们就慢慢通过。藏獒一看我们并不想进入它们的帐圈而是远去时，也就回到他们各自的“岗位”上去，这次搏斗就算结束了。当第一次碰到这种情况时，我真是害怕。多亏了大同学的保护，才得以安全通过。经过两三次之后，我的胆子也大了。主动跑出被保护的圈子，拣石头打藏獒，一蹲一摔，像大同学做的一样，等到几个小同学都能这样了，大同学也没有负担了，全队行进的速度也就加快了。

高原上气候多变，阴晴无常。有一次暑假走到江哥儿河，突然阴云密布，气温骤降，瞬间便纷纷扬扬下起大雪来，当时我们穿的都是单衣单裤，又无处躲避，只有冒雪前进，衣裤皆湿，两足两腿更是变成泥棒。晚上住宿，把鞋烤到牛粪火旁也烤不干，这种辛苦并不是最难忍受的。有一次冬天经过草地回家，我和五个大同学结伴而行，在一条河谷中，河水冲向山崖，我们不能通过，就只有过河。河水流一段又冲向左岸的山崖，这时我们又得过河到右岸。如此不断过河，才能前进，河上没有桥，只能跳跃而过，大同学们踩石踏冰，过河比较容易，而我可就困难了。有一次河面较宽，中间石头上也结着薄冰，很滑，我一不小心，跌落水中，一个大同学把我提到岸上来，我两条腿膝盖以下全湿了。棉裤着水，不一会儿冻成两个硬筒，走起路来，互相击打，没走上几里路，裤管就磨破了。茫茫草原，没有人烟，冻得我瑟瑟发抖。一直走到完科落村，找旅店休息，把裤管烤化。棉裤根本无法烤干，只能向店家要了一点针线，草草缝合。两天后回到家中，脚上腿上已起了几处冻疮。母亲见了，忍不住落下泪来。

长途步行，忍饥受饿是经常的事。因此产生了小小假巫师的事，我后面要单独写到。穿山越岭，要经过许多荒僻险要之处，都是土匪出没之地。有一次我们四五个同学，走在莲花山一个叫“牛膝盖”的山峁上，路很陡，我们正要下去，有一个人手拿木棍，拦住了我们的去路。我们问他干什么，他说：“不让你们下去，就别下去，不要问！”我们只好坐在路边草墩上休息。肚子饿了，拿出干粮吃，请他吃，他不吃。过了相当长一段时间，山峁下面有人吹口哨。这是一种把食指弯曲起来，放到口边吹的口哨，很响，也传得远。在山林中找人和互相联系，都吹这种口哨。那人听见口哨声，也向下面吹了同样的两声，然后对我们说：“下去吧！”他提着棍，钻进密林中去了。我们就顺着盘旋的小道，走下山峁。突然走在前面的同学大叫起来：“死人！死人！”原来路旁林间树上有一个人被绑在那里，胸口被砍开，心脏被挖了出来，耷拉着脑袋，死在那里。大同学跑进林子去看，我吓坏了，只远远地看了一眼，也没有看清，就顺着山路往下跑。后来听说林间草地上还杀死一个人，身上挨了好几刀，但没有开腔。同学们说，这可能不单是为了抢劫财物，而是仇杀。当晚住到店里，给店主人说了我们在山上的所见。店主人说：“你们不要怕，他们不会对你们怎么样。今天你们碰到的事，大概有仇，才杀人。不然他们拿走财物就行了，并不伤人。他们第一不抢学生，一家人供一个学生上学，是不容易的事，抢你们干什么。他们也不抢邮差，那些邮差骑的大骡子，也值钱着呢！”我们想想，果然不错，我们走路经常碰见邮差，他身穿绿衣，骑着个大骡子，骡子脖子上挂三个大铜铃，一走起来，铃声直响，传得很远。骡子除了驮着信件，还驮着包裹。那时甘南没有银行，人们的汇款，也就带在骡子身上。就没有听说过什么时候邮差被抢了。我们问店主人：“他们为什么不抢邮差？”“邮差是送信的人。出门人给家中报平安，这是关系千家万户的事，抢了邮差，就损了阴德，所以他们不抢邮差”，我们问：“他们还不抢什么人？”店主人说：“抬滑竿的苦力（注：抬滑竿的，指用一个简易的躺椅，两个人抬着一个人走路的人，极其辛苦）、耍猴、耍把戏、卖艺的、说书唱戏的艺人，串村走镇的郎中，还有妓女，他们都不抢。这些人都是吃辛苦饭的，挣点钱不容易。抢了他们，他们就编成唱词，满世界传唱江湖上人不义气，所以，他们不抢。”听了店主人的话，我们长了不少见识。那时候，还不流行“行业道德”这个词，只知道这是土匪的规矩。既然土匪不抢学生，我们也就安心不少。还写信给母亲，说了途中的遭遇，并说土匪不抢学生，请她放心。母亲回信说，看了信中所讲的那场面，怎能放心得下，希望今后不要再碰上这样的事。但是我们还是碰上了。而且不止一次，是两次。我想另写两篇《遭抢之一》和《遭抢之二》记叙其事，这儿就不多写了。

不论寒假和暑假，也就是四五周的时间，我们走路单程就要花六七天，遇上下雨，还要延长。因此，把一半时间的假期消耗在路上，减少了和母亲团聚的时间，使我常常感到遗憾。莲花山走不通，草地又有藏獒，路又远，有没有第三条路可走呢？正在这时，有一位同学是和政人，他哥哥来学校看望他，对我们说：“由和政到旧城有一条路，两天可到达。你们何不去试试？”由和政到旧城两天，由临夏到和政一天，由旧城到新城也只60里，一天轻轻松松就到了，这不是六七天的路变成四天了吗？我们都很感兴趣，大同学们尤其激动，便详细地向他问了路，准备一试。但不久又有了另外的说法，说路是有这么一条路，可是太艰险，走的人少，没人带路，你们可能找不见路。最后只有四个大同学，加上个我，愿意冒险去开辟这条新路。

放暑假了，我们五个人毅然上路，这是1944年7月的事。由临夏先到和政，第二天往南行，进入深山大林之中，当天下午就迷了路，不知该往那一条路走了。严格地说，根本就没有路了。黄昏时分，下起大雨来，没有人家，无处避雨。找到一个石峡，是一道断裂的石缝，斜着，但可以避雨。五个人钻入石缝，坐在乱石上，看着大雨磅礴，雷鸣电闪。天黑了，雨也不停，把石头稍稍摆平一点，准备“扎荒”（即露营），我们起先还说说话，后来都睡着了。半夜醒来，天已放晴，月光通明。距天亮尚远，寒气难挡，大家找来树枝，有同学带着火柴，生火取暖，我想，我们现在真像是原始人，探险家。所幸干粮充足，拿出来烤着吃。也不抱怨，还互相鼓励，说我们这一次一定能找到一条新路。月落西山，东方出现鱼肚白，辨别出了哪是南方，我们起来继续朝南走，仍然没有路，露水打湿衣裤，翻山过河，方向不变。到中午，爬上一座山头，看见山沟里冒烟，好！有人家，直向冒烟处走去。到了，是一家人家，周旁开垦有地，种洋芋和青稞，狗一叫，主人出来了。是个老人，把我们让到屋里，炕上坐着一个八九岁的小孩，把自己下半身包在被子里，睁大眼睛看着我们，始终没有说一句话。老人问我们到山里干什么？我们说要到洮州去，迷路了，向他问路。他完全不知道。只知道河州，不知道洮州。临潭、旧城、新城，他全然不知。我们请他给我们做一顿饭，他说行，只有洋芋、青稞面，可以做洋芋拌汤。他叫出他的儿媳妇吩咐，儿媳妇也不说话。我们发现老人说话，用词很少，只有名词和动词，很少用形容词。我们知道他家还有一个儿子，今天出去了。他也知道我们是学生，从河州来的。他问我们：“而今皇帝爷爷是谁？”我们说，现在没有皇帝了，只有主席。他听不懂，说：“没有皇帝？那总有一个……一个大……大皇帝啊，是谁？”我们告诉他，是“蒋委员长！”他疑惑不解地说：“这个名字为什么这样长啊？”我们知道跟他说不清了，只好吃饭。吃完饭走时，我们给了他一些钱，他说这个我也有，你们有铜圆吗？我们说没有。他从墙头椽缝里拿出一个小布包，打开包，里面有几张钞票，我们一看，早已贬值了，不顶用了。我们对他说，你的这个钱早已贬值了，没有任何用处。今天我们给的钱还顶用，你不要再放着，拿去买些火柴、针线什么的有用的东西。他完全不理解我们说的话，大约也不相信他原来的钱不顶用了是真的。我们又问他我们怎么走，什么地方有路。他指给我们顺水流向的方向，我们就告别他走了。

这次探险，没有成功。我们顺小河向东，天黑到了一个只有三四户人家的山村，问到旧城怎么走。人们说旧城他们不知道，也不知道怎么走。你们再顺河往下走，还有个大庄子，到那儿再问吧！在这个小村住了一夜，第二天到了一个大村庄。人们告诉我们，旧城太远了，走不通，前面四十里是杨家河啊！又走到莲花山这条道上来了。我们就问："莲花山能走吗？"他们说"你们不要走莲花山，走冶力关，过大岭山，不也可以到新城吗？"只好如此了，我们共走了七天，一点也没有捷，反而比原来远了一天的路。

上中学时，来回都是步行。上大学了，汽车路修到岷县，但是路况差，车辆更差，又没有固定的班车，只有搭乘货车，叫做"搭黄鱼"。走得又慢，很危险，要的钱却不少，所以我们来往兰州，主要还是步行。

1973年，我去靖远师大农场劳动，同行的还有各系的新生。坐火车到靖远，农场的拖拉机拉上我们的行李先到农场去了，我们提着脸盆等日用品步行上塬。听到一群学生在谈论："只有我们现在的大学生才拿着东西走路。过去旧社会的大学生都是老爷，他们坐轿子坐车，才不自己走路呢！"我听了只能叹气。才过去了二十几年，他们由于片面的宣传，对世界、对社会、对过去时代，已经完全不了解了。如果给他们说一说我们过去长途跋涉的辛苦，他们一定会说我在造谣。他们的脑子里，只有一些简单的教条、社会和人群，都是十分简单的划分的。这就是他们头脑中的世界观和历史观了。

本文选自葛学成主编:《茨丁回忆录》，兰州，荣宝轩艺术馆，2009年6月。

甘南钩沉

民国时期拉卜楞地区的回商贸易交往

高旭龙　李娜　房继荣[①]

民国时期，拉卜楞地区因东通三陇、南接四川、西连康藏、北接青藏而成为甘青川三省安多藏区政治、经济、文化及宗教活动中心和“茶马互市”的鼎盛之地。从清康熙年间起，河洮岷地区的回族商人（简称“回商”）就开始进入拉卜楞地区进行贸易交往活动。其原因有三：一是地理交通的因素该地区东通内地、西连青海、北接河州、南达四川，不仅为回藏货物交换之区，且系军政教之要地。二是价格因素，同样数量的商品由河州运到拉卜楞地区，就可以获得200%以上的利润。例如，临夏利润最高年份，平均每92.61尺白布可换100市斤羊毛，每128.23市斤食盐可换100斤羊毛，每40.33尺白布或者每55.85斤食盐可换100斤小麦；而在甘南却只要41.25尺白布或63.94斤食盐就可换取100斤羊毛，每21.8尺白布或食盐就可换取100斤小麦。除去运费与人杂费外，可获取225%左右的利润，回商没有不取之理。三是宗教原因：甘青川及拉卜楞方圆数百里的牧民，趁年度数次朝寺拜佛之机，将携带的畜产品及各类土特产品在拉卜楞及周围集镇市场上出售或交换生活日用品。本文拟就民国时期拉卜楞地区回商

① 高旭龙，甘肃民族师范学院历史文化系学生；李娜，甘肃民族师范学院历史文化系讲师；房继荣，甘肃民族师范学院历史文化系副教授。

对藏贸易交往活动展示一二，借以呈现历史上藏、回经济贸易之缩影。

一、拉卜楞地区回商贸易交往的兴起与发展

（一）拉卜楞地区回商的来源

清道光二十八年（1848），为汉藏贸易起见，第三世嘉木样·洛桑图旦久美嘉措派人从河州请来回汉各四家商人，让其在拉卜楞“从拉”（集市）上居住经商，并为其解决经商资金问题。自此为始，回商开始在拉卜楞地区落户。而回族大规模进入该地区则是在乾隆二十七年（1762）和民国十八年（1929）之间，河湟一带的回族因战争或苛捐杂税，陆续进入拉卜楞藏区从事商业、农业和手工业活动。起初，进入拉卜楞地区做生意的回汉商人是不允许携带家眷的，这些商人或兄弟、或父子、或单身到藏区做生意。后来，有些人则娶当地藏族女子为妻，所生子女，大部分从父改信伊斯兰教，至河州事变发生后，回汉才有了在拉卜楞地区居家经商的权利。据《夏河县志》记载，在光绪十七年（1891），夏河县有回族60户；民国初为200来户，约1000余人；建国前回族为2450人，约占总人口的4.3%。民国初期，夏河县曲奥乡木竹沟村就有定居的回商，以开饭店、杂货铺为业，兼营农业、畜牧业。“寺院附近之居民区曰甲科，……绝大部分皆为汉、回人，而十七八年间逃来之难民，计在四十户以上，来自旧城者有十二户，多为回民，来自河州者有三十余户，多为汉民，皆以作小生意或充脚户为生。”[①] 除此之外，回汉人民因避乱来到藏区，

① 王树民：《陇游日记之三·夏河日记》，见中国人民政治协商会议甘肃省委员会文史资料研究委员会编：《甘肃文史资料选辑》，第28辑，第232页，兰州，甘肃人民出版社，1988。

租种寺院田地，渐渐形成对寺院的人身依附关系，“居此之汉、回人与藏民同样须到寺上及土官家中当差，惟无拨门兵之义务而已”①。

（二）回商贸易规模的壮大

民国初年，由于军阀混战造成社会动荡，外国洋行陆续撤出拉卜楞地区，河州回商因此占领藏区市场，以成立商号来垄断羊毛等畜产品，先后成立八家羊毛专购商号（见表一）。此外，还经营杂货业，至民国十七年（1928）前后，有十九家比较盈实有名的杂货铺专营各种日常生活用品以及民族特需用品，深受藏族同胞的欢迎，经济效益很好。主要的杂货铺有：祥顺和、福兴昌、振兴福、荣成泰、春盛魁、亨丰涌、兴盛元、协隆祥、义兴元、天顺成、福盛荣、义兴号等。经营范围：布匹类有丝绒、棉花、茧绸、彩绸、青蓝市布、斜纹布、青蓝、粗布、官布、色粗布；生产用品类有簸箕、筛子、水缸；日用百货有火柴、茶叶、青盐、川糖、酒、酥油、清油、牛羊肉、番靴、药品、糖果、红枣、水果、蔬菜、鞭炮、纸烟、黄烟、纸张、洋烛、毛巾、铜具（包括锅壶锣钹）；粮食类有大米、挂面、小米、瓜果、面粉、蔬菜、黄笭、蕨麻；民族特需品有龙碗、哈达、佛香；药材有麝香、鹿茸。而餐饮业几乎被河州回族所垄断。“本县商业，各商号资本在十万元以上者，皮毛商品占十分之四，资本十万元以下者甚多，约一百三十余家。此项皮商多系青海及临夏之回民官绅经营。”②拉卜楞地区是一个以畜产品为主导的农牧业社会，畜产丰富，而

① 王树民：《陇游日记之三·夏河日记》，见中国人民政治协商会议甘肃省委员会文史资料研究委员会编：《甘肃文史资料选辑》，第28辑，第232页，兰州，甘肃人民出版社，1988。

② 陈圣哲：《拉卜楞经济概况》，见甘肃省图书馆书目参考部编：《西北民族宗教资料文摘》（甘肃分册），第525～526页，兰州，甘肃省图书馆，1984。

且商业权十之八九都操控在回商手中。民国初年，皮毛业一跃成为河州回商的首业，在拉卜楞“每年毛产额平均二百三十万斤以上，……营此业者，回商占十之八。……毛商多系临夏回民官绅之资本，多财善贾，生意较为兴隆。”[①]随着商品经济的发展，到民国二十七年（1928）前后，拉卜楞有商号百余十家，规模仅及一个普通市镇，经营者以回民为最多，汉族次之。除此之外，还有河州的回民小商贩，他们缺少资本，有些人就先从大商人那里赊货，然后深入到拉卜楞寺周围牧区换取土特产品，回到城镇倒卖，再向批发商归还钱币。此外，拉卜楞地区的木材多产自大夏河南岸山坡及其沟谷，采筏后运至河州、临洮、兰州等地，河州回商经营此业最多时有七十余家，汉民仅范、王、刘三家，其余尽为回族。回商贸易团队的壮大不仅活跃了本区商品经济的繁荣发展，而且在一定程度上促进了本区近代社会化的变迁。

表1　民国初年至民国十七年（1928）拉卜楞地区回商大宗商品贸易交易规模

商号	经营者（经理）	经营范围	资金规模	备注
号祥云	马子升	羊毛	100万	
长心店	海南轩	羊毛	10万以上	
德丰享	白洁如	羊毛	100万多	
福顺祥	王琳	羊毛	10万以上	
集生西	曾得仁	羊毛	100多万	
复兴隆	王慎庵	羊毛	40多万	
天庆魁	蓝尧轩	羊毛	10万以上	
隆贸和	毛福亭	羊毛	10万以上	
和源号	马辅臣	羊毛、皮张、鹿茸、虫草、麝香	不详	
德源成	马步芳	皮毛、批发零售、放高利贷	不详	马步芳在青海之义源祥分号

① 丁明德：《拉卜楞之商务》，见甘肃省图书馆书目参考部编：《西北民族宗教资料文摘》（甘肃分册），第546～547页，兰州，甘肃省图书馆，1984。

续表

商号	经营者（经理）	经营范围	资金规模	备注
天兴隆	马寿山、马元顺、丁世杰	野生皮张、布匹、绸缎、茶叶、米面、油糖、铜具、玉器、药材、羊毛等生活必需品和部分大宗商品。	100 多万	洮州回族商号，在玛曲县欧拉年图寺院设点经营。

注：此表根据敏文清《近代甘肃地区民族商业贸易概况》（载《甘肃民族研究》1994 年第四期）、马磊《清代民国时期甘青藏区回商、市场与族际互动》（兰州大学博士研究生学位论文）、王树民《陇游日记之三·夏河日记》（载《甘肃文史资料选辑》，第 28 辑，244 ~ 245 页）、陈世明《解放前的拉卜楞民族商业贸易》（载《甘肃民族研究》1990 年第一期）等资料整理编制。

依上表知，民国时期拉卜楞地区回商贸主要是由来自河州的商号所把持。这些商号大都与青海马氏军阀关系甚密，以巨额贿赂，得其收宠，借其势力，寻求庇护。在经营方法上，以官僚资本的名义和实力，承袭洋行经营之法，以拉卜楞作为大本营，派人到循化、保安、玉树等地设庄，采取就地收购和与熟悉藏语的商贩订立合同、预付现金的交易模式收购藏区牧民的皮毛。在经营范围上，普通商号皆以经营羊毛为主，兼营野生皮张的收购。而马氏军阀的直旁系亲属（如马步芳、马辅臣等）所经营的商品范围不仅有大宗货物皮毛，而且还有名贵稀有商品，如麝香、鹿茸、虫草等，也略带高利贷的存放。从民国初年至民国十七（1928）、十八（1929）年的时间里，上述商号的规模都得到了很大的发展，获利甚巨。这一期间不仅皮毛等大宗货物得到迅猛发展，回商所经营的杂货铺也异军突起，规模仅次于皮毛业。它所表现出的主要特点是品种单一且商品集中，商品主要集中在寺院周围及其附近的集镇上，形成区域性的商业网点。

表 2 民国十七(1928)年前后拉卜楞地区回商杂货铺经营规模

商号	经营者(经理)	经营范围	资金规模
同兴盛	马福林	杂货	这些商号的资金，大都在1万元至10万元之间
同心马	牟来福	绸缎	
义兴马	马五子	杂货	
世兴锡	马乐天	产业有“大夏药房”和“鸿兴木器店”	
德兴元	马云清	绸缎、棉布	
公兴元	马仁轩	瓷器	
天顺祥	马曼巴	经销药材、绸缎和民族特需品	
荣成泰	杨明廷	棉花	
振兴福	马福喜	绸缎	
福兴昌	马福海	绸缎	
祥顺福	喇瑞生	杂货	

注：此表根据敏文清《近代甘肃地区民族商业贸易概况》(载《甘肃民族研究》1994年第四期)、陈世明《解放前的拉卜楞民族商业贸易》(载《甘肃民族研究》1990年第一期)资料整理编制。

二、民国时期回商贸易对拉卜楞地区商业活动的推动

民国时期，回商大量涌入拉卜楞地区，在此开设商铺，贩运土特产，对拉卜楞地区的集镇商贸活动起主导性作用。在回商贸易活动的推动下，集镇兴起，集市繁荣，如遇宗教法会，更是万民趋向，商贾辐辏。

(一) 拉卜楞地区的商贸规模与回商贸易交往

拉卜楞扼四省之咽喉，处交通之要冲，并直接置于藏传佛教寺院的中心地带，它不仅是牧地货物输出之集合地，又是内地货物之分散地，起到商品货物的“中转站”作用。中转的货物主要

来自河州和四川的松潘、西康，中转的货物有糖、布匹、猞猁皮、水獭皮、狐皮、豹皮等各类兽皮及生活用品。回族商人常年来往于河州和四川的各地区，运输货物到拉卜楞地区的集镇上囤积出售或中转运输到全国各地。回商贸易交往在拉卜楞地区起主导性地位，不仅商人数占绝对优势，而且在贸易规模、贸易交往区域等方面更是其他商人所无法比拟的。拉卜楞地区的商贸规模从拉卜楞寺建立以来，渐渐形成区域性的商贸交易中心，由于地处农牧业交错的前沿地带，加上宗教圣地的神圣地位，商旅云集、商品资源丰厚，吸引了陕、津、徽、晋等地的商人来此经商，商贸活动从未停止过。特别是夏河设县以来，地方贸易骤加繁荣，商业活动更加发达。根据当时汉地旅行家之国立西北大学地理教师李式金调查统计，现将该地区 1939 年之前的进出口情况做一考察统计。

表 3 民国初年至民国二十八年（1939）夏河年均输出入货物数量统计表

输出					输入				
货物名称	数量	单价（元）	价值（元）	备注	货物名称	数量	单价（元）	价值（元）	备注
羊毛	200 万斤	360.00	720000		面粉	20 万斤	2	400000	
猞猁皮	8300 张	25.00	207500		茯茶	15000 块	7.5	112500	
马	1500 匹	90.00	135000		松潘茶	1600 包	4.8	7680	
水獭皮	2850 张	35.00	99750		纸烟	50 箱	1000	50000	
狐皮	4500 张	14.00	63000		茧绸	6000 匹	9	54000	
哈拉皮	50000 张	1.00	50000		纸张	24000 合	1.2	28800	
牛	1500 头	35.00	52500		各种彩绸	250 尺	1000	250000	
小白羊羔	64500 张	0.70	45150		黄烟	56000 斤	0.3	16800	
老羊皮	30000 张	1.00	30000		洋烛	500 箱	30	15000	
胎羔皮	1000 张	2.50	2500		瓷器	35 担	400	11400	
熟白羔皮张	1000 张	2.00	2000		糖	9500 斤	1.2	11400	

续表

输出					输入				
货物名称	数量	单价（元）	价值（元）	备注	货物名称	数量	单价（元）	价值（元）	备注
豹皮	13000 张	15.00	19500		青蓝布市	280 板	40	11200	
狼皮	1200 张	10.00	12000		斜纹布	500 匹	20	10000	
黑二毛皮	4000 张	2.80	11200		青蓝	13500 斤	0.4	5400	
酥油	20000 斤	0.50	10000		酒	6750 斤	0.8	5400	
羊	1500 头	35.00	52500		粗布	1800 匹	3	5400	
羊肠	30000 条	0.30	9000		青油	6200 斤	0.7	4340	
麝香	720 个	10.00	7200		铜具	40 担	50	2000	
狗皮	1400 张	3.00	4200		官布	50 板	40	2000	
獾皮	2000 张	1.50	3000		棉花	1000 斤	1.2	1200	
鹿茸	40 架	60.00	2400		大米	1800 斤	5.9	1062	
牛油	7500 斤	0.25	1875		挂面	6000 斤	0.145	900	
蘑菇	2000 斤	0.80	1600		小米	50 斤	150	150	
黑小羔皮	1500 张	0.90	1350		总计			840102	
羊油	2500 斤	0.30	750						
蕨麻	350 斤	1.80	630						
总计			1607605						

注：此表根据李式金《拉卜楞之商业》[《边政公论》，1945 年 4 卷 9—12 期合刊，载甘肃省图书馆书目参考部编：《西北民族宗教资料文摘》（甘肃分册），第 535 ~ 538 页，兰州，甘肃省图书馆，1984] 制成。

据上表可知，拉卜楞地区年均输出货物总值达 1544605 元，其中各类畜产品值 1532248.16 元，占输出总值的 99.2%；其他副产品值 123568.4 元，占总值的 0.8%；野生皮张为 185250 张，价值 691650 元，占输出总值的 43%；输出畜产品中就羊毛一项达 72 万元，占输出总值的 44.78%。1939 年全国羊毛输出量为 2486820 斤，价值 560375 元，而拉卜楞一地则占 200 万斤，占全国羊毛总量的 80.04%，主要原因是国民党政府以羊毛为资本“进行中苏偿债性贸易”①，将西北牧区的羊毛输入到苏联。

本区输入的商品主要是生活必需品，年均输入货物总值840102元，粮食类占输入总值的47.61%；嗜好品（茶、烟、糖、酒等）共271650元，占总输入的32.33%；其次是布匹类，共96800元，占输入总值的11.52%；最后是杂货类，共59800元，占输入总值的7.11%；此外，油盐类共9740元，占总值的总值的1.15%。粮食类中以面粉为最重要，抗战前数年平均输入20万斤，总值14万元，占总输入的36%，民国二十八（1939）、二十九（1940）、三十年（1941）依次为20万斤、250万斤、700万斤，分别占输入总值的47.6%、77%、86%。在商品种类方面，除上述列举之外，还有不成规模之物品，如：哈达、瓷器、木炭、铜器（锅、罐、茶壶）、马鞍以及日用杂货，如棉花、玻璃器物、挂面、皮绳、毡帽、毛袜、花毯以及各种首饰都是河州回商从内地带入藏区的。

根据史料记载和由上表分析可知，河州回商承担着拉卜楞地区商品贸易货物的运输工作，充当了媒介、起到了纽带作用。来自平、汉、沪、津等地的行商，他们依靠雄厚的资本实力，从北京购进民族特需品，如珊瑚、琥珀、玉翠和药品等；从江西景德镇购进瓷器（主要是藏碗）；从上海购进苏、杭绸缎、百货；从四川购进川线、川缎、粮食、松茶和民族用品。这些货物运到河州再由河州回商运入拉卜楞地区及藏区腹地销售，用来换取皮毛和珍贵物品，再由回商运转至河州和拉卜楞，远销全国各地。

（二）拉卜楞当局的贸易互市政策对回商贸易交往的促进作用

随着寺院经济的兴盛和国内商帮入驻拉卜楞地区，集市繁荣，

① 毛光远：《清末至抗战时期甘南藏区集镇商贸变迁考述》，载《西藏研究》，2011（5）：71页。

商品交易种类、交易额日趋增多，商品经济在某种程度上得到一定程度的发展。这种情况得益于寺院和地方政府的支持和保护。民国元年（1912），在地方上成立了“拉卜楞行会”；民国七年（1918），由于人口增多，商品丰富，市场繁荣，拉卜楞商务会随之成立，会长是洮州回商穆培宗，商会负责协商管理拉卜楞市场上的民间贸易事务。拉卜楞地区没有银行及典当各业，金融活动全赖以重利向寺僧借贷。在拉卜楞藏区，“临夏移来之回民，资本多借于寺僧。①”这既增加寺院及僧人的经济收入，又可以缓解回商贸易交往带来的资金周转不足。不仅如此，地方政府也为当地商贸事业开辟绿色通道，如民国二十八年（1939）三月，夏河县成立“农村信用合作社”，成立时设有一社，年贷款数为 24000 元。1941 年扩增为二十四社，其中牧区十二社，年贷款增至 430300 元。贷款利息九厘，限期三年。起初以现款归还贷款，后改为亦可用粮食牛羊牧畜顶替。

三、民国时期拉卜楞地区回商贸易模式

（一）交易模式

1. 订购贸易。订购贸易是指收购者预先向牧民预付定金，等来年收货时再按当时市价补全所收货物资金。“此种贸易，尤以商人预先放货订货，到皮毛生产期即往收集之，而蒙藏人亦与预先放货，以应彼之需给者，认为有交情，相互交易，从无纠纷，惟须商人处处表现信实，则蒙藏人深所信赖也。”② 回商在长期的对藏贸易中，既遵守教规又注重信誉，与藏胞共同建构了长期相互

① 丁明德：《拉卜楞之商务》，见甘肃省图书馆书目参考部编：《西北民族宗教资料文摘》（甘肃分册），第 546、547 页，兰州，甘肃省图书馆，1984。

② 张元彬：《拉卜楞之畜牧》，见甘肃省图书馆书目参考部编：《西北民族宗教资料文摘》（甘肃分册），第 543 页，兰州，甘肃省图书馆，1984。

依赖的合作关系。如西道堂与藏民“放账、赊欠都可以用口头信用来担保，保证来年可以如约交货或交款”[①]。

2. 贷款贸易。贷款贸易的贷款对象主要是寺院。寺院、活佛和富僧拥有大量的资金，经常向当地商号和贩运商品的商贩放高利贷或出租房屋或参与投资经营商品。拉卜楞大小商户几乎没有一家不向寺院囊欠“吉哇”借贷的，大户只是季节性周转借贷，而小户则是完全依靠性借贷。

3. 零星贸易。零星贸易主要是指肩挑畜驮的流动商贩，他们“专售蒙、番零货”，由于本小利微，大都出售杂货、饰物、日用百货等一些便宜的商品，来获取皮毛、药材和土特产。“每日上市专售蒙番零货，其善于经营者，八口之家亦恒赖以温饱焉。”[②]

4. 以物易物贸易。民国时期，拉卜楞地区社会生产力发展水平低下，以物易物的交易方式占主导地位，也有以银易物交易。番民拿剩余的牲畜、皮毛、酥油、皮张、药材交换所需的日用品、粮食、糖、布匹、针线、铜器、瓷器等。“至于交易之情形，多由临夏、临潭、贵德各地之汉回商人，运输茶、布、杂货、面粉等物，到达各地交易换皮毛等畜产品，蒙藏人即按其需给，以其剩余之皮毛与商人交易。”[③]此种交易，只是单纯的以物易物，毫无度量衡可言，更没有以银作价的习惯。在以物易物交易时往往要参照一定的比价物，拉卜楞地区的藏民的比价标准物品是酥油，例如一两银子在民国二十二（1933）年约值法币10元，可换酥油2斤，他们就以此估计买卖的价值，同时并估计所需换货物的价值。在商品交易市场上，法币尚能通用，草地里则法币根本不能流通。法币只有在各商号间或各机关之间流通，因此，在拉卜楞

① 明驼：《卓尼之过去与未来》见，甘肃省图书馆书目参考部编：《西北民族宗教资料文摘》（甘肃分册），第304页，兰州，甘肃省图书馆，1984。

② 张庭武修，杨景升纂：《丹噶尔厅志（卷五）》。

③ 张元彬：《拉卜楞之畜牧》，见甘肃省图书馆书目参考部编：《西北民族宗教资料文摘》（甘肃分册），第534页，兰州，甘肃省图书馆，1984。

一带除了省银行兑换所与中国农民银行农贷通讯处之外，再没有钱庄和典当铺。所以商业资金活动比较单调。

（二）运输模式

1. 牦牛和骡马。牦牛因其体健壮、性温顺、有耐力、抗寒能力强，又可随草而牧，能在辽阔无际、沮洳的沼泽草地之中自如驮运各种货物，有“高原之舟”的美誉。每头健壮的牦牛可负重200市斤，日行三四十华里。骡马是主要的运输交通工具，一般使用于海拔较低、地势平坦的山地和草地，可日行六七十华里。民国时期靠畜力每年从河州运入拉卜楞的面粉达25万斤；输出羊毛120万斤，各种皮张128000余张。从四川松潘通过草地运入的松潘茶1万多斤；从青海同仁、循化运入食盐14万斤。在拉卜楞地区的农牧民无论从事农业生产还是出远门都离不开牦牛和骡马。河州回商全都依赖牦牛和骡马结帮运输货物。

2. 驾窝。驾窝又称闪子，形为江南一带古老卧轿的一种原始的乘坐交通工具。结构是将驮货的鞍套倒置或大筐之中填上被褥，两旁缚以木杆，前后固定在两匹骡马之背负载，人可坐卧其中，凡骡马可行的峻坡小道，驾窝均能畅行无阻，从夏河到兰州驾窝可七日到达，价格30块银元。

3. 皮筏。皮筏是“以牛皮为囊，吹气实之，浮于水”的水上运输工具，主要是运羊毛。所属皮筏皆为临夏筏户，他们受雇于毛皮商，从临夏用骡子将牛皮驮到夏河，然后装上羊毛（每个皮胎内约装羊毛100多斤），组成小皮筏，从拉卜楞放运到临夏或直接运到莲花渡（今永靖）入黄河，再集中组成大皮筏，东经兰州而运到包头。据有关文献记载，民国时期从临夏输出的羊毛每年为200多万斤，其中一半是从夏河用畜力或皮筏运到临夏后输出的。

4. 畜力车。畜力车是用马、牛、驴、骡为动力的木轮车、大板车、胶轮车等，以马、牛拉车较为普遍。普通畜力车载重200—500斤，可进行中短途的货物转运。1949年前，甘南州境内的运输方式主要以骡马、牦牛驮运以及骡马木轮大车拉运为主。

（三）经商模式

1. 坐商。坐商是指从事当地商业活动有自己固定铺面的商人。拉卜楞地区的回族坐商大都经营大店铺和商号，也有小店铺和露天“摊贩”。拉卜楞寺“所管塔哇地方，住坐开铺大小买卖人等，多系河州、洮州等处汉、回民族人，贩卖布梭杂货等物”①。至民国十六年（1927），拉卜楞地区有坐商180余家，多为河州回商。

2. 行商。行商包括帮客、边客、摊贩等，是带着货物长途贩运的团体。“拉寺输出货物，以皮毛为大宗，故本地营业资本较大者，为皮商。每年九月挟款运货而来，翌年四月运载皮货而返，恰如候鸟，故俗称候商，亦曰行商。次为毛商，因夏河境内多畜牧，每年毛产额平均在230万斤以上，故毛商甚多，十之八为临夏回商。”② 回商采用行商贩运、坐商出售相结合的方式来实现对藏贸易交往活动的。

3. 歇家。歇家是指在对藏贸易经过的交通要道上和藏区集镇上存在的商业中介机构，相当于货栈之类，主人大部分由回民担当。其职能为：接待过往商人并为之存放货物，代理政府收税，为买卖双方充当中介、收取费用，为客商代办驮马运输。③ 除此之外，还从事贩卖、屠宰业，他们主要是以拉卜楞寺院附近居民区为据点进入牧区来开展对藏贸易的。随着皮毛贸易的发展，歇家

① 《循化同知为商铺事给拉卜楞寺襄佐的谕》，青海省档案馆藏，档案号：6—永久—187。

② 马鹤天：《甘青藏边区考察记》，第55～56页，兰州，甘肃人民出版社，2003。

③ 马平：《近代甘青川康边藏区与内地贸易的回族中间商》，载《回族研究》，1996（4）：67页。

所涉足的范围越来越广，他们不仅承担膳食供应，还承担中间人业务以及担任藏语翻译的职能，他们一般不设立正式商号，但是他们有各自熟悉的蒙藏人为其固定的顾客。民国时期，歇家活动极为兴盛，实际上充当了羊毛贸易经纪人的角色，歇家活动不仅活跃了内地与藏区的经济交往，也促进了回藏民族关系。

四、民国时期拉卜楞地区回商贸易交往的特点

（一）商品交往主要以皮毛换取粮茶且商品交易总额呈出超现象

拉卜楞地区所产的粮食不足以供本地，所需全系回商运入。每年由河州运来的面粉及其他粮食，为数甚夥，即烧饼之类，亦由河州购来。茶更为重要，由于“茶性通利，能荡涤之”的特效为藏民以肉食和高蛋白为主的饮食类型起到生津止渴、利尿助消化和消脂去腻作用，番民“得之则生、不得则死”。民国时期，粮茶成为进入拉卜楞地区之大宗，几乎占据藏区生活的全部（见表4）。拉卜楞藏区的牧民为获得丰富的生产资料和生活必需品，以盛产的皮毛作为主要交换物品，而这种经济结构上的互补构成了回藏贸易的基础。

表4　民国时期（1941年前）拉卜楞地区皮毛、粮茶交易情况统计表

年份	物品	皮毛			物品	皮毛			备注
		输出量	总值	占总输出比重		输入量	总值	占总输入比重	
战前数年调查	皮张				茶叶	13100块	109000元	28%	占总输入第一（丁明德统计）
	羊毛	1200000斤	168000元		粮食	200000斤	140000元	36%	
民国二十八年	皮张				茶叶	16700块	198000元	23%	占总输入第二（李式金统计）
	羊毛	2000000斤	720000元	44%	粮食	200000斤	400000元	47.6%	

续表

年份	物品	皮毛			物品	皮毛			备注
		输出量	总值	占总输出比重		输入量	总值	占总输入比重	
民国二十九年	皮张				茶叶	松茶 750 包	2400 元	2.8%	降至第十一位
	羊毛	150324 斤	150324 元	5%	粮食	2500000 斤	1750000 元	77%	
民国三十年	皮张				茶叶	9630 斤	57780 元	109%	自 1—9 月（王志文调查）
	羊毛	911696 斤	9612093 斤	97%	粮食	7000000 斤	700 万元	86%	

注：1. 皮张交易数量史料记载较少，没有具体年份之输出量。丁明德的每年输出平均张数为 117695 张，价值总额为 197036 元，占输出总额的 41.76%；李式金的每年（1939 年 6 月调查）输出皮张数为 185250 张，价值总额为 691605 元，占输出总额的 43%。2. 此表根据李式金的《拉卜楞之商业》和丁明德的《拉卜楞之商务》编制。

在拉卜楞地区，出超物品主要是皮毛之大宗输出。据表三统计，拉卜楞藏区的皮毛年均输出量占总输出的 87.78%，如此庞大的比值，主要是受国内市场对皮毛需求量的增大，刺激了商人对利益的追逐，纷纷采取各种手段进行收购羊毛和野生皮张。此外，因牧民的衣食住行及一切生活必需品全仰于畜产品，而“无处不畜，无家不牧”的经济格局成为牧民居家生活的经济支柱，在一定程度上导致皮毛输出数量增大，贸易总额呈出超态势。

表 5　民国时期（1940 年前）拉卜楞地区商品贸易出超统计表

年代	出口总值	入口总值	贸易总额	出超总值	备注
抗战数年平均	553529 元	338805 元	937397 元	169797 元	丁德明调查统计
民国二十八年	1607605 元	840103 元	2447707 元	765507 元	李式金调查统计
民国二十九年	2882071 元	2277898 元	5159969 元	604173 元	王志文调查统计

注：此表根据李式金《拉卜楞之商业》制成。

（二）贸易形式多样化且呈现季节性因素和宗教色彩

在拉卜楞地区，回商对藏贸易有坐商、行商与歇家三种形式。

一般而言，集镇和寺院附近店铺的以批发零售为主，而在广大牧区则有小商小贩流动式的零星收购，且利用庙会、定期集市进行间歇交易。贸易的季节性源自拉卜楞地区市场交易商品的季节性，交易的产品随着季节性变化出现活跃和疲驰的局面。从总体上讲，拉卜楞地区的羊毛一年剪两次，多在春秋时节，因而这里羊毛集货的季节普遍在六七月间，皮货收购则在十月至翌年的二月。皮毛、药材、木材以秋末冬初及春末为贸易季节，其他时间呈疲驰状态。“部落民族，不远数百里移帐而来，住在西三四十里科平滩，然后轻载来寺，并至市肆贸易。房居的民众，亦自各处前来瞻礼，途为之塞。”[①] 尤其以正月和七月两会为最盛，汉回商人以此为契机，不远万里蜂拥而至。本区商品交易主要以牛、马、羊皮、羊毛为主，牧区藏民每年春秋两季挟其所产物品来换取布匹、食粮。拉卜楞地区附近及其周边藏区牧民大量进入拉卜楞，一为拜佛，二为置办百货，因而形成了阶段性的商业旺季。

（三）贸易间接中转强化了交易的不平等性

对于身居牧区、不谙商务的藏族来说，贸易本身就存在着不平等的交换，交易中他们常处于“买卖之权，操于人手；货之价值，定于人口”[②] 的被动地位，语言隔阂不能进行正常的交易，交通受限致使货物输出难以实现，使得这里的对外交易必须经过间接的中转过程才能最终完成，无形中大大增加了原本存在的贸易不平等性。所以，富于探险精神和能吃苦耐劳的回商或步行，或组成商队，带着粮食、茶叶、百货穿梭于帐篷、部落之间换取皮毛。另外，歇家的中介参与，其利益目的显而易见，他们不仅承

① 李安宅：《拉卜楞寺概况》，见甘肃省图书馆书目参考部编：《西北民族宗教资料文摘》（甘肃分册），第 401 ~ 402 页，兰州，甘肃省图书馆，1984。

② 徐旭：《西北建设论》，见中国西北文献丛书续编编纂委员会：《中国西北文献丛书续编，西北史地文献卷》，第 9 卷，第 320 页，兰州，甘肃文化出版社，1999。

包了“完纳税粮”的工作，而且“交易货物，歇家为介绍，而从中谋利”[①]。因此，藏民要想获得平等交易的权利实属空谈。

(四) 经济结构上的互补共生

在拉卜楞地区，以传统畜牧经济为主的生产方式不能满足当地群众日常生活的需要，而回族商人迫于生计，深入藏区腹地进行贸往活动，将内地商品输入藏区，又将藏区特产输入内地，双方进行互补性的贸易互动、共生性的生存方式。两者在经济结构上互相补充，实现共同繁荣。“生产结构的互补和经济生活的互需是回藏交往的基本动力，说明经济活动是人们日常交往的重要内容。”[②] 以商品贸易交换为切入点，以相互补充、共同生存为前提，回藏民族在社会交往、文化交流等方面保持着一种良性的民族关系并一直延续着。

本文原载《青海民族大学学报》(社会科学版)，2014(2)。

---

① 周振观:《青海》，上海，商务印书馆，1938。

② 马进虎:《两河之聚—文明激荡的河湟回民社会交往》，第 305 ~ 306 页，兰州，甘肃人民出版社，2006。

清末至抗战时期甘南藏区的集镇商贸变迁

毛光远 ①

一、清末民初外国洋行掠夺贸易

鸦片战争后，西方列强逐渐深入中国西部边远农牧区倾销商品和掠夺资源。此时，地处甘肃省西南边区的甘南藏区亦出现了外国洋行及其买办组织，并在清末民初甘南藏区商贸活动中占有一定地位。

（一）洋行掠夺性贸易

古河州（今甘肃省临夏回族自治州临夏市）南界甘南藏区之夏河县，北临兰州。水陆交通便利，商业繁盛，外国洋行以此为据点，设庄立行，广布商业网点，深入甘南农牧区收购土产，销售商品。光绪二十六年（1900），英国商人在河州开设“新泰兴洋行”，专门收购甘南一带的羊毛等畜产品。其后，又陆续增设“高林”“聚和”“仁记”“天长仁”“瑞记”及“丰和”等6家洋行。德

① 毛光远，博士，甘肃民族师范学院河洮岷文化研究中心研究员、历史文化系副教授。

商亦开设“世昌洋行”。洋行通过与甘南藏区有商务往来的商号介绍或担保，预付现金给熟悉藏区、精通藏语的行商进入牧区收购土产。手持洋行资金的行商大多又向小贩收购，所收购羊毛等畜产，由甘甲、欧拉、黑错（今甘南藏族自治州首府合作市）等几个地方集中后，再统一运至拉卜楞市场，交洋行负责验收过秤，由拉卜楞起运，驮至永靖张家嘴，雇佣皮筏沿黄河水运至兰州、包头（由兰州运出时皮筏子上插有英商、德商的白旗，上面写着“保护”二字，沿河税局看到是外国的货物，即任其通行，不敢查问①），再转运天津口岸出口欧美市场。洋行通过建立的基层商业网点和居间商人，实现对甘南羊毛等土产掠夺式收购。

洋行为了确保暴利的实现，通过合同来约束商贩收购羊毛质量及交货时间等，但不具体签订所购羊毛价格，待商贩收回羊毛交货时，洋行强行以低于市场价的价格来收货，以补偿预付货款的损失。交羊毛时如有缺秤，即从运费中按2倍的毛价赔偿。为了压低价格，攫取更多利润，河州9家外国洋行在订购甘南羊毛时，组织了羊毛联合托拉斯垄断价格。当羊毛收齐后，根据投入资金大小比例分配货源，其中英商新泰兴资本最雄厚，每次收购约占总量的50%。在羊毛收购旺季，洋行联合起来把收购价压得很低。清末每100斤羊毛值白银1.8两，民国初期为2.7两。而同期天津毛价每100斤30～40元，700斤羊毛可换取90.7斤毛线。除此之外，洋行还用32两48两的大秤在民族地区收购药材，低买高卖。②牟获厚利，而农牧民群众终年辛劳却利益外溢，生活艰辛。

① 中国人民政治协商会议甘南藏族自治州委员会文史资料研究委员会：《甘南文史资料（第五辑）》，第119页，合作，甘南报社印刷厂印制，1986。

② 党诚恩、陈宝生：《甘肃民族贸易史稿》，第51～52页，兰州，甘肃人民出版社，1988。

（二）地方官员对洋行的态度

近代中国社会性质决定了地方当局对洋行具有妥协性和保护性的倾向。河州镇总兵沈秉成因惧怕洋商，为了保护非法利益，曾为收购羊毛一事发布告示中声称，“外国洋人前来拉卜楞蕃地购买羊毛等件，诚恐言语不通致启争斗之事，合行出示晓谕，为此仰示各蕃民头目及汉回商贩人等一体周知”，并令百姓“务宜公平交易，不得抬高市价，亦不得口角相争，致滋事端。倘敢故违，定行从严究办，绝不姑宽，毋违禀遵特示。”① 从该告谕中，我们不难看出国家地方官员袒洋抑商的纠结心理。

地方当局者为了维护主权、挽回利益权势必会与洋行产生矛盾。外国洋行及买办欺行霸市、鱼肉商民、干扰社会秩序等，引起了官民的愤恨。1912 年 10 月，甘肃提督马安良向省议会上书请愿，要求开征“皮毛产场税”，规定羊毛每百斤收银 1 两，羊皮每驮收银 3 两，野生皮加倍，以打破洋行垄断局面，开拓财源。省议会议决请都督实行。1913 年 4 月，省国税厅令洋商照章交纳羊毛皮张等土货税，不许重用海关所发子口税单。② 甘肃省率先废除子口税，这不但拓宽了税源，遏制了洋行肆无忌惮掠夺，某种程度上更激发了国内商人赴藏区经商的积极性。

（三）洋行撤离甘南藏区

北洋军阀统治时期，由于混战致使交通不畅、关卡林立，羊毛收购、运输困难剧增。1921 年起，洋行陆续撤离河州、拉卜楞

① 中国人民政治协商会议甘南藏族自治州委员会文史资料研究委员会：《甘南文史资料（第五辑）》，第 119 页，合作，甘南报社印刷厂印制，1986。

② 慕寿祺：《甘宁青史略正编》（卷 27），见中国西北文献丛书编委会：《中国西北文献丛书·西北地方文献》，第 218 页，兰州，兰州古籍书店，1990。

等地，甘南藏区畜产多由河州回族商人收购，年收购量达150万斤左右。抗战全面爆发后，中国沿海各大港口被封，水陆交通断绝，国际关系急剧恶化，洋行势力完全撤离甘南藏区。

二、抗战前国内商帮对商贸的推动

北洋军阀统治时期，国内商人乘洋行逐渐退出之际入驻甘南藏区，开设商铺，贩运商品，收购土特产，对商贸活动起着主导性作用。在商帮的推动下，商会、同业行会出现，集市繁荣，商品种类日趋增多、交易额增大，较大规模的商贸集镇形成，商品经济在某种程度得到了发展。

（一）拉卜楞集镇贸易

拉卜楞寺位于夏河县城西南，是甘青川康四省政教中心，因宗教活动而集镇商贸繁兴。鉴于地理位置之重要性，1927年春，甘肃省政府把该区从西宁道循化县析出，成立夏河设治局，1928年3月升格为县。政府机关设立后，各项事业呈现出新气象，在商人推动下集市贸易愈加繁荣。下面，我们通过拉卜楞集镇商品贸易种类、数量、路线和甘南商帮组织发展来进一步考察集市商贸变迁概况。

1. 输出商品

甘南藏区是一个以畜牧为主的农牧型社会，畜产丰富，商人多以经营皮毛生意为主。1936年6月，据护送九世班禅入藏专使行署参赞蒙藏委员会马鹤天先生调查："拉寺输出货物，以皮毛为大宗，故本地营业资本较大者，为皮商。此种皮商，多系平、津一带之富商，每年九月挟款运货而来，翌年四月运载皮货而返，恰如候鸟，故俗称'候商'，亦曰行商。此外有山西、陕西及本省资本较小之皮商，多收买黑皮、羔皮等，运往天水、长安、大同等地。近年西康一带之猞猁、水獭、狐豹等类兽皮，由拉卜楞出口者亦不少。本地小资本商家，就地加工，制成熟皮短衣，运往上海、汉口者，共三十余家。次为毛商，因夏河境内多畜牧，每年毛产额平均在二百三十万斤以上，故毛商甚多，十之八九为临夏回商。毛之交易在每年春秋二期，故此期内拉寺比较热闹。”① 拉卜楞市场皮毛商均来自国内，皮商多系京、津、山、陕商人，毛商多为临夏回商，经商季节性很强，春秋为旺季，他们将收购的皮毛驮运兰州，沿黄河顺流而到包头，经张家口转天津出口国外。我们根据当时供职于拉卜楞保安司令部丁明德君数年之调查，将该区 1936 年前进出口情况做一考察。

表 1 抗战前拉卜楞集镇年均出口主要货物

货物名称	单位	数量	平均价（元）	总值（元）	备考
羊毛	斤	1200000	0.14	168000.00	
狐皮	张	4200	14.00	58800.00	
白羔皮	张	64500	1.00	64500.00	
羔叉皮	张	12000	1.80	21600.00	
猞猁皮	张	830	18.00	14940.00	
狼皮	张	1200	12.00	14400.00	
羊皮	张	25000	0.60	15000.00	
獭皮	张	2850	0.30	855.00	
黑羔皮	张	3500	2.15	7525.00	
獾皮	张	1300	2.70	3510.00	
狗皮	张	1350	3.00	4050.00	
熟羔皮衣	张	965	2.50	2412.50	
马	匹	1500	35.00	52500.00	
牛	头	1300	15.00	19500.00	

① 马鹤天著，胡大浚点校：《甘青藏边区考察记》，第 55 ~ 56 页，兰州，甘肃人民出版社，2003。

续表

货物名称	单位	数量	平均价（元）	总值（元）	备考
羊	只	15000	2.50	37500.00	
羊肠子	根	32000	0.26	8320.00	
蘑菇	斤	72000	0.50	36000.00	
酥油	斤	19200	0.25	4800.00	
鹿茸	架	33	60.00	1980.00	
麝香	颗	720	10.00	7200.00	
羊油	斤	21000	0.15	3150.00	
牛油	斤	7500	0.15	1125.00	
蕨麻	斤	350	1.80	630.00	
其他				55000	其他农产
合计				603297.5	

注：此表根据丁明德《拉卜楞之商务》，马鹤天著、胡大浚点校《甘青藏边区考察记》编制。

据上表可知，1936年前，拉卜楞集镇年均出口总值603297.5元，其中各类畜产408734元，占总值的67.75%；野生皮张99182元，占总值的16.44%；其他农副产品9538元，占总值的15.81%。输出畜产之中，仅羊毛一项就达1200000斤，价值168000元，占总值的28%。根据当时西北牲畜改良场主任粟显倬调查统计，甘肃省主要产毛区所产羊毛约2217800斤，夏河拉卜楞地区所产1000000斤左右①，约占甘肃全省的54.1%强。由此可见，羊毛等畜产是拉卜楞地区输出最主要的商品，甘南藏区是近代中国羊毛生产及出口的主要基地之一，藏区民众所经营的畜牧业及畜产是他们赖以生产和生活的主要物质资料，亦是地方当局出口创汇和民众换取其他生活必需品、调剂余缺的主要产品，这充分反映出以畜牧业为主的传统农牧经济是甘南藏区的支柱型产业。

① 中国第二历史档案馆：《中华民国史档案资料汇编》，第五辑，第672～673页，南京，江苏古籍出版社，1997。

2. 输入商品

拉卜楞市场商品主要来自省内周边地区和青国内的、川、康、藏，以及国外印度等地。青盐，商人贩运于青海盐湖，抵达市场后每驮仅榷税 1 元。1928 年起，甘青分省后，青海榷运局每驮取价 6 元，夏河榷运局每驮征税 3.8 元，沉重的苛税致使运销者逐年减少，民怨沸腾。面粉，大多数仰给于邻边地区临夏、临潭、岷县、循化、保安一带，交通落后，运输全赖骡马驮载，故市场价较临近各县为高。肉食，皆系临夏回民屠户销售，资本多借于寺僧。1927 年前，屠户贱买贵卖，获利甚厚，一般商民颇事追逐，故本地藏族妇女与腹地人士婚配者，多系屠夫。[①] 白菜、大米、菜蔬等，多来自临夏，价值甚高。松茶来自四川松潘，产于灌县附近，其中大叶散茶，每包 60 斤，在松潘仅每包售 13、14 元，至拉卜楞市场则高达 48 元。哈达，来自成都，糖亦以川糖为多。四川货物自松潘经西仓（在洮河上游）至拉卜楞市场，商旅结队而行，马站 10 天，牛驮须 20 天。刀、剑等饰件，来自青海循化撒拉，每柄 4、5 元。[②] 寺院十八囊欠之中，每年有走西藏者，将印度之毛织品，大批运来，以作买卖。[③] 商户全赖畜力驮运商货，运输不便，须时日久，商品价格往往高出生产地 2 ~ 3 倍，致使物资短缺，物价腾贵。

表 2 抗战前拉卜楞集镇年均进口主要货物

货物名称	单位	数量	平均价（元）	总值（元）	备考
松茶	包	1600	48.00	76800.00	
茧绸	匹	6000	7.00	42000.00	

① 丁明德：《拉卜楞之商务》，见甘肃省图书馆书目参考部：《西北民族宗教史料文摘》（甘肃分册），第 546 ~ 547 页，兰州，甘肃省图书馆，1984。

② 张其昀：《甘肃省夏河县志略》，见甘南州志编辑部：《甘南史料丛编 · 拉卜楞》（内部资料），第 13 页，合作，甘南州印刷厂印制，1992。

③ 马无忌：《甘肃省夏河藏民调查记（1941）》，见甘南州志编辑部：《甘南史料丛编 · 拉卜楞》（内部资料），第 344 ~ 345 页，合作，甘南州印刷厂印制，1992。

续表

货物名称	单位	数量	平均价（元）	总值（元）	备考
府茶	块	2500	2.80	7000.00	
黄芋	斤	56000	0.20	11200.00	
青蓝市布	板	280	12.00	3360.00	
纸张	合	24000	0.80	19200.00	
各种彩绸	匹	250	50.00	12500.00	
瓷器	担	32	320.00	10240.00	
官布	板	120	17.00	2040.00	
棉花	斤	7200	0.65	4680.00	
斜布	板	500	11.00	5500.00	
色粗布	匹	1800	2.10	3780.00	
青盐	斤	135000	0.12	16200.00	
清油	斤	62000	0.20	12400.00	
酒	斤	7650	0.50	3825.00	
糖类	斤	9200	0.55	5060.00	
面粉	斤	200000	0.07	14000.00	
挂面	斤	5600	0.20	1120.00	
纸烟	条	2300	2.80	6440.00	
铜器	担	35	36.00	1260.00	锅、壶、锣等
其他				100000.00	菜、果、玩具及药品等
合计				358605.00	

注：此表根据丁明德《拉卜楞之商务》，马鹤天著、胡大浚点校《甘青藏边区考察记》编制。

拉卜楞集镇输入商品主要是生活必需品，年均输入货物总值约 358605 元。其中食粮类面粉、挂面、黄芋、清油、食盐等计值 54920 元，占总值的 15.31%；副食类茶叶、烟草、糖、酒等计值 99125 元，占总值的 27.64%，仅茶叶一项为 77500 元，占总值的 21.61%；衣料类布匹、棉花、丝绸等计值 73860 元，占总值的 20.60%；其他生活日用品铜器、瓷器、纸张、瓜果、蔬菜、玩具、药品等计值130700元，占总值的36.45%。输入所有商品之中，茶叶数量最多，充分体现了传统畜牧社会经济形态下民众对茶的亟须。1936年前年均进出口贸易额相比，顺差约240867.5元。拉卜楞市场贸易出超并不能说明外汇积累率高，地区商业资本积聚能力强，而反映出藏区民众生活必需品短缺，购买力低下和生活艰辛的实际状况。

（二）甘南藏区商会组织产生及发展

清末光绪年间，临潭旧城就出现了“天兴隆”“万盛西”“天顺成”“永泰和”等数十家个体商号，进行牲畜、皮毛、烟、酒、铁器、日用杂货等的交易。“据光绪二十三年（1897）统计，洮州厅年征商税八万四千一百四十两。”[①] 足见商业之繁盛。民国时期，商品经济得到进一步发展，商号林立，陕西的“万镒恒”“恒顺长”等经营百货，河南的“杜盛兴”“复生荣”“永隆全”收购鹿茸、牛黄、麝香、洮贝等名贵药材。此外，还有“皋记商行”“乾元商行”“强华商行”等经营皮毛生意。同时，还出现了“集成店”“德泰店”“义泰行”等延揽外商的客栈。为了规范商贸活动，设立了“面行”“山货行”“布行”“斗行”等行会组织。随着商品经济不断发展，1917年，临潭县旧城成立了商会。每逢骡马会唱戏（骡马会是临潭自清代以来形成的以骡马交易为主要形式的商品交流会），商会便筹措经费，分摊给各商号、行栈、饭馆。骡马会上，商旅云集，商品种类繁多，湖北云梦县有名的土白布，江西景德镇龙碗，京津珠宝，杭州、成都绸缎，上海贡呢、斜纹布，岷县白面、清油，武山、甘谷大米、辣椒，临夏红枣，舟曲柿饼、核桃，当地肠衣、皮毛、药材等都是购销两旺的商品。

① 中国人民政治协商会议甘肃省临潭县委员会文史科教委员会：《临潭文史资料（第四辑）·临潭简史》，第164页、第261～262，岷县，甘肃省岷县印刷厂承印，1991。

随着拉卜楞寺院兴起，集镇商贸也日趋兴旺，为拉卜楞商会成立创造了条件。1918年，拉卜楞商会成立，会长为回族商人穆培宗，副会长为汉族商人曹帮华，设有特别董事会及书记，共计21人。①1936年，拉卜楞商号在10万元以上者，仅为德商普纶洋行、魁元永皮庄、德合生3家，资本在1万元以上者，不过20家。因受世界经济危机影响，魁元永皮庄、德合生虽勉强支持，而生意逐渐萧条，门市已呈冷落之象。毛商多系临夏回民官绅之资本，多财善贾，生意较为兴隆，其他杂货及津、川杂货小商号，共217家。②抗战时期，夏河县商会组织得到进一步发展。1939年1月26日，夏河县旅店商业同业工会成立。1945年7月，夏河县丝绒、绸布商业同业工会和县杂货商业同业工会分别成立，各有会员41人和51人。③战后1946年12月中旬，据县商会统计，夏河县城商会共有127家商号，估计资本为20万元。④无疑，商业组织的出现是商品经济发展的结果，而日趋健全的商业组织会促进商品经济的进一步发展。

三、抗战时期政府主导下集镇商贸勃兴

1938年春，国民政府贸委会在兰州成立西北办事处，开始利用运输苏联援华物资来兰州的汽车把西北各地皮毛运往苏联，进行中苏偿债性贸易，该业务由贸委会下属复兴商业分公司承办。

---

① 张丁阳：《拉卜楞设治记》，见中国西北文献丛书编委会：《中国西北文献丛书·西北民俗文献》，第91～92页，兰州，兰州古籍书店，1990。

② 丁明德：《拉卜楞之商务》，见甘肃省图书馆书目参考部：《西北民族宗教史料文摘（甘肃分册）》，第546～547页，兰州，甘肃省图书馆，1984。

③《夏河县商会公函、会议记录》，甘南藏族自治州档案局藏，全宗号：1～1，目录号：1，案卷号：14。

④《夏河县商会第一次监理事联席会议记录》《第二次监理联席会议记录》《第十三次执监联席及各商业同业主席联席会议》，甘南藏族自治州档案局藏，全宗号：1～1，目录号：1，案卷号：194～2。

的4%，1939年200000斤，计值400000元，约占总值的39.63%，1940年2500000斤，总值1750000元，占总值77%，1941年7000000斤，总值700万元，占总值86%（1—9月份）。[①]战时，拉卜楞市场上面粉输入较战前呈现出不断增长的趋势，这主要是由于外来人口增加改变了传统商品需求结构，集镇市场功能得到了一定增强。

（二）临潭旧城集镇商贸

1913年2月7日，甘肃省改定各道县制，改清洮州厅为临潭县，卓尼归其辖领。甘南藏区临潭县是回藏汉各族交融的中心，历史时期曾为洮西地区茶马贸易之重镇，商贸繁盛。新城为该县政治中心，是近代历次事变争斗的中心，商业萧条。1938年，顾颉刚考察西北到临潭新城，5月11日日记"城广大而荒凉，十日始有一集；十年之间数度丧乱，到处破窗断壁，人民憔悴甚亦。"[②]商民为了避难聚居旧城，故旧城人口稠密，商贸繁盛，是甘南夏河、临潭、卓尼三县以及临夏、岷县等周边地区商品集散地和商贸重镇。

表3 1940年临潭旧城主要输出商品

产品类别	产地	数量	单位	单价（元）	总值（元）
羔皮	拉卡楞	150000	张	4	600000
粗细狐皮	南山一带	3500	张	70	245000
墨尖梢狼皮	南山一带	1500	张	70	105000
用猪子皮	南山一带	7000	张	7	49000

① 王志文：《甘肃省西南部边区考察记》，见中国西北文献丛书编委会：《中国西北文献丛书·西北民俗文献》，第395～397、391～392页，兰州，兰州古籍书店，1990。
② 顾颉刚著，达浚、张科点校：《西北考察日记》，见《西北行记丛萃》，第214页，兰州，甘肃人民出版社，2002。

续表

产品类别	产地	数量	单位	单价(元)	总值(元)
水獭皮	沿河一带	250	张	380	95000
黄鼠狼皮	南山一带	5000	张	9	45000
青黄油哈尔皮	番地	62000	张	7	434000
扫雪皮	番地	50	张	200	10000
狗皮	番地	3000	张	30	90000
猞猁皮	南山一带	20000	张	260	5200000
羊肠	番地	10000	支	0.9	9000
儿马	桥沟南山	200	疋	500	100000
科马	桥沟南山	1300	疋	600	780000
大黄	铁布沟	1000	担	500	50000
麝香	双岔	2000	个	100	200000
秦艽	双岔	50	担	300	15000
松香	番地	10000	斤	1	10000
羊毛	番地	20000	斤	2	40000
木料	沿河一带	120000	根	7	840000
羊	旧城附近	10000	头	50	500000
马		1000	头	1500	1500000
牛	哈娃南山	3000	头	400	1200000
合计					12117000

注：此表根据丁明德《拉卜楞之商务》，马鹤天著、胡大浚点校《甘青藏边区考察记》编制。

1940年，临潭旧城输出畜类马牛羊25500头(匹)，价值4080000元，占输出总值33.67%；畜副产品羊毛、羊肠、羔皮、狗皮、猪皮值834000元，占总值6.88%；野生皮狐皮、狼皮、猞猁皮、水獭皮等6134000元，占总值50.62%；药材类大黄、麝香、秦艽、松香值275000元，占总值2.27%；木材840000元，占总值6.93%。野生皮张输出值最大，次为牲畜及畜副产品、木材、药材等。据顾颉刚先生1938年6月10日记又载："又论旧城商务，谓兰州、狄道两帮木客每年到此买木材十万元，加运费为二十万元，运至兰州便值五十万元；生皮毛走张家口，以其制皮之术工也；熟羊皮销四川。其他则骡马走陕西，猪毛走汉口，羊肠走天津，麝香发河南，药材发陕西山原，牛售岷县、渭源一带。故旧城商务，东至陕西，更沿江海而达津、沪，西赴青海，南抵川、康，北及内外蒙。当民国十七年（公元 1928）未破前，其繁盛可想也。”[①] 甘南藏区临潭县是半农半牧区，农牧产品丰富，行销国内外，商贾获利丰厚，商品经济活跃。

表 4 1940 年临潭旧城主要输入商品

商品名称	来源地	数量	单位	单价（元）	总值（元）
粗大布	陕西、河南	2500	卷	800	2000000
疋头（丝纺织品）	西安	2000	疋	250	500000
棉花	西安、武都	7000	斤	7	49000
青盐	青海	100000	斤	0.8	80000
纸张	四川	4000	合	4	16000
食粮	岷县等地	1000	石	200	200000
合计					2845000

注：此表根据王志文《甘肃省西南部边区考察记》编制。

1940 年，临潭旧城主要输入商品总值为 2845000 元，主要货物进出口贸易额相比，出超 9568000 元。其中进口衣料类布、疋头、棉花计值 2549000 元，占总值的 89.60%；食粮计值 200000 元，约占总值的 7%；食盐 80000 元，占总值 2.81%；纸张 16000 元，占总值的 0.56%。衣料类布匹等进口数量居于首位，其次为食粮、青盐等，这反映了临潭农牧兼营的经济形态。旧城是临潭商贸重心，交易额占全县的 90% 以上，本土籍商人占 40%。临潭旧城还是甘青川藏区中转市场，商人有往来于西康、青海藏区贩运牲畜的行商，称为“牛马商贩”，他们深入藏区，1 盒香烟换 1

① 顾颉刚著，达浚、张科点校：《西北考察日记》，见《西北行记丛萃》，第 214 ~ 228 页，兰州，甘肃人民出版社，2002。

张羊皮，1 丈白布换 1 张牛皮。1941 年 6 月 30 日由南番买来骒马 35 匹，次日售完，每匹作价硬洋 120 元，净赚半利，买来的毛雌牛 100 余头，每头 15 元，售价 35 元。① 抗战时期，临潭旧城集镇商贸活跃，呈现出了明显出超现象。

(三) 卓尼商贸

1913 年，临潭县设立时卓尼归其辖领，实际为杨土司世袭领地。直至 1937 年，“博峪事变”后，甘肃省国民政府成立了卓尼设治局，由临潭县长薛达兼任局长。卓尼商贸通过转口临潭进行。其中 1940 年，经由临潭转输卓尼的商品主要有：杂粮 60000 石，总值 900000 元；布疋 700 卷，总值 420000 元；青盐 20000 斤，总值 14000 元；杂货总值 250000 元，总值合计 1584000 元。由卓尼转口临潭输出主要商品有羊皮 100000 张，价值 400000 元；狐皮 1000 张，价值 70000 元；狼皮 1000 张，值 70000 元；水獭 50 张，值 19000 元；猞猁皮 5000 余张，值 1300000 元；羊毛 10000 余斤，价值 20000 元；木材 35000 根，价值 245000 元；麝香 1000 个，价值 100000 元；马 1000 余头，价值 1500000 元；牛 2000 余头，价值 800000 元；价值合计 4524000 元。② 进出口贸易额相比，仅 1940 年卓尼县出超 294 万元。抗战时期，甘南藏区各大集镇商贸都出现了明显出超，这主要是战时沿海港口封锁，舶来品减少，土产被运销成都、重庆、兰州等地制造军需民用紧缺物资，战争期间需求拉动了商品输出的增长。

---

① 中国人民政治协商会议甘肃省临潭县委员会文史科教委员会：《临潭文史资料（第四辑）· 临潭简史》，第 164、216 ～ 262 页，岷县，甘肃省岷县印刷厂承印，1991。

② 王志文：《甘肃省西南部边区考察记》，见中国西北文献丛书编委会：《中国西北文献丛书 · 西北民俗文献》，兰州，兰州古籍书店，1990。

（四）黑错集镇兴起

黑错集镇兴起较临潭旧城、夏河集镇为晚。随着商品经济不断发展，适应民众生产生活的需要，1942 年 11 月 13 日，夏河县政府呈文甘肃省政府，要求每月在黑错增加一次集场，并禁止民众赶集时携带枪支。12 月 8 日，甘肃省政府主席谷正伦批准此事，同时命妥拟限制人民携带枪支的详细办法呈报省政府。1942 年，著名藏学家于式玉女士考察甘南路过黑错时曰："哈加（今合作市卡加曼乡）这个地方，出产很少，日用所需，都靠二十里外的黑错每月一次的集市，由临夏、临潭等地运来的货物。"[①] 黑错月集，规模较小，商品主要来自周边地区，这对方便民众商品交易起了重要的作用。

（五）抗战时期商贸管制政策

1938 年 2 月，甘肃省民众抗敌后援会夏河分会第八次全体委员会议议决："检查并登记本县商会'仇货'，所有以前各商民储存的仇货准其售卖，以售获价洋的 70% 认购'救国公债'。以后不准再行购运仇货，如有违犯，一经查出，全数充公。"[②]1938 年 5 月 3 日，甘肃省政府主席朱绍良发布训令，严禁将本省畜产的皮毛及其他一切货物运往或邮往包、绥、天津，违者以资敌论处，以对敌实行经济封锁。[③]1939 年 7 月 15 日，夏河县政府发布训令，

---

① 于式玉：《黑错、临潭、卓尼一带旅行日记》，见《李安宅于式玉藏学文论选》，第 449 页，北京，中国藏学出版社，2002。

② 《夏河县商会、县政府、回教协会支会、县新生活运动促进委员会公函》，甘南藏族自治州档案局藏，全宗号：1 ~ 1，目录号：1，案卷号：136。

③ 《夏河县政府训令、快邮代电、指令、商会呈、党部指令、省政府训令》，甘南藏族自治州档案局藏，全宗号：1 ~ 1，目录号：1，案卷号：173。

“严禁各商号私售‘仇货’，违者以资敌论处，绝不宽待”①。1943年9月27日，夏河县县长李永瑞给甘肃省政府主席谷正伦呈报查禁羊毛走私一事，呈文内曰：“案奉均府建三申七三一一号训令略开，据省贸易公司电请查扣走私羊毛一案合亟令仰，该县长遵照通饬所属切实查禁，并将以往走私主动人员或机关查明具报以及以后办理情形，随时报查为要，此令。因奉此查此案，经职会同拉卜楞保安司令部一再派员查禁，收宏效，近来贸易公司驻夏河办事处收购极为顺利，截至现在，再未发现走私情事，奉令前因，除再令沿途乡镇长严行查禁外，理合备文呈復均坐鉴核备查。”② 国民政府物资统制政策及夏河县抵制日货、查禁走私等商贸措施，无疑是对日本侵略者实行经济封锁，集中物资力量支援抗战，适应了当时全国抗战的大局。

四、小结

清末民国初年，西方列强势力进入甘南藏区，开设洋行，利用买办性质地方商号及走贩进行收购羊毛等土产，倾销国内外商品。洋行收购藏区土产过程中压价预购、垄断价格、赔折预价等都带有极强的掠夺性，对商民实行双层掠夺。除经济上掠夺之外，洋行买办还勾结地方军阀官绅，捐资纳官，窃取国家情报，欺压百姓等，这严重损害了中国主权和商民利益，逐渐激起了他们的怨愤。由于经济利益上的冲突和政治上的危害，民族商业资本、民间、地方政府和洋行的矛盾剧增，驱洋事件接连不断。再加上军阀混战所引起的交通阻塞、运输困难，洋行势力逐渐退出甘南藏区。乘洋行势力逐渐撤离之际，国内商人大量入驻甘南藏区，

① 《夏河县政府对工商会的指令、训令》，甘南藏族自治州档案局藏，全宗号：1～1，目录号：1，案卷号：174。

② 甘肃省档案馆藏，全宗号：43，目录号：1，案卷号：133：31。

建立商号、商会组织和同业行会，运销国内外商品，赞助举办大型商品交流会，积极参与地方事务，对商品经济乃至社会经济的发展起了重要推动作用。

抗战时期，甘南藏区的羊毛等土产被纳入国家统制范围之内，实行统购统销。初期，主要由国民政府贸易委员会统购，通过甘新公路运销苏联，进行中苏偿债性贸易。后期，主要由贸委会复兴西北分公司统购运销国内，制造抗战前后方军需民用紧缺物资，支援中华民族抗战事业。毋庸讳言，国家官僚商业资本介入，在某种程度上规避了商贸活动中的投机性，有利于贸易的规范化和公平性，但客观上阻碍了民族商业资本主义的发展。例，1942 年 12 月，甘肃省贸易公司夏河办事处主任姜其忠派员警忽将本市商民所存之羊毛不论新旧一概封存，并定于 1943 年古历正月六日一律强行过秤。夏河办事处强行统购措施引起了商民的极度恐慌，为此夏河县商会主席张崇德和德义隆、万镒和、仁义长等商号函电拉卜楞保安司令部祈请转呈省政府、省党部饬令以和平方式进行收购羊毛，其中内称："……，诚如上述强行办理，则不但商等破产，而生命绝难保存，实有违背总理民生之遗训，伏谛均会为商界主脑深虑隐情，洞明商艰，敬乞鉴核准，切准予据情分别转请夏河县党部、夏河县政府保安司令部并祈转呈甘肃省党部、政府，俯念商艰，饬夏河贸易公司停止强买办法，抱持和平公买公卖主义，则藏区产户不难立至，亦可恢复毛业而维市面，无任激切待命之至。"① 国家官僚商业资本借助国家政权的力量，违背市场经济运行原则，强行以低于市场价统购夏河集市所存羊毛，对民族商业资本造成了严重危害，曾一度致使市面商业萧条。正如

① 国民党省执委、省政府、建设厅、省贸易公司等关于核办本省商会及各县收购羊毛办法，查禁羊毛走私与中茶公司以茶换毛情形等的指令、训令、公函、代电、呈（1942 年 4 月 10 日～1943 年 9 月 2 日），甘肃拉卜楞保安司令部为准饬贸易公司夏河办事处购买羊毛办法呈（1943 年 2 月 20 日），甘肃省档案馆藏，全宗号：43，目录号：1，案卷号：133：3～4。

毛泽东同志所说："民族资产阶级是一个在政治上非常软弱的和动摇的阶级。但是他们中间的大多数，由于也受着帝国主义、封建主义、官僚资本主义的迫害和限制，他们又可以参加人民民主革命，或者对革命守中立。"[①] 清末至抗战时期，甘南藏区商贸变迁历程中民族商业资本主义曾遭受洋行、地方军阀和官僚商业资本主义的三重压迫，由于自身的软弱性和局限性，在某种程度上又不得不依附于他们艰难发展。抗战期间，随着甘南藏区商品经济的发展，商贸重心逐渐扩散，新兴集镇出现，市场商品交易功能不断增强，集镇商贸得到了不同程度的发展，但在战时国家统制及商贸管制政策影响下，发展程度具有很大的局限性。

本文原载《西藏研究》，2011（5）。

① 毛泽东：《关于民族资产阶级和开明绅士的问题》，见《毛泽东选集》（第四卷），第1183页，北京，人民出版社，1960。

民国时期的洮商

马廷义[①]

> 黄叶菜，黄又黄，洮州地方天气凉，三月四月穿皮袄，六月不见庄稼黄。老百姓全靠做生意，耕田务农莫指望。一年到头走番地，十月、六月两会场。张三赶来一群马，李二赶来牛一帮，土拉保驮来十捆皮，麻目沙赶到五百羊，马又大来羊又肥，一天到晚卖了个光。
>
> ——李安宅、于式玉《黑错、临潭卓尼一带旅行日记·洮州歌一》

清末民国初，由于皮毛交易的兴盛，临潭市场又一次繁盛起来，外地客商云集，本地商人也向外地及全国各大城市扩展。临潭出产的名贵药材麝香、鹿茸、洮马、皮货、木材吸引河南、陕西、四川、临洮、甘谷等地的商人流入，遂将丝绸、棉布、纸张、食盐、粮食等商品运入临潭。民国初至民国十八年（1929），在临潭县设立商号的外省客商有京帮、陕帮、豫帮、鄂帮等商帮，外县商号数十家，本地商号数十家，共有资金银元230余万元。中国著名历史学家顾颉刚先生在1937年《西北考察日记》中记载："又论旧城商号，谓兰州、狄道两帮木客每年到此买木材十万元，

① 马廷义，临潭县志办原主任。

加运费为二十万元，运至兰州便值五十万元；生皮毛走张家口，以其制皮之术工也；熟羊皮销四川。其他骡马走陕西，猪毛走汉口，羊肠走天津，麝香发河南，药材发陕西，牛售岷县、渭源一带。故旧城商务，东至陕西，更沿江而达津、沪，西赴青海，南抵川、康；北及内外蒙，当民国十七年未破坏前，其繁荣可想也。”

外地商号中，陕西的“万镒恒”“恒顺昌”经营百货业；河南的“杜盛兴”“复生荣”“永隆全”专门经营药材，收购鹿茸、牛黄、麝香、洮贝等名贵药材；其他的“皋记商行”“乾元商行”“强华商行”经营皮毛生意。1917 年，旧城成立了商会，据统计，民国三十年（1941）旧城一地有商业资金银洋 647000 元，当地资本在 3000 元以上的商号 47 家。“万盛西”“义心公”“福顺通”“复有公”“永泰和”“天兴隆”“全盛敏”等商号经营日用百货、贩运牛马、名贵药材等，是当时临潭享有盛名的商业大户，在川、青、藏、汉口等地设有分号。新城天威隆等十户商号有资金 34500 元，只占旧城商业资金的 3.8%。此一时期还出现了面行、斗行、秤行、山货行管理市场，收取牙金（中介费）。客栈旅店有集成店、德泰店、义泰行、长盛店、福兴店等，以及名目繁多的饮食业如宏泰馆、元顺馆等。

民国时期的洮商经商形式分为坐商和行商。

一、坐商

坐商，如上述的商号，设商行，开铺面旅店，摆摊等。贸易网达西安、北京、张家口、汉口、成都、松潘、西宁、兰州、西康等 20 个省市，从事商业物资的输入输出。据 1941 年统计，全年输入布匹、粮食、面粉、日用百货 39 万余银元。1947 年，输出羊皮 152000 多张、毛褐 1000 多匹，猪鬃、牛皮等贸易额达银洋 300 余万元。以西道堂为例，民国十八年（1929）十五个坐商固定、流动资金银洋达到20多万元。截止1949年，仅旧城铺面达61间、旅店2处。坐商天兴隆分号遍及四川、青海、陕西、宁夏、甘肃，岷县、夏河建有贸易集散地，在成都、松潘、兰州、西安、张家口、北京、天津、上海、内蒙古设有商行，在汉口、江西、广州、河南、新疆、西藏等地有商业网点，经营皮张、鹿茸、麝香等物资交易。仅1930—1932年，夏河网点与英商普伦洋行三次交易野生动物皮张，收入白银34300余两、银元15390元。

二、行商

行商，俗称“牛马商贩”，往来于甘、青、川藏区，将藏区所需物资运入，又将藏区所产物资运出。行商中又有商队和“单马客”（一人一马一枪）之分。商队的形式主要有：

（一）牛马贸易商队。临潭向藏区运进日用百货等，从藏区购买或以物资交换牛、马、羊等牲畜，赶往旧城出售。牛、马主要来源于青海玉树、果洛，四川阿坝、若尔盖，甘肃碌曲、玛曲、夏河等地，骡马交易会上的牲畜交易约达5000多头（匹、只）。据1941年的不完全统计，旧城交易马3000多匹、牛2000多头、羊4000多只，全年总输出牲畜额价值银元330多万元，牛马主要贩往陕西、岷县、西和、礼县等地。

（二）从事皮毛贩运的牛马驮队。清末民初，皮毛交易兴盛，外国洋行向西北腹地深入。光绪二十六年（1900），甘南地区的羊毛生意被英商垄断，拉卜楞的“丛拉”（市场）建起了英国普伦洋行，直接收购羊毛，先在甘加、麦西、桑科、欧拉、黑错等地集中，然后统一运到拉卜楞，交洋行验收过秤。以“天兴隆”为例，光绪三十年（1904）即洋行到河州开设分行的第四年，西道堂教民丁重明捐银一万两为资金，西道堂“天兴隆”商行正式开业……次年12月，丁重明再捐银1000两，在新城建“天兴亨”商号……临潭地处藏区，西北靠近著名的拉卜楞寺院，南连上下迭部，西达双岔、毛日、西仓，全是以牧业经济为主的藏族聚居区。“天兴隆”商行从事的皮毛收购业中的的行商活动范围包括甘肃和青海玉树、果洛、海北等……行商队在经理们的带领下到草原腹地收购羊毛，销售藏族生活日用品。民国二十一年（1932），天兴隆流动资金达银元16万余元……西道堂加强与外省的商业交流，扩充骆驼60峰，派经理马仁山专往归绥、包头等处经商。[①] 民国二十一年（1932），西道堂行商共计20个商队，计驮牛1700多头、骑马900余匹、流动资金16万余元，贸易来往于内蒙、四川等地。当时洮州著名文人吕芳规《看贩子出口》一诗，形象描绘了皮毛商队的盛况：

番帽番衣番样穿，腰悬利刃背生烟。
驽马识途能致远，驮牛负重各争先。
笠天席地何辞苦，暑夏寒冬不计年。
皮毛满载归来日，猎犬狺狺犹带膻。

（三）盐帮驮队，是从青海驮运食盐的驮牛商队。从明中叶开始，以回族为主的洮商就自发组织盐帮到青海省的茶卡盐湖驮盐，到1953年为止持续了400多年。民国时期临潭旧城有盐帮驮队70多家，驮牛15000多头。年贩运盐约5万公斤。

盐帮的组织形式：盐帮的最高层由2～4名大“郭哇”（藏语意为头人）组成。他们是从全体盐帮成员中民主选举产生的。只在驮盐的路途中起组织领导作用。盐帮的基层组织叫“锅子”，每个“锅子”由6～10人自愿结合而成。他们在驮盐途中住在一起，食在一锅，故名“锅子”。每个“锅子”产生1名领导，叫“尕郭哇”。组成“锅子”的条件是每人都必须有1匹乘马，每个锅子

① 袁纣卫：《包头回族皮毛贸易（1879—1945）》，载《回族研究》，2007。

枪不少于 1 枝，凶猛的藏獒不少于 2 ~ 3 只。通常情况下盐帮由二三十个“锅子”组成。驮牛最少时约为 1 万头，最多达 3 万头，供骑的乘马约为 200 ~ 600 匹，藏獒 10 只左右。盐帮们个个体魄健壮，精通藏语，马术娴熟，枪法精湛。驮牛均为强壮的犏牛。这一时期最大的盐帮当为西道堂驮队和以苏温西为“大郭哇”的驮队。

盐帮的驮运时间和路线：盐帮一年驮盐两次。每年的六月初，上一年的大“郭哇”在旧城召集各“锅子”的“尕郭哇”开会，商讨驮盐启程的日期和路线，开始启程的各项准备工作。

夏季：从夏历的六月十五启程到八月底返回。路线是旧城→沙冒→多花儿→博拉扎沙→桑科→保安西面的那哈差纳哈→贵德浮桥→红柳沟→上塬台→青海湖→茶卡盐湖。返回路线仍按原路返回。

冬季：盐帮从夏历的十月初出发到次年的正月十五返回：路线是：旧城→斜藏沟→沙冒→博拉寺院→阿本去乎寺院→达采寺院→科采寺院→胡儿地苍→漏苍→塔尔秀贡巴→尕加达苍→个儿马阳群（从此处过黄河冰桥）→阿苏乎云→尕务路小寺院→青海湖→茶卡盐湖。返回时仍按原路返洮。

盐帮的行军、宿营方式和路途纪律：在“郭哇”庄严下达起程的命令后，牛群徐徐起身，驮队逶迤长达三四十华里，这支队伍不为战争行军，却似远征将士，英勇威武地肃然前进。

一天后，驮队离开旧城，进入草原地带，宿营后，由上一任“大郭哇”组织召开全体盐客会议，民主选举本次途程中的新“郭哇”，这些新选的大、小“郭哇”再详细地编排各“锅子”行走的次序，大家绝对服从这些新“郭哇”的领导。

盐客每天在黎明时分就生火熬茶，只喝少量的“豆码”（藏语意为稀糌粑，因为驮驮子时需要用猛力，吃得过饱会有损身体健康）。然后每两人为一组，快速利落地驮好三四十头牛的盐驮子。

“郭哇”下达动身的命令后，驮队徐徐启行。每天的行进序列都按“蛇落皮”的方式排列，即头天排在第一位的“锅子”在第二天是最后动身，头天排在第二位的“锅子”在当天变为先行，在行进中，每“锅子”抽一两名枪法好、骑术精的人组成盐帮的“前卫”和“后卫”。当行至险要地段时，“前卫”即策马占据有利地形，直到驮队全部通过，才将阵地交给“后卫”殿后。走五六十华里路，到达预定的宿营地时，将近中午先拴好藏獒，以防咬伤行人。然后两人一组，快速卸下盐驮，让牛去自由觅食吃草，这时盐客们才生火做饭，饭后再将盐袋每六只为一垛，码放起来，在其三面扯起“档绳”，准备晚上拴牛。宿营地点，均选在开阔地带，从不在山根崖坎下宿营，以防晚上盗贼从高处滚石头惊乱牛群。整个盐帮的宿营地是一支军旅的圆形大营盘，每个“锅子”的帐篷门一致背离圆心向外，形成一个大圆，叫做“场子”。

休息时，盐客们用烧红的烙铁为受伤的牛消肿。盐队每走四五天要大休息一天，这一天就是盐客们的节日，有的人比赛枪法，他们大多数人枪法百发百中；有的人抱盐袋比赛力量，要求双腿盘起来坐在地上，再怀抱盐袋站立起来；有些人则去探望附近的蒙、藏朋友，拿的礼物有哈达、布匹、红枣、核桃、柿饼、油炸果等，朋友家除盛情款待外，临走还送酥油、曲拉、活羊、蕨麻、醍等东西给盐客们；大“郭哇”们则去拜访当地的头人、活佛，拉关系搞交易。

临近黄昏，全部要返回宿营地，晚饭前把牛拴到“档绳”上，马一律套上“铁绊”，拴在帐篷的前两侧，藏獒全部放开，盐客们围坐在篝火旁，一面品尝着酥油茶，一面讲故事，说笑话，有的还放开喉咙唱起了家乡的“花儿”。大、小的“郭哇”们每天晚饭前要在“场子”中央召开一次例行会议，讨论第二天的行进路线、宿营地点，研究决定给第二天可能经过的地方头人、土官或寺院送礼的具体事宜，处理当天盐客中违犯盐帮纪律的事。会议结束

盗贼乘黑来劫，被藏獒发觉，近百只藏獒群起进攻，贼人仓皇逃窜，其中一人未来及上马，被藏獒穷追不舍，他急中生智爬到一棵大树上，藏獒将树围了一夜，直到第二天盐客发现，驱散藏獒，那贼才从树上溜下来，但已被吓得半死。

2. 盐帮的扶困济危精神

事情发生在民国二十九年（1940），四川松潘舍儿哇地区的藏民从茶卡湖往西宁驮盐返回的途中，200 多头牛、20 余匹马被一伙盗贼抢劫。藏民哭诉到洮州盐帮的苏温西大"郭哇"处，苏立即下达了追击贼盗的命令，盐客一天的强行军追上了被盗牛群。起初，这些贼人不肯退赃，盐帮中的神枪手骑在马上弹无虚发地击落远处贼匪几头驮牛项下的铃铛，贼匪受到震慑，原数退还所劫东西。舍儿哇藏民赶着 3 头肥牛前来答谢，盐帮均未接受，他们流着感激的泪水离去，并和盐帮结成了"主人家"（朋友）。

（四）"单马客"，是在抗战及其后的解放战争时期，由于藏区大量种植罂粟（鸦片），旧城成为鸦片集散地之后大量产生的。他们一人一枪一马，从迭部等藏区往返倒运鸦片。其中亦有大批"单马客"是从藏区往来贩卖日用品和羊毛皮张的。

（五）在清末民国初至民国中期，临潭洮商中还兴起了做马鸡翎子的生意，每百根蓝马鸡翎售价银洋 30 元，销往北京作清廷官员官帽饰品；民国初期远销欧美，以法国销路最好，年销售额约银洋 20 万元以上，临潭群众家家养马鸡，户户有鸡舍。

资料来源：除注明出处者外，文中资料来自于《临潭县志》、李英俊《临潭简史》《西道堂史料辑》、敏生华《古洮州的回族盐帮》等。

抗战时期甘南藏区医疗卫生建设

毛光远

一、医疗卫生面临问题及成因

民国时期，甘南藏区疫病横行，人畜死亡率颇高，对当地社会经济发展构成了严重威胁。据史载，民国十年（1921），碌曲双岔地区天花流行，仅尕地一个村在染病的62人中，死亡41人。民国三十六年元月四日（1947年1月4日），夏河县桑科以西广大牧区发生天花。是年，夏河、临潭两县首次发现麻风病患者。[①]1917年9月，卓尼恰盖温布滩村发生腺鼠疫，发病5人，死亡4人。次年，温布滩村又发病，死亡3人。同时附近恰龙滩村和卡地拉尕村发生肺鼠疫，发病24人，死亡20人。1928年冬，卓尼、临潭瘟疫流行，牲畜大量死亡。[②]1929—1930年，伤寒疫情在卓尼地区流行，仅畜盖族24户的小村，先后发病20余人，死亡6人。1941年，卓尼赤痢流行，仅城关地区患者100余人，死

① 甘南藏族自治州卫生局卫生志编写组：《甘南藏族自治州卫生志》（内部资料），第29～31页，合作，1990。

② 卓尼县志编撰委员会：《卓尼县志》，第20～21页，兰州，甘肃民族出版社，1994。

亡 70 余人。[①] 据 1947 年统计，甘南地区麻风病患者占甘肃全省麻风病患者总数的 21.2%。很多传染病如伤寒、天花、霍乱、肺痨，还有人畜共患的炭疽、出败等疾病广为流传，死亡率之高，实堪惊人。[②] 由此可知，在整个民国时期甘南藏区流行疫病种类繁多，发病率及死亡率甚高（据上涉及数字统计，患病 211 人中，死亡 141 人，其死亡率为 66.8%），造成大量人畜死亡的原因是深刻而复杂的。

（一）社会经济文化落后

解放前，甘南藏区生产资料占有异常集中。无论是农区，还是牧区或半农半牧区，其主要生产资料土地、牲畜和牧场等绝大部分被当地封建土司，土官、头人、农牧主和寺院宗教上层所占有。这三部分人，可以说就是甘南藏区的三大封建主。占甘南人口总数 5% 的土官、头人和寺院宗教上层，占有全区牲畜总数的 80% 以上，而占牧区人口总数 90% 以上的贫苦牧民占有牲畜总数还不到 20%。[③] 因此，广大农牧民群众在经济上处于赤贫状态，受到沉重的剥削，生活十分贫困、艰辛；文化上，牧区普通民众根本谈不上受教育，文盲充斥，知识贫乏至极。“论到学校教育，一般百姓没有份，那是上层人士之专利品。”[④]“藏民文化水准低落，知识浅陋，若不从文化方面着手，因势利导，究非民族的福利，亦为国家的病态。”[⑤] 社会经济文化落后是甘南藏区疫病横行、医疗卫生事宜滞后的深刻而复杂的社会历史原因。

---

① 甘南藏族自治州卫生局卫生志编写组：《甘南藏族自治州卫生志》，第 627 ~ 628 页，合作，1990。

② 甘南藏族自治州概况编写组：《甘南藏族自治州概况》，第 227 页，兰州，甘肃民族出版社，1986。

③ 唐景福：《甘南藏区解放前的社会性质》，载《西北民族学院学报》，1986（2）：27。

④ 李安宅：《论西北藏民区应用创化教育》，载《甘肃科学教育馆学报》，1940（2）。

⑤ 木子：《拉卜楞的藏民文化促进会》，载《新西北》（月刊），1939（2-1）。

(二) 不良卫生习惯

诸多细菌性传染疫病多由于不良的卫生习惯所引起，其中像赤痢这种细菌性痢疾，主要是由于饮水卫生条件差、水源污染、食物不洁等原因引起散发或流行的肠道传染病。李叔容女士亦在《拉卜楞卫生漫谈》一文中说："沐浴更衣对于他们是一件稀罕的事……假若踏进了中等阶级藏民同胞的居室里，你真会觉得意外的清洁，并且每种物件都很有秩序的安置着，可是他们的庭院却是牲口羁留地，牛粪马尿的味儿，使人不爽，再出大门一看，更差了，因为他们把所有屋内的排除物就倾堆在路上，加上他们遗留下的草原生活习惯，男女随地蹲着大小便，非特在人行道是如此。"[①] 卫生不洁，相关细菌性传染病会殃及人畜并致其多数死亡。

(三) 外来人口增多及现代风气冲击致使性病异常流行

抗战时期到藏区工作的外来人口剧增，致使"花柳"(梅毒)流行，这严重威胁着藏区民众体魄的健康。甘肃省夏河卫生院院长吴炉青经过调查后得出："拉卜楞社会，由于社交，性病特多，生育减少，死亡率高，人口繁殖率日渐低落，这是很危险的一种民族问题。"[②] 娼妓亦是当时性病的主要传递者，"单以拉卜楞而论，除了喇嘛，仅有三千余居民的镇市，就有近两打的所谓'明

① 李叔容：《拉卜楞卫生漫谈》，载《新西北》(月刊)，1941 (1、2)：见甘南州志编辑部编：《甘南史料丛编(一)·拉卜楞部分》(内部资料)，第 201 ~ 202 页，合作，甘南州印刷厂印制，1992。

② 吴炉青：《拉卜楞藏胞生活与卫生概况》，载《新甘肃》，1949 (2 ~ 6)，见甘肃省图书馆书目参考部：《西北民族宗教史料文摘》(甘肃分册)，第 595 页，兰州，甘肃省图书馆，1984。

星’（当时对娼妓的称呼），‘明星’以外的‘暗明星’恐怕也不在少数，由此推知花柳病之所以流行了。”①

（四）医疗卫生事业落后

“查本区一般人民，遇有疾病，绝少治疗机关，往往求神问卜，以减轻病魔，因此辗转耽误，遂致死亡率成为全国最大之处。倘若政府不设法救济，则人口将愈形锐减，影响国族至非浅鲜。”② 上个世纪30年代前，藏区几乎是一块处女地，国家对各项建设关注亦颇少，亦几乎无一家像样的国立医疗机构，包括医疗卫生在内的各项建设未能开展。抗战时期，随着边疆问题的进一步凸现，这才引起国家各级政府和有识之士的重视。“故言开发西北，是区实居重要地位。”③ 随之，当局对各项事业进行投资开发，以期固边强国。

（五）原始粗放的经营方式

畜牧业原始粗放经营方式是牲畜死亡的主要原因甘南藏区草原辽阔，水草丰美，草地资源非常丰富，历史上生息繁衍在这里的羌藏先民皆从事畜牧。畜牧业是藏区传统的优势产业，但是由于经营粗放，管理不善，畜疫流行，牲畜死亡率亦自然很高。正如时人所说：“羊群中少数羊发生病疫之后不知隔离治疗或紧急处置而全群感染罹难，以上种种皆为羊群繁殖力薄弱以及品种无改

① 李叔容：《拉卜楞卫生漫谈》，载《新西北》（月刊），1941（1、2）：见甘南州志编辑部编：《甘南史料丛编（一）·拉卜楞部分》（内部资料），第201～202页，合作，甘南州印刷厂印制，1992。

② 王志文：《甘肃省西南部边区考察记》，见中国西北文献丛书编委会：《中国西北文献丛书·西北民俗文献》，第417页，兰州，兰州古籍书店，1990。

③ 张其昀：《洮西区域调查简报》，载《地理学报》，1935（2-1）；见甘肃省图书馆书目参考部：《西北民族宗教史料文摘》（甘肃分册），第513页。

进之症结所在。”[①] 这种原始、粗放的畜牧业经营方式给牧民群众造成的经济损失亦是不可估量的。

二、医疗卫生机构设立及疾病防治举措

鉴于甘南藏区医疗卫生落后之状况，1941 年 6 月 25 日，甘肃省第一区夏临卓三县区行政保安会议决：“当此抗战时期，本区广袤千里，自应加速为政治的经济的教育的卫生的设施，上下合作，一德一心，以期增加抗战力量，为我边区策长治久安，永至乐利。”[②] 其中在医疗卫生方面提出了 4 条决议案，即：“一、请政府充实夏河卫生院之设备；二、请政府从速于黑错建设一卫生院，并尽可能充实其设施，俾成为边区完备之卫生院及模范医院；三、请政府于临潭、卓尼及郎木寺各增设卫生院一所；四、请政府于本区组成巡回医疗队。”[③] 这些决议是加强甘南藏区卫生医疗工作的得力之议，势所必行。

（一）抗战前外国传教士和乡土民医对民众疫病施诊

民国十年（1921）美国基督教牧师克利必奴、胡文华等人，先后在临潭、黑错（今合作市）、拉卜楞、阿木去乎、郎木寺等地建立教堂，通过“免费医疗”为群众治疗性病，接种牛痘，借以发展教徒。民国二十一年（1932），瑞士籍基督教传教士舒雅哥在卓尼麻儿桥（今木耳镇）租地盖教堂，次年办起了诊所，为群众治疗花

① 张元彬：《拉卜楞之畜牧》，载《方志》，1936，3（9、4）；见甘南州志编辑部：《甘南史料丛编·拉卜楞部分》（内部资料），第 81 页，合作，甘南州印刷厂印制，1992。

② 《中国西北文献丛书·西北民俗文献》，第 409 页。

③ 《中国西北文献丛书·西北民俗文献》，第 418 ～ 419 页。

柳病及常见病，后来这个诊所由教徒兰州人陈子新经营。①

民国十九年（1930）以后，临潭旧城个体西医朱氏（在福音堂内）、付益民、陈永寿、黄士英等，兼开中药铺的有高风西、李秀平、张福贤、苏鸿臣等，均为居家行医，规模不大。民国二十年（1931），从兰州中山医学院毕业的临夏人侯静安来夏河县定居，在拉卜楞开设诊所，从事西医为群众治疗疫病。民国三十年（1941）前后，临潭新城的马志清、孟鹤逸和王威堂等先后在街上开起了中药铺，一边卖药一边治病。另有临夏人王子嘉在合作旧街边给人治病。② 据 1943 年 1 月统计，卓尼有陈子新的私人诊所 1 处，杨春和办的“安息日会”诊所 1 处，共有医护人员 12 人。③

（二）甘肃省夏河拉卜楞医院建立

1940 年 8 月 8 日，甘肃省卫生处派医师吴炉青带部分药械到夏河筹建卫生院，10 月 10 日正式开诊，夏河卫生院为当时甘肃省建立的八所县级卫生院之一。有职员 4 人，月收入法币 515 元，院长兼医师，助产士、助理护士及学务员各 1 人，病人每日平均为 30 人左右，其中藏民占 80%。④ 但是该院没有专门的院址，在拉卜楞小学附近购买民房数间，略加修葺后进行施诊。尽管当时医药稀缺，设备简陋，医院仅能应付门诊病人，不能出诊和接收重病患者，但是该院成立后，“每日来院的病人络绎不绝，拥挤异

① 甘南藏族自治州卫生局卫生志编写组：《甘南藏族自治州卫生志·大事记》（内部资料），第 7 页，合作，1990。

② 甘南藏族自治州卫生局卫生志编写组：《甘南藏族自治州卫生志·大事记》（内部资料），第 8 页，合作，1990。

③ 卓尼县志编撰委员会：《卓尼县志·大事记》，第 618 页，兰州，甘肃民族出版社，1994。

④ 俞湘文：《西北游牧藏区之社会调查》，重庆，商务印书馆，1946；见中国西北文献丛书编委会编：《中国西北文献丛书·西北民俗文献》，第 444 页，兰州，兰州古籍书店，1990。

常”①。时在甘南藏区考察的俞湘文女士让院长吴炉青将建院开诊以来施诊病人做了统计。

表 1 拉卜楞卫生院施诊科别统计表

疾病科目	初诊人数	初复诊人总数	备考
内科	381	1013	内胃肠病最多，次为腰腿痛，内天花有1人
儿科	302	1063	其中有许多小儿科患先天梅毒症
花柳科	243	1002	加上儿科中患此病者，此科实占居1位
外科	219	724	
眼耳鼻喉	215	572	其中以眼科最多
皮肤	138	621	
牙科	59	122	
妇科	17	12	
产科	2	16	
总数	1576	5145	1576人中藏民998，回民285，汉民293人

注：根据俞湘文《西北游牧藏区之社会调查》制成。

1940年10月10日至1941年6月10日，在这8个月的时间里，夏河卫生院初诊病人1576人，平均每日7人次。初诊患者中有藏民998人，占63.33%，回民285人，占18.08%，汉民293人，占18.60%。初复诊病人5145人，平均每日初复诊病人21人次，这在当时来说就诊率比较高。从施诊疫病类别来看，在上述疫病中，花柳病、胃肠病、眼病、外科病占据绝大的比例，可以看出这是影响藏区民众身体健康的主要疫病。

1944年，国民党中央政府为了改善藏区医疗条件，加强疫病防治力度，下拨修建费法币103万元，调拨设备价值37万元，在夏河县修建省立医院。但因战争导致物资奇缺，通货膨胀，货币

① 中国西北文献丛书编委会:《中国西北文献丛书·西北民俗文献》，第400页，兰州，兰州古籍书店，1990。

贬值，物价暴涨，所拨经费难以支付修建费用。无奈，县政府只得向社会各界募捐集资部分款项，向拉卜楞寺院筹集白洋 1450 元后，方于现县人民医院旧址开工兴建。是年 9 月，建成土木结构平房 33 间并交付使用。原县卫生院人员、设备并入新院并更名为省立拉卜楞医院，增派医护人员和从当地招收勤杂人员共 16 人。院内设门诊、住院两部，分内、外、皮肤等科。住院部设病床 10 张，每日门诊量约 20 人左右，住院病人每日约 2 ~ 3 人。民国三十七年（1948），甘肃省派助产士来院工作后，医院又增设了妇产科。①

在国民政府投资引导下和社会各界募集协助之下，于原甘肃省立夏河卫生院基础上扩建而成的省属拉卜楞医院，规模较前扩大，医务人员增多，医疗条件得到了很大的改善。并且开始分设科别，即内科、外科、皮肤、妇产等科，并设立了住院部和门诊部，医疗机构更加趋于成熟和完善。医疗条件、设施的改善无疑会加大疫病防治力度，在一定程度上有利于保护藏区民众的身体健康。

（三）藏区其他地方卫生医疗机构

1938 年 4 月 1 日，卓尼设治局与洮岷路保安司令部成立卓尼卫生院，有专业医护人员 6 人，其中医师 1 人，护士 1 人，助理护士 3 人，挂号员 1 人，事务员 1 人，租用当地民房做为院址。1942 年，卓尼卫生院开始有固定院址，归卓尼设治局管辖。章诚任院长，医护人员增至 7 人，其中医师 1 人，医士 1 人，司药 1 人，助理护士 4 人，事务员 1 人。1949 年底，卓尼全县仅有公私医务人员 5 人，其中西医师 1 人，西医士 2 人，助产士 2 人（因教

① 甘南藏族自治州卫生局卫生志编写组：《甘南藏族自治州卫生志·大事记》（内部资料），第 183 页，合作，1990。

会组织所设诊所撤离，未计算在内）。[①]1941年，甘肃省卫生处筹款7万元，修建黑错（今甘南藏族自治州首府合作市）卫生院，至翌年5月，正式建成开诊。1943年3月13日，西固县（今甘南藏族自治州舟曲县）建立卫生院并开诊，有专职医生2人，其中西医1人，中医1人。同年6月19日，西固卫生院被匪徒抢劫罄尽，被迫停止门诊。1947年又重建西固县卫生院，再度开诊。[②]藏区医疗机构的普遍设立，无疑对当地疫病防治起到积极推动作用。

（四）国民党教育部拉卜楞巡回施教队施诊

1941年，国民党教育部成立拉卜楞巡回施教队。同年8月，该队从拉卜楞出发进入草地，深入游牧区，推行施教工作，为期3个月，历经甘南藏区境内10余部落，在此期间随同医生给牧区患者进行了施诊。“笔者等每到一个部落，即告诉‘郭哇’（即部落头人），通知其人民，若有病人可来医病的，也有在我们赶路时中途被拦去的。其中有好些病人需要长时期的医治方能痊愈，但笔者等为时间所限，不能一一为他们拖延行期。至今回想起来，犹觉这些人太可怜了。在这三个月中，每到一个部落都会遇到许多病人，计共诊治病人389名。据同行的刘医师谈，内科虽占第一位，但内科中包括疾病类别甚多，其中以胃肠病最多。”[③]现将该巡回施教队医治病人及科别做如下统计：

① 《卓尼县志·大事记》，第618页。

② 甘南藏族自治州卫生局卫生志编写组：《甘南藏族自治州卫生志·大事记》（内部资料），第30～31页，合作，1990。

③ 俞湘文：《西北游牧藏区之社会调查》，重庆，商务印书馆，1946；见中国西北文献丛书编委会：《中国西北文献丛书·西北民俗文献》，第401页。

表 2　拉卜楞巡回施教队对藏区各部落患者施诊及疾病科别统计

疾病科别	内科	花柳	眼科	外科	皮肤	耳鼻喉	总人数
初诊（人）	215	52	37	35	44	6	389
复诊（人）	27	7	1	16	1	0	52

注：根据俞湘文《西北游牧藏区之社会调查》制成。

从上面数字可以看出，在 3 个月的巡回施诊之中，平均每天治疗约 4 人次，内科胃肠道等占 55.27%，花柳占 13.37%，相对而言仅花柳病一项占绝大比例。涉入草地巡回施诊无疑要比在市镇设立医院治病更直接、方便，这在一定程度上避免了民众因不能外出而无法就医的现象。

（五）甘肃省政府派医务人员在黑错施诊

民国三十年六月二十五日（1941 年 6 月 25 日），甘肃省第一区行政督察专员公署及保安司令部召开甘南藏区夏临卓三县区保安行政会议，除通过建设边区卫生决议案之外，省政府亦在开会期间选派医生李叔容在黑错会场旁搭建起一个大帐篷，内安置两张桌子，并携带医务人员及医疗器械，并聘一翻译人员，免费施诊 3 日，远近病人闻者蜂拥而至，异常拥挤。李医生曾把这些患者所患疾病之科别做了统计。

表 3　甘肃省政府李叔容医生黑错施诊病人及科别统计表

疾病名称	诊疗人数	百分率	备考
梅毒症状者	38	18.27	
胃病	36	17.30	包括胃溃疡及一切胃痛，其中 68 岁藏族一人
沙眼	21	10.10	
淋毒性男性尿道炎	15	7.21	其中三人有尿道狭长
淋毒性结膜炎	2	0.96	

续表

疾病名称	诊疗人数	百分率	备考
淋毒性膝关节炎	1	0.48	
喉咙疾病	11	5.29	
风湿性关节炎	8	3.85	
外伤	11	5.29	
皮肤病	7	3.37	
龋齿	6	2.88	
支气管炎	5	2.40	
单纯腹泻	4	1.92	
口腔炎	4	1.92	
耳朵疾病	5	2.40	其中有1人合并乳突炎
慢性下腿溃疡	4	1.92	
痔疾	2	0.96	
膝关节水肿	2	0.96	
痢疾	2	0.96	均系从岷县去之军士
颈淋巴结结核	2	0.96	汉、藏民各一
鼠蹊脱肠	1	0.48	岷县去客
疟疾	1	0.48	
夜盲症	1	0.48	
癫痫症	1	0.48	汉族、40岁，30岁患病
肺结核	1	0.48	藏族、58岁
支气管哮喘	2	0.96	
膀胱炎	1	0.48	
阴单水肿	1	0.48	
软性下疳	1	0.48	
其他	12	5.77	
合计	208	100	

注：根据李叔容《拉卜楞卫生漫谈》制成。

从上表得出，在李叔容医生施诊的诸多病人中，比例占前几位的分别是性病，即梅毒症状者、淋毒性男性尿道炎、淋毒性结膜炎、淋毒性膝关节炎、阴单水肿，计共57人，占治疗总数的27.40%；消化系统疾病，即胃病、喉咙病、龋齿、腹泻、痢疾、疟疾、口腔炎、鼠蹊脱肠，计共53人，占治疗总数的25.48%；另外沙眼、风湿、关节、皮肤等因气候所致计共30人，占医治总数的14.42%，仅此三项疾病就占总治疗人数的67.30%。可见，性病、消化系统胃肠病和关节风湿等疾病对藏区民众健康的威胁是何其严重，这是影响民众体魄健康的主要病魔。

（六）国民党农林部西北兽疫防治处夏河防治所

1934年，南京国民政府卫生部在兰州成立了西北防疫处，下设疫苗、血清制造和兽医门诊等部，从事西北地区人畜疫病防治工作。并于甘、宁、青各省设立兽疫防治所7处，其中夏河防治所设于1937年，该防治所在夏河县对民众进行了施诊。“关于第一项花柳病问题，另据西北防疫处驻拉卜楞的防疫所负责人说，去年（1940）他们亦曾为藏民作过施诊并做血液‘坎氏反应’，计百分之六十为阳性。由此可知最为严重的卫生处置是防止花柳病的流行。”[①]1941年2月，国民党农林部在兰州成立了西北兽疫防治处，专门从事畜疫防治和防疫药品之制造，该处成立后在甘宁青各地设立工作站，并成立4个巡回防治大队，分别负责甘肃陇东、河西、陇南（包括今甘南藏族自治州）和宁青畜疫防治工作。西北兽疫防治处成立后，接替了西北防疫处夏河兽疫防治所的工作，继续进行甘南藏区人畜疫病防治工作。主任为杜世杰，有职员4人，其中主任1人，技术佐理员2人，书记1人。两年间曾诊治病人7336人，牲口3698头，打防疫针，检验人畜体格入草

① 李叔容：《拉卜楞卫生漫谈》，见《甘南史料丛编（一）·拉卜楞部分》（内部资料），第204页。

地巡回医疗 1 次。[①] 由于当时人畜疫病横行，西北兽疫防治处夏河防治所除对畜类疫病防治外，同时亦对当地民众进行施诊，“西北兽疫防治处设防疫所于夏河，不独牵畜来治者多，扶人就医者亦复不少，一祛其诵经治病之成见。”[②] 梅贻宝先生在《拉卜楞之行》一文中亦提到：“西北防疫处设立的拉卜楞防治所是一个后进机关，成立虽只年余，但在主任杜世杰的主持之下，已深得藏民的信任，我住在这里，见到天还没有亮就有距离数十里庄上的藏民来求大夫治牛瘟，见到大夫抱着种过牛痘的婴儿来取阿司匹林，以减轻那高度的种痘反应，并见到寺院里最高明的医科喇嘛来取药备用。据说染病的藏民们请活佛喇嘛们给念经，有的活佛在画符念经外，亦劝病人到防治所去看看。”[③] 由于现代医学的治疗效果佳、速度快等优越性，很快就受到藏区民众的信赖并被其所接受。

三、开展卫生运动

1934 年开始，蒋介石南京国民政府在全国范围内开展新生活运动。抗战期间，这项工作亦深入到甘南藏区，地方政府着力改善居民卫生环境。这不但有利于传染性疾病的预防，尚且逐渐养成了一种现代国民应必备的基本品质，即清洁卫生的现代生活习俗。

（一）西固县卫生运动

民国时期，藏区地方政府积极推行卫生防疫工作，以养成良

① 俞湘文：《西北游牧藏区之社会调查》，见中国西北文献丛书编委会：《中国西北文献丛书·西北民俗文献》，第 444 页，兰州，兰州古籍书店，1990。

② 顾颉刚：《西北考察日记》，见《西北行记丛萃》，第 229 页，兰州，甘肃人民出版社，2002。

③ 梅贻宝：《拉卜楞之行》，见中国西北文献丛书编委会：《中国西北文献丛书·西北民俗文献》，第 324 页，兰州，兰州古籍书店，1990。

好的卫生风尚，预防流行疫病对人畜的威胁。抗战期间，西固县（今甘南藏族自治州舟曲县）对环境卫生工作进行规划并经实施取得了一定良好效果。据《西固县志概要》记载："1. 原定计划：(1) 指定人民饮水泉内禁止洗衣物和随地倾倒垃圾污水，并建筑公私厕所；(2) 严格检查饭馆及市面零售物品之新鲜清洁；(3) 每月或半月举行清洁检查一次，各家各户须经常保持清洁；(4) 取缔播种水痘；(5) 预防传染病。2. 实施情形及今后计划：(1) 饮水清洁；(2) 检查食物均由警察队随时督促人民切实奉行；(3) 检查清洁城区由警察队负责，乡间由乡镇长负责每月检查两次，酌情奖惩。"① 西固县清洁水源、修建厕所、检查食品及饮食卫生环境、禁止随地堆放垃圾、督促家庭卫生等措施，在一定的程度上对传染性疾病的预防有积极作用，亦有利于形成一种健康向上的良好卫生习惯。

（二）夏河县卫生运动

甘南藏区政治经济中心，夏河县政府亦曾推行卫生工作，以改变不良卫生习惯，预防流行疫病的发生及传染，防止藏区民众被疾病侵袭。据民国李永瑞所撰《夏河县志略》（残卷）记载，1943 年"查蒙藏同胞，初由游牧渐趋农业，对于家庭卫生尚知注意，对于公共卫生鲜少讲求，例如不修厕所，随地便溺，实属有碍观瞻，妨碍卫生。迭经拟定建修厕所办法，经努力推行及每周检查之结果，蒙藏同胞亦知清洁有益，同时厕所之建筑，亦渐增多，在街市方面，每日打扫，由警佐室负责办理，收效甚宏"②。并且在各基层政权组织乡镇中亦推行卫生工作，倡导修建厕所。

① 甘南藏族自治州卫生局卫生志编写组：《甘南藏族自治州卫生志·大事记》（内部资料），第 9 ~ 10 页，合作，1990。

② 李永瑞：《夏河县志略》，见甘南州志编辑部：《甘南史料丛编（一）·拉卜楞部分》（内部资料），第 262 页，合作，甘南州印刷厂，1992。

“经于示范镇中山街西口督修男女厕所各一处，并劝导各保各设公共厕所一处，同时力劝住户，各设厕所或马桶以重卫生。”①

夏河县政府为了进化社会风尚和防止疫病流行，推行捕蝇和禁娼运动。为了防止蝇类携带并传染疫病，由夏河“县政府新运会（新生活运动促进会）及党团军参议会等组织检查队，逐户检查，分别等级，予以奖励及处分，同时举行捕蝇运动，规定每户每日至少交苍蝇 20 个，每团体机关学校最少照捕交苍蝇办法收交苍蝇 50 个，否则予以处分，经推行之结果，收效甚宏”②。针对性病流行，有碍社会风气和影响民众身体健康的实际状况，该县力主禁娼，“查县属少数妇女，性病流行，影响属大，本县为造成良好风气，促进人民健康，防止疾病，增加人口起见，迭经设法实施禁娼，……计每乘妇女集会之机，剀切解说，禁娼妓尚贞洁，籍收禁止之功，同时令妇女会举办妇女训练班，籍收移风易俗之效，实行以来日渐收效”③。在国民党地方藏区政府的主导下，鼓励群众修建厕所，督促清扫街道，捕捉苍蝇等卫生运动，这都取得了很好的绩效，有利于预防藏区流行传染疫病，尚且逐渐形成了一种美好高尚的现代生活习俗，这对藏区社会近代化和经济社会的发展不无裨益。

四、医疗卫生人才培养

抗战时期，具有悠久历史的藏医学继续发扬光大，在培养医学人才和沿袭祖国优秀传统文化方面发挥着非常重要的作用。同

① 李永瑞：《夏河县志略》，见《甘南史料丛编（一）·拉卜楞部分》（内部资料），第 233 页。

② 李永瑞：《夏河县志略》，见《甘南史料丛编（一）·拉卜楞部分》（内部资料），第 262 页。

③ 李永瑞：《夏河县志略》，见《甘南史料丛编（一）·拉卜楞部分》（内部资料），第 263 页。

时，现代医学职业教育在藏区兴起，开始利用现代医学的成果进行人才培养。

（一）传统藏医学教育发展

藏医学是中华传统医学宝库中的优秀成果之一，吐蕃赞普赤德祖赞时期（704—753）极力倡导医学事业的发展，宇陀·元丹贡布是其集大成者，成为藏医学的奠基人，其杰出代表作有《四部医典》等医学巨著，被藏族人民誉为“药王”“医圣”。在我国藏传佛教格鲁派六大宗主寺院之一的夏河拉卜楞寺，到第三世加木样活佛主政时期（1797—1855）专门设立了医学院，主要以《四部医典》《晶珠本草》等藏医典籍为教材致力于藏医人才的培养，医学方面得道高僧便成为医学老师，传授弟子医药知识。并且对所授徒弟进行实训，主要是让他们外出采药，识别药理及药性，规定每年四月下旬外出采药三天，六月上旬采药十四天，八月采药三天。抗战时期，传统藏医学在甘南藏区继续向前发展，培养了大批藏医学人才。

（二）现代西医学教育兴起

1938 年 12 月，国民党中央组织部在夏河县筹办国立初级实用职业学校，次年 3 月开学，招收卫生、畜牧两班。1941 年，该校改属国民党教育部，“校长刘廉克，有职员 17 人，每月经费法币约 7480 元，设卫生畜牧两科，附设卫生实验所、畜牧场、消费合作社、家畜诊疗所等。1941 年，有学生 51 人，内汉族学生 47 名，回族学生 3 名，藏族学生 1 名，食宿均由学校统一配给”[①]。校长

① 俞湘文：《西北游牧藏区之社会调查》，见《中国西北文献丛书·西北民俗文献》，第 443 页。

在内该校共有职员 18 人，每月薪金总额法币 1830 元，每人每月平均收入 201.66 元，内每人加国家津贴约 100 余元。[①] 此外，该校除培养医疗人才之外，亦利用卫生班师生现存资源办起了诊所，给附近群众诊疗疾病。1946 年该校改隶于甘肃省政府，易名为甘肃省立夏河简易师范。在当时夏河县所有机关中该校经费最充裕，职员薪金待遇亦最高（职员人均收入为 202.66 元），足见国民政府对藏区卫生职业教育的关切和培养医疗人才的殷切之情。地方人才培养不但增强了医疗卫生人才的队伍，更重要的是他们来自藏区，扎根于藏区，是藏区群众和牛羊等牲畜的守护神，亦为新中国成立后藏区医疗队伍建设奠定了一定基础。

五、结语

抗战时期，在国民党中央政府和甘肃省政府的鼎力支持下，通过甘南藏区地方政府努力，设立医疗机构、推行卫生防疫和进行人才培养等工作，促进了医疗卫生事业的向前发展，在一定程度上有利于流行疫病的遏制。但是由于诸多不利因素的影响，其局限性亦是显而易见的。

（一）抗战时期甘南藏区医疗卫生建设取得显著成就的根本原因是国民政府开发西北的基本国策

20 世纪 30 年代，随着边疆危机的日益加深和开发西北呼声，一大批政府官员、新闻记者和关注边疆问题的爱国学者纷赴甘南藏区实地考察，为政府开发固边提供借鉴。抗战前先后有《大公报》记者范长江，护送班禅回藏专使行署的参赞、热心边疆事业

① 俞湘文：《西北游牧藏区之社会调查》，见中国西北文献丛书编委会：《中国西北文献丛书·西北民俗文献》，第 452 页，兰州，兰州古籍书店，1990。

的蒙藏委员会委员马鹤天等；抗战期间，著名藏学家李安宅、于式玉夫妇，热心边疆教育的爱国学者顾颉刚，国民党教育部拉卜楞巡回施教队俞湘文女士，甘肃省银行经济室主任王志文等。诸君皆涉入甘南藏区进行实地考察，并著书立说，向外界介绍藏区社会、经济、风俗、民族、宗教等情况，这引起了社会各界对藏区的广泛关注。抗战开始后，伴随着国民政府“开发西北”“建设西北”付诸实施，国民党中央政府和甘肃省地方政府对甘南藏区包括医疗卫生在内的各项事业开始投资建设。医疗卫生方面，通过兴建医院，派遣医疗队和培养人才等措施开展医疗卫生工作，来改善医疗条件，增强藏区边民体质，以图开发边疆，巩固国防之目的。

（二）抗战时期甘南藏区医疗卫生事业步入了近代化历程

首先，是医疗方式近代化。抗战时期，甘南藏区医疗方式主要由传统藏医学、中医学向藏中医与近代西医相结合的渐进式过度。西医的引进在一定程度上拓宽了医疗事业的惠及面，且治疗效果更佳，这无疑加大疫病的防治力度。西医传入后，很快就赢得了民众信赖。“该区里最普遍的疾病是花柳病，此花柳病患者以六六或九一四之针药最为有效，故藏民对于打针比吃药更为相信。有的人简直以为任何疾病只要打针，就可药到病除了。笔者等在草地施医之时，有许多不需要打针的病人也请求要打针……”[①] 其次，是投资主体近代化。即由民间社会投资为主转向政府投资为主。抗战前，在藏区从事疫病防治的主要是外国传教士和乡土医生，设备极其简陋，医务人员也很少，治疗效果亦属有限。抗战

① 俞湘文：《西北游牧藏区之社会调查》，见中国西北文献丛书编委会：《中国西北文献丛书·西北民俗文献》，第402页，兰州，兰州古籍书店，1990。

伊始，在国民政府开发西北基本国策主导下，偏僻落后的甘南藏区受到各级政府和国内有识之士的关切，随即对包括医疗卫生在内的各项事业进行投资建设，现代化医疗设备、技术开始惠及到藏区。最后，是民众医疗卫生意识逐渐迈入近代化。患者由原来去寺院磕头还愿祈求病愈转变为到诊所治疗以医疾病，他们开始相信医学，并接受了近代医疗技术。卫生运动的开展，改变着传统不良的卫生习惯，开始逐渐树立起了现代国民卫生观念。

（三）抗战时期甘南藏区医疗卫生建设存在很大局限性

首先，甘南藏区位于甘肃省西南部，地处青藏高原东北边缘，这里关山阻隔，道路崎岖，交通不便。居住在这里的藏区民众终年从事艰辛的劳动，极少外出，而这些医疗机构均设在市镇，即便是如草地巡回施诊亦因医疗器械短缺，惠及面十分有限。其次，因藏区民众生活极端贫困，缺医少药，这就出现了医病难，有病不治的现象。“1947 年，夏河县部分地区发生天花流行。当时虽有内地种痘先生来甘南走乡串户，接种牛痘疫苗，但漫天要价，每接种一人，收取白洋一至数元，除极少数者外，绝大多数儿童仍得不到预防接种。”[①] 甚至“他们（寺院藏医）的恩泽也不过于仅限于少数特殊阶级而已，平民们不幸罹病，只有权利到庙里叩头还愿而已，……他们已把‘九一四’当作圣药，不得已时愿花七块银圆（合法币五十元）打一针剂。”[②] 最后，由于时局不稳定严重影响了藏区包括医疗卫生在内的各项建设。例，1943 年 6 月 19 日，西固卫生院被匪徒抢劫罄尽，被迫停止门诊。1944 年，南京国民

① 甘南藏族自治州卫生局卫生志编写组：《甘南藏族自治州卫生志·大事记》（内部资料），第 129 页，合作，1990。

② 李叔容：《拉卜楞卫生漫谈》，见《甘南史料丛编（一）·拉卜楞部分》（内部资料），第 204 页。

政府拨款修建夏河县省立医院，但由于战争期间，国内物资匮乏，导致通货膨胀，物价暴涨，这亦对甘南藏区医疗卫生事业建设有着严重不利的影响。

抗战时期，尽管甘南藏区医疗卫生事业与前相比取得了较为显著的成就，但由于藏区社会经济文化落后，不稳定因素和医疗惠及面有限性、局部性等，仍有无数生灵因无法医治而死于病魔。直到新中国成立后，甘南藏区的医疗卫生事业才有了实质性的飞跃，治病难、缺医少药、有病不治的局面从根本上才得到了很大的改观。

2009 年 4 月

本文原载《西藏大学学报》(社会科学版)，2009（4）。

抗战时期甘南藏区畜牧业开发的经过

毛光远

近代中国灾害频仍，西北地区各类灾害尤为频繁，社会经济凋敝，民众生活异常艰辛。“九一八”事变爆发后，中国的国防危机日益加重，鉴于巩固国防和救济民生的需要，南京国民政府喊出了“开发西北”的呼声，而畜牧业作为西北地区传统优势产业受到各界的关注，并拟定了相应的畜牧改良计划，对包括甘南藏区在内的西北畜牧业进行了资金、人才等方面的投入，进行大力开发。

一、开发思想

民国时期在甘南藏区考察和任职关注边疆问题的学者、政府要员看到畜牧生产之落后现状无不谈及到如何改良、如何开发的问题。这些开发思想在当时是较为前瞻、科学的，对当时畜牧业开发活动有很大的指导作用，也对开启牧民改良意识起着深远的影响。

（一）开发畜产品，丰裕藏民生活

张元彬先生指出：“生产品之粗劣，不经济，不卫生，此为不可讳言之事实。就羊毛一项而言，剪毛不知分别羊之部位，包扎又不注意纯洁，故不能贵价出售，此西北产毛之普遍现象”[①]。所以为了改良畜产品，增加附加值理应“指导分别羊毛之优劣部位剪毛，打包等事；指导其他畜产品之改善制造及注意卫生事项，灌输畜产品交易知识，奖励改良畜产并举行畜产比赛展览”[②]。俞湘文女士亦指出：“拉卜楞有广大游牧腹地，畜产品极多，如制牛羊奶油、罐头牛奶、制革等各业都能发展起来；倘能增设工厂来将所有的原料，加工制造，并指导藏民制造技术，则不但能增加藏民生活享用，且能提高藏民的经济力量。”[③] 为此我们“亟应提倡拉卜楞之生产事业，自力制造”[④]。顾颉刚先生考察到临潭，看到畜牧业是该地优势产业，力主开发利民。“以本县全境皆山，小草蒙茸，为绝好之畜牧区，将来羊毛业、制革业、炼乳业均大有发达之希望，……故欲办一牧场，示之以规范，使当地人民闻风兴起，改变其生活方式以适合于环境，得享其应有之福利。”[⑤] 他们皆主张开发畜产资源，改善藏区民生，增加牧民收入。

（二）倡导畜种改良，增加军马役畜

近代以来，甘青藏区畜牧业仍循着原始的生产方式进行，畜种退化严重。正如马鹤天先生所说：“蒙、藏人民，对于畜牧皆守旧法，不知改良。选种，只知道注意毛色及身躯之大小，而不知

---

① 张元彬：《拉卜楞之畜牧》，载《方志》，1936，9（3 ~ 4）；见甘南州志编辑部：《甘南史料丛编 · 拉卜楞部分》，第 82 ~ 84 页，合作，甘南州印刷厂，1992。

② 张元彬：《拉卜楞之畜牧》，载《方志》，1936，9（3 ~ 4）；见甘南州志编辑部：《甘南史料丛编 · 拉卜楞部分》，第 82 ~ 84 页，合作，甘南州印刷厂，1992。

③ 俞湘文：《拉卜楞城区机关调查报告》，载《新西北》（月刊），1941（1、2）；见甘南州志编辑部：《甘南史料丛编（一）· 拉卜楞部分》，第 175，179 页，合作，甘南州印刷厂，1992。

④ 俞湘文：《拉卜楞城区机关调查报告》，载《新西北》（月刊），1941（1、2）；见甘南州志编辑部：《甘南史料丛编（一）· 拉卜楞部分》，第 175，179 页，合作，甘南州印刷厂，1992。

⑤ 顾颉刚：《西北考察日记》，第 221 ~ 229 页，兰州，甘肃人民出版社，2002。

注意其祖系渊源，只知道在本地本群内选择，而不知向他处采购优种，以新其血液。”[①]林竟也指出：“豢养之术，由于习染，初未加研究，已故种子日就低劣。而医术不讲，每遇疫病，损失尤大，有心者方切为殷忧也。近人有欲以美利奴羊为改良羊种者，倘能实行，数十年之后，畜牧之利远驾于农业之上。”[②]为此，他们力倡畜种改良，繁殖良种，“古称‘洮州之马天下闻’，自茶马之制度，而马政遂不讲。目前军用马匹甚感缺乏，马种退步尤为可虑，况牝马产骡，民间需要亦殷实。……当从改进牧业入手”[③]。

（三）睦邻藏边部族关系，安定畜牧生产环境

当时甘青藏边区处于地方军阀势力控制之下，他们推行反动民族政策，时常在民族、部落间制造摩擦以企图控制利用，致使部族之间为争夺草场、水源时常发生械斗，导致牲畜、牧民死亡枕藉，草场退化，草原鼠害加重。如，加吾（今青海同仁县加吾乡）、甘家（甘肃夏河县甘加乡）内藏族部落为争夺秀石强武草山而引起长时期的“械斗仇杀，死亡人口七十多名，损失牛、羊一万多头。每当草长马肥的季节，青年男女都‘人不离枪，马不离鞍’的相互戒备着”[④]。甘南藏区“夏河的麦西、阿木去乎等部落与碌曲十二部落素有草山纠纷，连年械斗不息”[⑤]，结果给当地军阀鲁大昌以可乘之机，占领碌曲，强占了这片水草丰美的牧地。为了避免部族之间械斗，稳定畜牧生产环境，时人主张：“勘定各族牧地之明确界限，并规定越境放牧后之解决办法，以睦临族。

① 马鹤天：《甘青藏边考察记》，第20、50页，兰州，甘肃人民出版社，2003。

② 林竟：《蒙新甘宁考察记》，第86页，兰州，甘肃人民出版社，2003。

③ 张其均：《洮西区域调查简报》，见《地理学报》，1935（2-1），甘肃省图书馆书目参考部：《西北民族宗教史料文摘》，第518页，兰州，甘肃省图书馆，1984。

④ 樊圃：《西北少数民族》，第207页，北京，新知识出版社，1956。

⑤ 甘南州政协文史资料委员会：《甘南文史资料选辑》，第12辑，第54页，合作，甘南报社印刷厂，1993。

规定疫畜越境后之妥善处置方法，以免扩大传染，并免两地人民之仇视。”①

（四）保护草原生态环境，防止草场退化

时人对草原载畜量已有了初步认识，“根据农林部防治所某君谈，藏民游牧，以往之牧场面积，已不能蓄养当时之数量，如往昔每方里平均可养羊三十五双至四十双，现在只能养二十五至三十双，否则便有饿毙之危险。”②所以，应该“严禁焚山恶俗，以护草原”③。亦应减少单位面积载畜量或通过种植牧草，增加饲料来防止草原因超载而引起退化，保护草原生态环境，使畜牧业经济得到可持续发展。

二、开发活动

（一）畜种改良

面对畜种退化致使畜牧业经济生产力低下的状况，国民政府于西北各地设立牧场，进行畜种改良。其中在甘南藏区设立了西北种畜场和西北羊毛改进处夏河推广站等机构，进行畜种的改良、繁殖等工作。

---

① 张元彬：《拉卜楞之畜牧》，载《方志》，1936，9（3～4）；见甘南州志编辑部：《甘南史料丛编·拉卜楞部分》，第82～84页。

② 王志文：《甘肃省西南部边区考察记》，见中国西北文献丛书编委会：《中国西北文献丛书·西北民俗文献》，第373、389、392、398～399页，兰州，兰州古籍书店，1990。

③ 张元彬：《拉卜楞之畜牧》，载《方志》，1936，9（3～4）；见甘南州志编辑部：《甘南史料丛编·拉卜楞部分》，第82～84页。

1. 西北种畜场

1934年6月，国民党全国经济委员会在甘南藏区夏河县城北六十里之甘坪寺成立了西北种畜场，规模甚大，场长为粟显倬。“粟君，长沙人，体健，能刻苦，不厌寂寞，惟以其不善交际，遂未及瓜而代；新任者却又留念都市而不来，场中事遂无人主持。”①“以改良西北绵羊为主，改良本地黄牛为辅。”翌年，南京汤山中央种畜场从美国引进纯种美利奴羊迁来甘肃，送西北种畜场饲养，用来改良当地藏羊，后来由于政局动荡和疫病流行，设备、种畜损失殆尽，畜种改良工作甚是艰难。1936年，在拉卜楞考察的马鹤天写道：“但该地实多适于牧，少适于农，今全国经济委员会设改良畜牧场于此，实甚需要，惟仅有空名，一切尚未实施也。”②1938年，西北种畜场改属甘肃农业改进所，经营亦是困难，“过去规模甚大，后因归于省政府经营后，经费减缩，未能尽力发展，今后应增加经费充实，添育当地最优良种牝800匹连同现有种畜共1000匹，牝马20匹，Quarter马或Morgan牝马10匹”③。后经改进、充实后“至1940年有大小马匹55匹，牛21头。从1941年到1946年间，牧民借用种畜交配母马323匹，很受藏民欢迎”④。

2. 西北羊毛改进处甘南藏区推广站

1940年8月15日，国民党农林部在甘肃岷县设立了西北羊毛改进处，下设总务、推广、畜牧、兽医等4部，引进优良羊种用以改良西北各地羊只及羊毛品质。西北羊毛改进处对西北各地的天然草原调查后得出，主要牧区共有十一处，甘肃西南拉卜楞区（包括甘青川交界处）是最大牧区之一。并且“为了推进畜牧事

① 顾颉刚：《西北考察日记》，第240页，兰州，甘肃人民出版社，2002。

② 马鹤天：《甘青藏边考察记》，第20页，兰州，甘肃人民出版社，2003。

③《西北兽疫防治处档案》，甘肃省档案馆藏，30-2-449，M 42-73：31。

④ 罗舒群：《民国时期甘肃农林水牧事业开发状况研究》，载《社会科学》（甘肃），1986（3）：96～104。

业，确实明了各区域自然环境及羊群数量，以为改进之张本。在对甘宁等地羊区调查后，计划再次组织调查团对夏河藏区绵羊数量进行调查”①。于是，羊改处在甘南藏区设立了夏河、临潭推广站，其中夏河推广站负责人姚仲吾（江苏人，大学程度），技术员农笑、伟忻，推广员 5 人；临潭推广站负责人郭生保（山西人，大学农学专业），推广员 3 人。②二站主要从事购羊等工作。另外又设立夏河绵羊改良场，用以改良增产适用织造地毯之羊毛。③此外，在抗战胜利后的 1947 年，西北羊毛改进处在 11 月份工作简报中，计划在卓尼设立畜牧机构，从事良种推广，“准甘肃省政府函以据政府督导团卓尼设治局工作报告该局畜牧事业亟待发展，已决定于下半年度在该区举办良种推广工作”④。

抗战时期，国民政府在甘南藏区设立的畜种改良机关因时局艰难，开展工作亦属有限，只是蹲点给牧民牲畜配种，没有深入到广大牧区进行畜种改良、推广等工作。但这些改良工作对甘南藏区良种繁殖乃至整个安多藏区畜种交流都起着非常重要的作用，促进了藏区畜牧业经济发展。

（二）畜疫防治

各种流行疫病是畜牧业经济的大敌，能否成功地预防和遏制这些畜疫，关系到畜牧业经济的兴衰成败。抗战时期，国民政府为了促进后方生产，增加军马役畜，特别关注畜疫防治。1935 年，西北防疫处对夏河县五区畜疫做了调查，对牛、羊的染病、死亡

① 《西北兽疫防治处档案》，甘肃省档案馆藏，30–2–449，M 42–73：5 ~ 67。
② 马新斋口述、赏万科整理：《国民党西北羊毛改进处始末》，见中国人民政治协商会议岷县委员会文史资料研究委员会编：《岷县文史资料选辑 · 2》（内部资料），第 69 页，岷县，1990。
③ 《西北兽疫防治处档案》，甘肃省档案馆藏，30–2–449，M 42–73：70。
④ 《西北兽疫防治处档案》，甘肃省档案馆藏，30–2–56，M 93–62：45。

率统计如下：

表 1 1935 年夏河县属五区牛羊死亡概况

畜类	地区	原有数目（头）	传染率（%）	死亡率（%）	死亡概数（头）
牛	夏河县城	850	33.6	98.0	280
	桑科滩	5500	22.3	90.0	1100
	科材滩	2500	19.0	97.0	460
	合计	8850	25.0	95.0	1840
羊	桑科滩	67400	5.0	62.8	2400
	科材滩	52200	20.0	63.1	7200
	兹韦	13400	15.0	69.6	1400
	洼地	21100	13.0	76.5	2100
	合计	154100	13.2	68.0	13100

注：此表根据马鹤天《甘青藏边考察记》制成。

鉴于畜疫对畜牧业的破坏，国民政府在西北各地设立畜疫防治机构和培养防疫人才，以保护畜牧业经济。其中西北兽疫防治处在甘南藏区设立夏河防治所，国民党教育部亦于夏河成立国立初级实用职业学校，进行人才培养。

1. 畜疫防治

1934 年，国民党南京政府卫生部（署）在兰州成立了西北防疫处，下设疫苗、血清制造和兽医门诊等部，从事西北地区畜疫防治工作。并于甘、宁、青各省设立兽疫防治所七处，其中夏河防治所设于 1937 年。1938 年，抗战爆发后，西北防疫处逐渐放弃了畜疫防治工作，专门致力于前后方紧缺人用生物药品之制造。为了加强畜疫防治工作，遏制西北流行疫病对畜牧业经济的破坏，1941 年 2 月，国民政府农林部在兰州成立了西北兽疫防治处，专门从事畜疫防治和防疫药品之制造，该处成立后在甘宁青各地设立工作站，并成立 4 个巡回防治大队，分别负责甘肃陇东、河西、陇南（包括今甘南藏区）和宁青畜疫防治工作。西北兽疫防治处成立后，接替了西北防疫处夏河兽疫防治所的工作，继续进行甘南藏区畜疫防治和牧民疫病防治工作，“主任为杜世杰，有职员四人，其中主任一，技术佐理员二，书记一。二年来曾诊治病人七三三六人，牲口三六九八头，打防疫针，检验人畜体格曾入草地巡回医疗一次。”① 夏河防治所亦为藏族同胞实行疾病诊疗，“西北兽疫防治处设防疫所于夏河，不独牵畜来治者多，扶人就医者亦复不少，一祛其诵经治病之成见。”② 后来又设立临潭防治所，所长为朱建功。

尽管西北兽疫防治处夏河防治所、防治大队经费和人员相对短缺，开展工作有限，成立后仅深入草地巡回治疗一次（前引文），对广大的牧区来说是杯水车薪，但这种局部性防治在一定程度上改善了畜疫防治条件，逐渐改变着原始的疫病防治方法和任其肆虐的状况。

2. 畜牧兽医人才培养

1938 年，国民党教育部在夏河县设立国立初级实用职业学校，“校长刘廉克，有职员 17 人，每月经费法币约 7840 元，设卫生畜牧两科，附设卫生实验所，畜牧场，消费合作社，家畜诊疗所等。现（1941）有学生 51 人，内汉人 47 名，回 3 藏 1，食宿均由学校统一配给”③。该校在当时县属所有机关中经费最充裕，足见国民政府对开发边地畜牧业，培养畜牧兽医人才的重视和发展民族地区职业技术教育殷切之情。地方人才培养不但增强了畜牧兽医人才的队伍力量，更重要的是他们来自藏区，扎根于牧区，是畜牧业开发潜在的不竭动力。

---

① 俞湘文：《西北游牧藏区之社会调查》，见《中国西北文献丛书·西北民俗文献》，第 444 ~ 452 页。

② 顾颉刚：《西北考察日记》，见《西北行记丛萃》，第 221 ~ 229 页。

③ 俞湘文：《西北游牧藏区之社会调查》，见《中国西北文献丛书·西北民俗文献》，第 444 ~ 452 页。

(三) 畜产品开发

抗战时期，国民党中央政府在甘南藏区设立了皮毛收购办事处，地方政府亦兴办了畜产品加工企业，使畜牧业开发走向了政府主导型道路，这改变了以往由外地商贩垄断经营的状况，有利于畜牧业经济健康发展。

1. 畜产品贸易

夏河拉卜楞是安多藏区当时最大的畜产交易和集散地，每逢该寺定期大会，则青、川、康诸省藏区信民来寺院敬奉活佛转“古拉”(集市)时，常携带牲畜来此交易。它亦是甘肃省回汉商人与藏区民众物资交流的商埠。甘南藏区皮毛产额，占甘肃省第一位，其羊毛质量，仅次于青海西宁。抗战以前，拉卜楞年可出超十余万元，其主要输出品为皮毛。“每年九月平、津一带富商挟款运货而来，翌年四月运载皮货而返，恰如候鸟，故称候商，亦曰行商。此外还有山西、陕西及本省资本较小之皮商，多收买黑皮、羔皮，运往天水、长安、大同等地。”[①] 这些“候商”将收购的皮毛运经兰州，沿黄河顺流而到包头，再经平绥路转天津运往国内外。1938 年，由于日本的侵略，西北皮毛出口传统线路受阻。时值抗战时期，国内军需民用物资紧缺，国民政府财政部贸易委员会将西北各地皮毛纳入统制范围。1938 年春，贸委会在兰州成立西北办事处，开始利用苏联运输援华物资来兰汽车把西北各地皮毛运往苏联，进行中苏偿债性贸易，当时该业务由贸委会下属复兴商业分公司承办。1943 年，正式成立复兴商业公司西北分公司，专门致力于西北各地皮毛收购、整理、运输和国内外的销售工作。为了有效地经营这项业务，公司在甘肃设有 7 个办事处和 3 个仓库，其中在甘南藏区夏河县设立了一个办事处，主任为东启耀，

① 马鹤天:《甘青藏边考察记》，兰州，甘肃人民出版社，2003。

绒、织呢、漂染、卷毡等部，共有工人四十名，织呢木机一架，卷毡木机一架，据说每三天始能出呢一匹计五丈，其生产量之小，乃由于技术缺乏，为主要原因”[①]。产品以栽绒毯、宽面毛褐子、毛绒等为主，产品大部分行销当地。该厂全是木机装置，无机械化设备，生产效率亦自低下。但它毕竟是地方政府开办的第一家畜产加工厂，容纳了四十名工人，具有一定生产能力，不但解决了当地部分人口的就业，开化了风气，更重要的是产品售于当地，打破了每年输出大量皮毛于国外“制为毛货，又复输入中国”[②]的局面，使资源得到开发利用。

1941 年 4 月 24 日，中国银行与甘肃省政府合资创办的甘肃水利林牧股份有限公司成立，办理农田、水利、森林和畜牧等业务，总经理沈怡，畜牧部经理兼总技师为黄异生。畜牧部在岷县设有奶牛场和养蜂场各一处，进口了一批小型奶油分离机。10 月，又在拉卜楞寺建立夏河奶品制造厂，就地收购藏民生产的鲜奶，制造酪素及白塔油。1942 年 4 月，陇南畜牧场成立后，夏河奶品制造厂、岷县奶牛场及养蜂场均归属陇南畜牧场经营，资金积累达到 500 万元。成立之初，夏河奶品制造厂每日收购鲜奶最多时达 2500 斤，到 1944 年每日收鲜奶高达 8000 余斤，许多藏区牧民自动增养奶牛，供应牛奶。[③]纺织厂、牛奶厂的创办加深了畜牧业开发进程，带动了藏区畜牧业经济的大力发展。据顾少白先生估计甘南藏区 1941 年牲畜数量如下：

① 徐寅初：《拉卜楞经济建设刍议》，载《新西北》（月刊）1941（1—2）；见甘南州志编辑部：《甘南史料丛编·拉卜楞部分》，第 188 页，合作，甘南州印刷厂，1992。

② 孙中山：《实业计划》，见《孙中山选集》，383 页，北京，人民出版社，1957。

③ 李清凌：《甘肃经济史》，154 页，兰州，兰州大学出版社，1996。

表 3 拉卜楞每年输出主要畜产品平均额

区域	户数	牲畜总数	绵羊	山羊	马	牛	猪
全区	24166	1531585	1071079	215354	102511	295078	37573
夏河	11018	1051778	741913	75048	56474	175318	3025
卓尼	10388	352919	79516	138191	36342	64910	33960
临潭	2760	126888	49640	2115	19695	54850	588

注：此表根据顾少白《甘肃西南边区之畜牧》[载《西北经济通讯》1942，1（7～8）]制成。

1936 年，据张元彬估计夏河拉卜楞寺属信民拉寺十三庄甘家族、阿木去乎、吉岔族、三苦乎族、阔才族、大才旗、索乎旗、土尔扈旗、左格尼马族、欧拉族等 5700 户牧民拥有绵羊 1169000 只、山羊 21000 只、马 35750 匹（其中含有少数骡子）、牛 113750 头、驴 2100 头、合计 1341600 头（匹）。[①]1941 年与 1936 年相比，夏河县每户平均拥有各类牲畜数量有所下降，1941 年每户平均拥有各类牲畜 95.46 头，1936 年每户平均拥有各类牲畜 235.37 头。下降主要原因是抗战期间，在甘肃省政府“征购”政策之下，牧区大批牲畜被输往抗战前后方，作为军马、驿畜，为全国抗战服务。

三、结语

抗战时期，甘南藏区畜牧业开发是在国民政府“开发西北，建设西北”浪潮中所进行的一种战时后方经济建设行为，由于资金、科技力量缺乏和战时诸多不利因素的影响，工作未能在广大的牧区展开，现代畜牧兽医技术亦更难普遍惠及到藏区牧业经济之中去，致使开发活动受到严重干扰。同时，这种开发活动也取得了一定积极效果。首先，国民政府于甘南藏区设立了畜牧兽医机构，利用近代科技进行畜种改良，畜疫防治和畜产品加工等，这在一定程度上逐步改变着畜牧业原始、粗放的经营方式，使畜

① 文、表数据不一致，查原文如此。——编者注

牧生产逐渐步入了近代化历程。其次，这些举措促进了甘南藏区畜牧业开发，有利于地方经济发展和牧民群众生活的改善。最后，这些畜产被运往抗战前后方，增强了抗战的军事、经济实力。马、骡等大牲畜作为军马、役畜，为抗战前方作战和役运事业服务。皮毛在中苏偿债性贸易中从苏联换回了当时抗战紧缺的战略物资，1941 年因苏德战争的影响，甘南藏区皮毛转而运往兰州、四川、重庆纺织厂、皮革厂等畜产加工企业，制造战时国内紧缺军需民用物资，这有力地支援了全国的抗战事业。

本文原载《西藏研究》，2008（3）。

民国时期临潭回族牛帮商业贸易回顾

敏文杰[①]

回族的先民自唐宋时期是以商人的身份来到中华大地从事通商贸易并逐渐落居中国，但那时他们的身份是客人，被称之为“蕃客”。蒙·元时期，随着中西交通大开，大批中亚、西亚穆斯林东来，元代正式将定居中国的各色穆斯林编入中国户籍，从此回回民族成为中华民族大家庭的成员之一。自元、明两朝以来，农业就是整个回族经济的支柱和基础，回族因而同汉族一样，也成了一个以农业经济为主的民族，种植业和畜牧养殖业是其两大支柱产业。此外，合理利用农闲季节，从事一定程度的副业，也成为回族人挣钱补贴家用的生活方式。手工业、屠宰业、饮食业、牲畜和皮毛贩卖业是回族商人比较擅长和经常从事的几大行业。落居青藏高原东北边缘的临潭回族利用地缘优势和农闲季节，要么去青海茶卡盐湖驮盐，要么到周边藏区收购皮张、酥油以及牛马等。从时间上来说，有效利用了宝贵的农闲时节；从生活上来说，丰富和填补了消费内容（肉类、奶茶、曲拉等）；从生产上来说，补充了畜力，在地区经济交流与互补中发挥了重要作用。

在青海和四川牧区，经常可以看到“一些牧民在他们的帐篷附近与从事贩运的回族商人进行贸易，用他们的羊毛和其他一些

① 敏文杰，西北民族大学马克思主义学院副教授、法学博士，历史学博士后。

土特产品换取茶叶、布匹、丝绸、茶壶等日用品”[①]。其中，临潭回族商队每年春秋二季一批批地向草地进发，到处都有他们活动的市场。商队归来时，就是洮州旧城皮毛市场最活跃的时候。洮州的牛帮伴随着驮牛的铃铛，久久回响在历史的天空，回响在安多藏区的山山水水间。

洪武五年（1372），明朝廷设洮州茶马司，专管茶马贸易。名为茶马贸易，实则对各族人民的生产、生活必需品的交流提供了有利条件，其中食盐便是主要交易商品。临潭回族的贩盐业大概始于明代，盛于清代、民国，终于20世纪50年代，持续了四百多年。

一、牛帮的组成和装备

牛帮出发时，连手（伙伴）少则四五十人，多则一二百人，每个“锅子”[②]10～15人。最多时有80个“锅子”，也有50或40个“锅子”一起出发，其中也有个别临夏人和青海人。每个“锅子”要选出一名负责人，称之为“掌卡”，所有“掌卡”的负责人被称为“郭哇”[③]，成为大小“郭哇”的先决条件之一是必须操一口流利的藏语。“郭哇”是各“掌卡”聚在一起民主推举出来的。“郭哇”的认定资格是具有一定的组织能力和号召能力，智勇兼备，办事公道，人际关系好，精通藏语，熟悉藏区人文地理风情。“郭哇”一俟选出，各“锅子”必须服从。如同草原上行走的羊群周围必然狼逐豹随一样，彼时的商队一路上必然也有盗匪伺机打劫，商队和盗匪形成一对“生态链条”。商队路上遭遇的匪帮一般少则几十人，多则几百人，如果“锅子”太少，缺乏准备，遭遇土匪就会人死财亡。为了有效地对付土匪的袭击，必须组织大队人马行

① ［英］詹姆斯·艾·米尔沃德著：《1880–1909年回族商人与中国边境地区的羊毛贸易》，李占魁译，载《甘肃民族研究》，1989（4）。

② 锅子：即牛帮行进途中在一个锅里生火做饭的伙伴的俗称。

③ 郭哇：藏语意为“头目”“首领”。

进，而且人人必须全副武装。除此之外，人人还要掌握日常用语、商品名称、数字表达和讨价还价方面的藏语表达，因为和藏民打交道做生意，必须得学会藏语。

牛帮除了自身做好周密的准备外，还要寻求必要地方保护，所以要与当地头人（土司）或者有声望的喇嘛通好，结交朋友也是必不可少的。牛帮每到一地安营扎寨妥当后，“郭哇”照例要带两三人给当地老爷（头人）送礼。礼品是藏区短缺而要经常消费的商品如糖果、大茶、紧腰布、腰带等，作为酬谢，头人也会转赠“郭哇”酥油、曲拉（奶渣）、活羊等。有了与头人的关系，在该头人辖区内行进就相对安全，甚至有时候“损失”的东西也能“追”回来。而当地头人为了保护自己的商业利益，不致使自己的商业链条中断，也会派人武装护送牛帮顺利通过自己辖区。对头人来说，自己辖区内商业链条中断的话，藏区急需的物资运不进来，而自己所产的东西（虫草、藏红花、贝母、麝香、牛毛、羊毛、皮张等）也卖不出去，这样不光自己辖区内经济利益受损，就是日常生活用品也会十分短缺。所以，保护牛帮的安全主观上也是在保护自己的根本利益。此外，借助地方强势人物的势力也会增大牛帮的安全系数，比如有时候设法与马步芳、马得胜的商队走在一起则较为安全。

民国时期安多一带著名的土司有：郎木寺的格尔迪色赤、热河沿的旺杰姆、阿坝的麦其（俗称麦家土司）以及著名的嘉绒地区十八土司。麦其土司有时还为过往临潭的回族商队发放白色旗子（书写有藏文），商队如持有此旗，则在该领地通行无阻。

牛马帮贩子均为清一色男性，年龄一般为 20 ～ 40 岁者居多。

二、牛帮货物内容

牛帮货物内容按行话有上货、下货之说。

上货，一般是各色百货：绸缎、布匹、铜锅、瓷碗、棉布、绒衣、绒裤、手电、电池、火柴、鞋类、藏靴、马鞍、镫、梯子、卧单等。各色副食品：大米、白面、清油、冰糖、黑糖、白糖、醋、干辣椒、粉条等。以及枪械子弹、黄金、白银、珊瑚等，一般情况下，利润空间在 100% ～ 300% 不等。

下货，主要内容是：活牛、小口牛（1–2 岁）、马匹、烟土、羊羔皮、羊毛、骡、马（骒马）等，利润空间在 50% 左右。

此外，烟土生意也是当时主要内容之一。1 两烟土在阿坝 2 ～ 5 块银元，要是平安押送到临潭旧城（今城关镇）则能卖到 25 ～ 35 块银元。烟土生意利润最高，但风险也最大，路上随时都有可能遭到洗劫，所以为了追求往返行进速度或者路上遭遇危险时能够迅速脱身，牛帮中专门分化出一支马帮专营此生意。马帮一般自己骑马，每人身上有长枪、短枪各一枝，另外情况好者还要带一匹骡子，一匹骡子能驮 2000 银元和路上的行囊（被褥等），来时能驮回更多的“货物”。马帮一般不带上货，而是身上携带黄金若干两或者银元（500 ～ 600 块），用来购置烟土，其下货全部是烟土，回到临潭旧城，利润颇丰。烟土的利润空间在 300% ～ 500% 不等。民国政府虽然禁烟，但对边区鞭长莫及，再加上利润的诱惑，不少牛帮成员转而从事烟土生意。

三、牛帮行进路线

临潭牛帮每次出发，家里人一般送到大花路沟扎营，地点相对固定。每一个停留点称为一个“站口”，每两个站口的距离 25 ～ 35 公里。牛帮一般情况下每年两次出门，冬夏各一次，即半年一趟，6 个月一个来回，而马帮（单马客）则随时远行。牛帮一路逢山翻山，遇水泅渡，水深时只见牛角和牛头露出水面，不见牛身和驮子。无论天阴下雨，牛帮成员均露宿，各自有毡衫（穷人）或被鞘（富人）、皮袄、伙食、武器、子弹（100～200发）、氆氇褐衫（防雨、保温）、刀子（吃肉、防身）、手枪（近距离自卫）、长枪（远距离对射）。

走阿坝路线：旧城——大花路沟——山神滩——尕拉荣多——花儿干那窝——热合顿巴——黑河沿——夏米——唐克——勒尔第沟口——加日瓦——麦日玛——阿坝，回来时基本按原路返回。

走甘孜路线：旧城——斜藏大庄（第1晚住宿，并淘汰个别易受惊驮牛）——沙冒转弯——吉林洛瓦——麦加麦秀（沟口停留）——兰甸沟——唐龙多——拉仁关（三天后到达佐木卡，期间茫茫草原）——佐木卡（15天后到达扎哈拉，期间茫茫草原，荒无人烟）——扎哈拉（两天后到达甘孜）——甘孜，回来时基本顺原路返回。

甘孜牛帮一般情况下冬季出发，原因是冬季大江大河都有坚实的“冰桥”，便于大队负重牛马通过，而夏季则洪水泛滥，大队牛马无法过河（其间要过黄河、黑河、白河等数条大江大河）。另外无论走那一路，都需沿草地行进（经过城镇则牛羊无处吃草，亦不安全）以方便牛群和马匹吃草，押送牛帮人员一律骑马，便于四处奔走和调度。

四、牛帮的宿营和休息

牛帮每日行进25公里左右，各“锅子”牛帮两侧都有藏獒护卫。牛帮起程早，歇脚也早，其作息时间一般是凌晨2点到次日下午2点行进，从下午2点到次日凌晨2点为休息时间。在天黑之前早已扎好营帐，吃过晚饭，牛马已吃饱收归，除站岗放哨人员外，其余人员均提早入睡。每天下午两三点钟，“郭哇”就会下令扎营休息。若是夏季的话，凌晨2点（头帮）到3点（二帮）牛帮就依次上驮出发，最后一波牛帮至迟也在5点钟以前出发。这样的安排有一定的道理：一则便于统一调度，可以有序安排各“锅子”出发，避免乱作一团，头帮人上路，后帮的人还在休息，到下一个站点后，头帮人已休息，后帮人还在路上；二则避开在炎炎烈日下行进，草原的夏日午后2点多钟，天气热辣难耐，紫外线照射强烈，此时（午后2点至4点钟）扎帐歇脚为最佳时机；三则负重牛马也酷热难耐，需驻足“休息”。牛帮此时卸驮，可以利用后半天时间让牛马饮水吃草，补充能量，恢复体力；四是可以更好地避开和防范盗匪的袭击，盗匪下手时间一般在晚上，地点一般在要紧关隘或者转弯处，开阔地带盗匪不宜得手。若是长时间在白天行进，则势必人困、马乏、牛疲、犬累，而且长时间将目标暴露于盗匪视野之内，增加危险系数。故此牛帮白天做好休息，晚上已做好准备，四面警戒巡逻，如此则盗匪很难得手。

到达宿营地后，根据“郭哇”安排，牛帮迅即分组干活：第一组人轮流放哨（一次2人，2～3小时）；第二组人生火做饭（每天轮流）；第三组人搭建帐篷；第四组（人数最多）卸驮子；第五组人放牛。晚上除轮流放哨者外，其余人员睡觉，都是和衣而卧，以便随时起身应付突发事件。

晚上宿营必须占据有利地形，各“锅子”人员分前夜和后夜轮流值班放哨，提高警惕，严密防守。这样晓行夜宿，跋山涉水，行走一个多月，始达目的地。看到牛帮来了，当地藏民高兴得欢呼雀跃，嘴里高呼：“客哇到了，哇寨到了”。牛帮在随后的日子里，把驮运到的茶叶、布匹、食盐、面粉、红枣、铜锅、糖果等就地销售或者以物易物。牛帮晚上宿营处必须选在草原开阔地带，以防歹徒从高处滚石或者居高临下开枪射击。歇营后，将货物堆放成圈，上面搭上帐篷，帐篷顶有天窗，帐篷里面用三块石头搭成火庄生火（藏语称“瓦多”），上面支起铜锅烧水、煮饭。环绕帐篷要布置岗哨，岗哨有前哨和后哨，前哨在帐篷前面警戒，后哨在帐篷后面以及两侧警戒。

每天早上 10 ~ 11 点钟为吃早饭时间，这时不卸驮子，以帐篷为单位，以吃炒面（藏语叫“糌粑”）等干粮为主，速度要求快，不得耽误。具体做法是几个人牵着几头训练有素的牛和携带烧水用具提前到达指定地点，用石头支起“瓦多”开始烧水吃炒面，他们吃完时，后面的驮子正好到，此时开水已烧好，吃过的人赶驮子继续走，后来者就地吃炒面，后面的人吃完炒面后骑马携烧水用具追赶前面的队伍。

下午 2 点多，牛帮全体人员大歇饱餐。驮牛也正式卸驮，直到第二天凌晨再上驮。做饭的人视天气情况而定，如若天气晴朗，情况良好，则不但准备面片，甚至宰羊吃一顿新鲜手抓羊肉；如遇个别情况紧急，或者天公不作美，则大家饱餐一顿面片，然后喝茶，有不饱者再补充一点酥油糌粑。牛帮成员体力消耗极大，饭量惊人，吃饭时狼吞虎咽。牛帮所吃食物以肉食、面食和酥油糌粑为主，很少做米饭或者炒菜之类，原因是上述食品脂肪含量高，耐饿又能产生热量，适合高原行程。

饭做好以后，先让放牛组吃，放牛组吃毕后随即赶牲口离开营地放牧吃草，而晚饭则放牛组最后吃，要等天黑之前把牛收回来拴好，然后才吃饭。其余人员以“锅子”为单位各自埋锅做饭，“郭哇”所在“锅子”做好饭后，先端给“郭哇”吃，然后才是其他人。烧水用具是专用铜锅，烧水或者做饭过程中，帐中人轮流用“库木”① 鼓风吹火。

茶水烧好以后，先给“郭哇”上茶，“郭哇”携盖碗喝细茶，个别“郭哇”所用茶具颇为讲究，不光有盖碗甚至还有碗套，用后将盖碗洗净装入碗套由专人保管，普通人一般煮大茶喝。牛帮的规矩是先吃后喝，吃完后，喝茶的喝茶，散步的散步，聊天的聊天，执勤的人执勤，放牧的放牧，唱歌的唱歌（家乡花儿或者藏族

① 库木：藏语意为“皮风匣”，一种用整张羊皮做成的鼓风吹火用具。

“拉伊”[①])，各自怡然自得。

第一帮（俗称头帮）于凌晨2点起铺吃早点，3点钟上驮子先行出发，第二帮凌晨3点起铺吃早点，4点上驮子出发，第三帮4点起铺，5点钟出发。前后三帮既不拥挤，又能首尾相顾。前帮负责开路和前期铺垫工作（选择宿营地点、扎帐、生火烧水等），后帮负责收尾工作（拔帐等），整个过程井然有序。

五、驮子的装卸和布放

牛帮到达每个宿营站点后，“郭哇”命令护卫人员集合（每帐出1人带枪）迅速占据有利地形警戒，其余人员迅速卸驮子。装卸驮子是牛帮成员的“基本功”，不仅需要一定的“蛮力”，还需要一定的技术。简言之，就是要动作迅速，一蹴而就。每头驮牛背上左右各跨一驮子，所以卸驮子时，需要两人分立于驮牛两侧，解开绳索后一齐动手，将驮子抱起，然后驮子几乎同时着地，若一方动作迟缓，驮子一头就会沉下去，轻则损坏货物，重则砸伤自己。反过来，上驮子也是一样，两人分立驮牛两则，同时抱起驮子抵到驮鞍上，同时双脚蹬地，左手扶，右胸顶，右手迅速用皮绳（牛皮制成，驮鞍专用绳索）将驮子固定在驮鞍上，若节奏不一则谁也无法单独上驮。如果驮子少，一般就卸在毡房内，如果驮子多的话就卸在毡房外面，晚上睡觉时将牛群赶进用驮子包围的“城堡”当中。驮子摆放一般为正方形堆放，高1.5米左右，牛群晚上在驮子围成的圆圈内歇息，环驮子外围搭设帐篷，再外围则是巡哨人员（晚上轮流换班）。

① 拉伊：藏语意为“情歌”。

六、货物的销售和下货的收集

牛帮到达人口相对集中的目的地后，经“郭哇”斡旋，牛帮成员可以租借当地群众房屋住宿，牛帮就地卸货堆放，之后受雇人员赶牛放牧，老板则就地设立摊点，等待“从拉”市场[①]。在当地有铺子的人将货物摆放在铺子里面销售，没铺子的人在租住当地群众房屋的同时，临时摆摊设点，直到货物销售完毕。王树民在20世纪30年代中期考察临潭时所写的《洮州日记》中对此有过记录：“临潭回族群众与藏族牧民交易时，商品主要有布匹、铜器及日用品等。布匹以红色为上，酱丹、黄、蓝、青等色次之，质料有红标、市布、府布、套布、直贡缎及人造丝等。铜器有铜锅、铜壶、铜勺等。日用品则有瓷器、临洮黄烟、颜料、针、线、念珠、铁器、面粉及玩具等。从藏区交换和收购的以皮毛、药材及牲畜为主。皮毛有羊、猪、虎、狼、水獭、猞猁、鹿、熊、豹等。药材有鹿茸、麝香、牛黄、贝母、大黄、甘草、党参、山药、羚羊角及藏红花等。牲畜以马、牛、羊为主。临潭商业以番地出产物品为多，若皮毛药材之属，而其商品之需要，变以番民为多。……故临潭商业大权，自清代以后，始终操之回民之手。”[②]王树民先生对上货、下货的内容记录得非常清楚，此不赘述。

七、接火与命价赔偿

牛帮一路跋山涉水，随时随地都有与盗匪接火的可能。山高路远，沟深水急，人烟稀少，或茫茫草原，或莽莽林区，是产生土匪路霸的地理原因；国运衰落，中央政府鞭长莫及，地方军阀

① 从拉：藏语意为“集市”。

② 王志文：《临潭经济考察记》，载《西北问题研究》，1941（1）。

干预不力，是产生土匪路霸的政治原因；货物品种多样，利益巨大，日常生活中商品物资极度短缺，是土匪路霸铤而走险、拦路抢劫的经济原因。

牛帮成员一般遵循“不惹是非，穷寇勿追”原则，对盗匪的袭击以打退为止，一般不再追击。草原上有一条不成文的规定：贼无命价。但若误伤好人，则必须偿付命价。但作为出门人，牛帮打死好人的情况几乎是不存在的，更多的情况是牛帮或者马帮人员在与土匪接火时丧生，此时“郭哇”要找当地头人，由当地头人出面协议偿付死难人员命价，命价用牛计，多则四五头牛，少则两三头牛；用马计，则一两匹马，用银元计，则50、60、100大洋不等。有时候也用货物折算充当命价。如果商队遇上开通的土司，还能多少为死难者“索回”一些命价，但有的土司以“无处寻找土匪，爱莫能助”为由，拒绝赔偿，这种情况下，牛帮成员只能“打掉门牙往肚里咽”。家乡的亲人闻知情况后，也只是两捧清泪洗面，别无他法。

牛帮成员遇难后，如果路途遥远或者天气炎热，则就地掩埋，等待日后搬迁；如果遇难地点距离家乡不远或者时值冬日，则在“郭哇”的安排下，由同行“连手”用牛或马将遗体驮回原籍埋葬。

解放前的拉卜楞民族商业贸易

陈世明①

拉卜楞地处甘肃南部的夏河县，历史上为安多藏区政治、经济、文化的中心。

拉卜楞藏区，汉代为白石县之徼外地，唐、宋、元、明以来为河州（今临夏市）之边地。清属循化抚番厅，民国十七年（1928）始在拉卜楞寺附近之“塔洼”设县，名“夏河”。拉卜楞东通洮、岷，南达四川，西邻青海，北界河州，地处要衢，物产富饶。自清康熙四十八年（1709）在此地建起藏传佛教格鲁派的拉卜楞寺院之后，该地逐渐成为安多藏区（泛指甘、青、川北地区）政治、经济、文化的中心，物资交流集散地和汉、藏、蒙、回各民族贸易往来之中心。

一、拉卜楞商业贸易概述

周秦时期，生活在大夏河（古漓水）、洮河和黄河流域的诸多羌人之间，就有着物物交换、互通有无的联系。西汉王朝开辟了一条沟通我国和中亚、西亚、印度以及欧洲的丝绸之路，其中有

---

① 陈世明，夏河县广播电视局干部。

两条辅道一南一北经过拉卜楞藏区。[①] 唐蕃友好，拉卜楞也就变成了汉、藏经济交流的通道，丝路贸易空前繁荣，经久不衰。因藏族人民嗜好饮茶，而中原地区需要马匹，所以在唐高宗时，便出现了汉、藏民族贸易的雏形——茶马互市。到北宋时，正式在西陲建立了商业贸易机构——茶马司。熙宁十年（1077）又置“群牧行司”，掀起了将番地马匹赶往熙州（今临洮）和河州交易川茶的热潮。到元、明、清时期，进一步健全了汉、藏茶马贸易的机构和制度。茶马贸易的繁荣，标志着拉卜楞藏区民族商业贸易走上了平稳发展的道路，它对促进各民族间的友好往来起到了积极作用。

拉卜楞民族商业贸易的进一步兴起，与清康熙四十九年（1710）建起拉卜楞寺院有着密切的关系。

顺治初年，清沿袭明代茶马之制，于西宁、洮州、庄浪、河州、兰州五处设“茶马司”，通过茶马互市以控制诸番。“茶招中马十九族”中的“向化族”，也就是“南番二十一寨”，即指拉卜楞藏区。雍正三年（1725），土门关被辟为汉、藏、蒙茶马贸易的场所。随着官办贸易，河州回、汉私商也随之进入拉卜楞地区进行各种贸易。后来，由于清廷“牧地广于前代，……大宛、西番尽为内地，渥洼天马，尽为枥上驹”[②]，茶马贸易的军事需要随之减弱。清廷于是在雍正十三年（1735）撤销了河州等地的茶马司，将其变为管理民族贸易的机构。土门关的茶马交易市场也失去其作用。但从河州前往拉卜楞做买卖的回、汉族商人仍络绎不绝。他们或肩挑、或雇用脚户，沿河州——土门关——拉卜楞或河州——老鸦关——拉卜楞等艰难曲折的道路，冒着严寒酷暑和被土匪抢劫的危险，每天行程60～80华里深入藏区做生意。当时，贸易商品主要有牧区出产的牛皮、羊皮、羊毛、马、酥油、鹿茸、药材和农区出产的茶叶、土布、面粉、瓷器、糖果等。

① 陈小平：《唐蕃古道的走向和路线》，载《青海社会科学》，1987（3）。

② 见《清朝文献通考》，卷27，《征榷考》。“渥洼”在今甘肃省敦煌县境内。

清代虽然在藏区设有“官歇家”进行互市贸易，但限制极严，制定了许多章程，因而成为汉、藏贸易的一大障碍。18世纪后半叶，由于拉卜楞寺院的迅速发展，依附于它的“塔哇”住户不断增多，在这里逐渐形成村落，并出现了作为交易市场的“丛拉”。商户当中，十之八九为回、汉商人。清末民国初，随着近代资本主义经济的不断侵入，在拉卜楞“丛拉”上建起了普伦洋行和其他商行。民国元年（1912），地方上成立了“拉卜楞行会”。民国七年（1918），又成立了“拉卜楞商务会”。

在拉卜楞，回族商人一般经营皮张、毛货和民特用品，汉族商人则经营粮食、百货、瓷器等。临解放时，拉卜楞丛拉上有皮毛、杂货、面粉、布匹、瓷器、屠宰、客店、饮食、制靴、理发等20多个行业。其中饮食、屠宰两个行业为回族所垄断。

这里的商品交换有三个特点：一是输出品主要是毛、皮，输入品主要是粮、茶，种类单调；二是商品输出大于输入，表现为出超；三是贸易具有季节性。

解放前，甘南藏区民族贸易场所之所以设在拉卜楞，主要原因也有三个：一是地理交通便利。“拉卜楞当甘、青、川、康，扼四省交通之要衢，……地扼四省之咽喉，不仅为汉藏货物交换之区，且系军事政教上之要地。”[①]二是商品价格便宜，获利颇丰。在河州，最高年份每92.61尺白布可换100市斤羊毛，每128.23市斤食盐可换100市斤羊毛，每40.33尺白布或者每55.85斤食盐可换100斤小麦；而在拉卜楞，却只要41.25尺白布或63.94斤食盐就可换取100斤羊毛，每21.8尺白布或每24斤食盐就可换取100斤小麦。换言之，同样数量的白布或食盐由河州运到拉卜楞，就可以获取225%左右的利润。[②]三是宗教上的原因。因该

① 丁明德：《拉卜楞之商务》，见甘肃省图书馆书目参考部编：《西北民族宗教资料文摘》（甘肃分册），兰州，甘肃省图书馆，1984。

② 党诚恩、陈宝生：《甘肃民族贸易史稿》，兰州，甘肃人民出版社，1988。

地建有格鲁派六大宗主寺之一的拉卜楞寺，藏族群众在进行宗教活动的同时，又可进行商品交易。因之不仅贸易市场附隶于寺院而繁荣，即便是夏河县，“亦实附隶于拉卜楞寺而成立”。

至于拉卜楞藏区的畜牧、土特产，陈圣哲在《拉卜楞经济概况》中做过这样的介绍：绵羊毛年产“一百二十万斤，产地包括三果乎（桑科）滩、甘加、违子、土根前、果洛、南番、陌务、黑错、拉（郎）木寺等，其中以甘加、果洛族所产者品质较佳。每逢七、八、九三月为交易季节。哈尔皮年产一万余张，每年七、八、九三月货上市。狐皮每年产四五千张，白羔皮每年产六万张，狗皮年产二千余张，狼皮年产一千余张，老羊皮年产一万至二万张，羔叉皮年产一万至二万张，水獭皮年产百余张，扫雪皮年产十余张，牛皮年产一万四千余张，马皮年产千余张，獾皮年产千余张，黄狼皮年产四五百张，草猫皮年产三百余张，马尾年产四千余斤，牛黄年产百余个，羊肠年产二万余根，猪鬃年产五千余斤，滑子皮年产二万斤，沙狐皮年产五千余张，海青皮年产千余张，松根豹皮年产五十余张，艾叶豹皮年产五十余张，金钱豹皮年产三十余张，熊皮年产十余张，野狸皮年产四五十张，牛尾年产三千余斤，麝香年产四五百个，牛油年产二万斤，鹿茸年产十余架，酥油年产十万余斤，白二毛皮年产二万余张，黑二毛皮年产四五千张，黑小毛羔皮年产三千余张，以鞑子甘加所产者为佳。”[①]

由于这些原因，拉卜楞成为甘南藏区最大的商品贸易市场。

民国初年到二十八年，是拉卜楞商业最为繁盛的时期，当时流传着拉卜楞寺院下辖“八大部落、十二肃化[②]、八百家商户、三千六百喇嘛”的说法。这八百家商户中，大部分居家兼营商业，故称其为土商，大多来自河州八坊；少部分则是从北平、天津、

① 陈圣哲：《拉卜楞经济概况》，载《甘肃贸易》，1943（2、3）。

② 肃化：即以前藏区带兵打仗的军事单位，一个部落为一个肃化。十二肃化，指欧拉、桑科、甘加、卓格尼玛、科才、多合尔、十三庄、四川阿坝的阿绒草周等拉卜楞寺直辖的八大部落和拉寺周围的四区，共数为十二。

上海、汉口一带来的皮毛收购商。他们一般每年九月挟款运货而来，翌年四月间载运皮货而去，因之称其为候商或行商，这类商人资本雄厚。

当时，汉、回、藏贸易的方式，主要是以货换货。拉卜楞四周的藏族牧民，趁一年一度或几度的朝寺拜佛的机会，带来剩余的牲畜、皮毛、酥油、药材等，换取所需的粮食、糖、布匹、针线、铜器、瓷器等日用品。每到这时，河州等地的回、汉商贾们也挟款携货，蜂拥而至。物物交换时，藏民交换的比价标准是酥油价格。例如一两银子在1933年时约值法币10元，可换酥油二斤，他们就以此估量交易商品的价值。藏民交易间用银元、银块、金条、元宝，但不用法币。法币只在商号之间和各机关之间流通，因此拉卜楞一带除了省银行汇总所与中国农民银行农贷通讯处之外，再没有钱庄和典当铺。

由于拉卜楞藏区实行的是藏传佛教寺院政教合一的统治体制，加之地处偏远，交通闭塞，生产结构单一。到1959年私营工商业社会主义改造前夕，全县除有少量的手工业作坊外，无一工矿企业。当时，拉卜楞的手工业主要由服装、制靴、制毡、皮革加工、食品酿造、修理、铁、银、铜和木器加工等行业组成，基本上是个体分散性经营。其特点为：资金少，规模小；设备简陋，技术落后；产品质次价高。由于受封建桎梏的制约和影响，生产与经营有很大的盲目性和保守性。而从事小手工业生产的大多数人，都未摆脱贫困的状况。

在民族、宗教、地理、风俗等因素的影响下，拉卜楞的工商业经济及其市场和经营活动都呈现出独有的特色。

第一，在经济上与寺院有着密切的联系。解放前，拉卜楞地区无钱庄、典当等金融行业，大部分资金掌握在寺院活佛、富僧及各部落的土官、头人手中。全县大小商户，几乎没有一家不向寺院昂欠“吉哇”（经济官员）借贷的。因此，寺院用高利贷（月息2分至3分，甚至有五六分的）盘剥商民，而商民则把这部分成本以抬高市价的形式转嫁到牧民群众乃至寺院僧侣身上，形成了恶性循环。

第二，在拉卜楞市场上，小户多，大户少。丁明德在《拉卜楞之商务》中写道："1936年，拉卜楞商号在10万元以上者，仅为德商普伦洋行、魁元永皮庄、德合生三家；资本在1万元以上者，不过二十家。"陈圣哲在《拉卜楞经济概况》中说，1943年时，"本县商业，各商号资本在十万元以上者，皮毛商占十分之四；资本十万元以下者甚多，约一百三十余家"。《甘肃民族贸易史稿》中也记载："夏河县有商号数百家，80%在拉卜楞寺周围。资本在10万元以上的占40%。"回汉商人多，藏族及其他民族商人少。光绪十七年（1891）时，拉卜楞市场上就有回商60户。[①] 民国初，"拉市回民约200来户，其中汉回占80%，撒拉回占20%。"[②] 民国十六年（公元1927）时，"拉卜楞有大小商贾180余家，多系回汉民族，其中汉民居四分之一，回民居四分之三。"[③] 又据1955年10月中旬的普查材料记载，在拉卜楞的738户私商中，回族占362户，汉族占324户，藏族占48户，撒拉族占4户。[④]

第三，经营活动有其独到的优势。大多数工商户熟悉当地民族风俗习惯、语言和市场行情等，适应在民族地区经商。他们经营的商品品种多样，营业时间渐长，方便于顾客弥补所缺，服务态度热情，因而往往与藏族群众保持着深厚的经济联系。

① 《关于伊斯兰清真寺调查》，见夏河县统战部档案，1956年永久卷09号。

② 李式金：《拉卜楞之民族》，载《边政公论》，1947，6（1）。

③ 张丁阳：《拉卜楞设治记》，载《新西北》（月刊）1941，5（1、2）。

④ 张元请：《夏河私营工商业的社会主义改造经过》，载甘南州政协文史资料研究委员会编：《甘南文史资料》，第二辑，1983年。

二、在民族贸易中占首位的羊毛贸易

清光绪、宣统时间的拉卜楞，是甘肃外贸的重要市场。尤其羊毛的输出，成为拉卜楞藏区继茶马贸易之后在商业上的又一突出特征。

第一次鸦片战争之后，外国资本主义在中国获得了关税特权。英、德等国在扩大鸦片贸易的同时，为了在中国推销商品，掠夺原料，在各地开设了大量的为商业服务的“洋行”。清末民初，在河州开办的“洋行”就有九家。光绪二十六年（1900），英商在河州开设“新泰兴”洋行，收购拉卜楞藏区羊毛，后陆续又设“高林”“聚利”“仁记”“天长仁”“瑞记”“平和”等洋行，德商也设“世昌”等洋行。[①] 这些“洋行”以掠夺大宗畜产品中的皮张、羊毛为主，其次是猪鬃、肠衣、药材。最初，洋行收购的羊毛、皮张是通过与藏区有商业往来关系的商号（行庄或庄客）或精通藏语的贩子进行的，方法是由行庄介绍和担保，由洋行付给现金，让毛货贩子赴藏区收购。后来，洋行在拉卜楞、循化设分店（在拉卜楞的是普伦洋行），直接收购藏区羊毛、皮张。

这九家洋行在订购羊毛时，组织了羊毛联合“托拉斯”，统一垄断价格。当羊毛收齐后，根据资金大小按比例分配货源。其中英商新泰兴资本最雄厚，每次收购量约占总量的 50%。

在清末民初的这段时间里，上述洋行在拉卜楞藏区每年收购的羊毛数量在 150 万斤左右[②]，抗日战争前每年为 200 万～300 万斤，其中拉卜楞一带占 60%，川康青边境流入甘南的占 40%。[③] 在

① 马建新：《甘南地区百年大事记》，载甘南州政协文史资料研究委员会编：《甘南文史资料》，第二辑，内部资料，1983 年。

② 马建新：《甘南地区百年大事记》，载甘南州政协文史资料研究委员会编：《甘南文史资料》，第二辑，内部资料，1983 年。

③ 党诚恩、陈宝生：《甘肃民族贸易史稿》，兰州，甘肃人民出版社，1988。

藏区收购的羊毛，先在甘加、麦西、桑科、欧拉、黑错几个地方集中，然后统一运到拉卜楞，交洋行验收过秤。再通过骡马驮运到永靖的张家嘴，雇佣牛皮筏子水运至兰州、包头、天津。从拉卜楞运羊毛100斤至兰州运费40元，约为羊毛成本的30%。[①]在羊毛收购旺季之前，洋行联合起来把价格压得很低。如在藏区，清末每100斤羊毛只值表白银1.8两，民国初期涨至2.7两，可是同期天津毛价每100斤为30两～40两。[②]又如在河州，“民国三年为三四两，民国四年突然起价，旋又降落，至民国十八九年，羊毛价格始终保持在七八两之间”[③]。之后羊毛逐年增价，临解放时，由七八两涨到三十几两。[④]但民国一年至三年，在天津，每百斤值白银30两～40两；民国五年至九年时，涨为每百斤50两～70两。[⑤]民国十六年前后，拉卜楞毛价每百斤值银币15元。[⑥]民国二十六年，在河州，每百斤羊毛值银币18元，而天津每百斤为100元～110元。[⑦]洋行和河州羊毛商号所获利润在10倍上下。掠夺性的贸易，往往使洋行和大商贩获利极厚，而广大牧民却受到了极为惨重的剥削。

洋行收购的皮张一般都为高级名贵皮张，有狐皮、滑皮（山羊羔皮）、云板（未到生育期而流产的胎羊皮）、羔板子皮（没有绒根的山羊皮）以及肠衣、腿皮、牛皮等，规格质量要求比较严格。当地官绅为了满足洋行的需要，经常强迫牧民成群地大量宰

---

① 党诚恩、陈宝生：《甘肃民族贸易史稿》，兰州，甘肃人民出版社，1988。

② 党诚恩、陈宝生：《甘肃民族贸易史稿》，兰州，甘肃人民出版社，1988。

③ 秦宪周：《从外国洋行在河州收购羊毛看帝国主义的经济掠夺》，载临夏市政协文史和学习委员会编：《临夏市文史》，第二辑，1986年。

④ 王廷俊：《解放前的临夏皮毛商》，载临夏市政协文史和学习委员会编：《临夏市文史》，第二辑，1986年。

⑤ 马建新：《甘南地区百年大事记》，载甘南州政协文史资料研究委员会编：《甘南文史资料》，第二辑，内部资料，1983年。

⑥ 张丁阳：《拉卜楞设治记》，见中国西北文献丛书编委会：《中国西北文献丛书·西北民俗文献》，兰州，兰州古籍书店，1990。

⑦ 刘圃田、秦宪周：《临夏羊毛商的盛衰》，载临夏州政协文史资料委员会编：《临夏文史资料选辑》，第二辑，1986年。

杀羔羊、山羊和胎羊，每天宰杀的羊堆积如山。由于运输困难销售不出去，以致腐烂而大量抛弃。

民国九年（1920），甘肃军阀混战，为避免损失，各洋行相继撤回天津，羊毛收购贩运业务即由河州商人所代替，羊毛商号也相继成立。

民国九年（1920），河州先成立的羊毛商号有：天庆魁（经理人蓝尧轩）、同心店（经理人海南轩）、福顺祥（经理人王琳）、步云祥（经理人马子升），随后成立的是复兴隆（经理人王慎庵）、隆顺和（经理人毛福亭）、德丰亨（经理人白洁如）、集生西（经理人曾得仁）。陕西客商中，则有德合生（经理人刘存智）、同顺和（经理人陈子千）。[①] 这些商号，大部分都和青海马家军阀有密切关系，名义上请求领本，实际上将其倚为靠山，受其保护。在经营方法上，借官僚资本的名义和势力，采用洋行经营的办法，派人到拉卜楞、循化、保安等地设庄，一方面收购当地现有羊毛，另一方面与熟悉藏语的商人订立合同，预付现金，去远地收购回来后，作价整交。“这些商号经营羊毛的业务，一直到民国二十六年（1937）日本帝国主义侵略中国，天津等地港口沦陷后趋于停顿。在这十七八年的时间里，这几家商号都得到很大发展，获利甚巨。其中步云祥经理人马子升成为‘百万富翁’。如 1936 年至 1937 年间，他的一批羊毛运抵天津时，正值起价，每百斤以银币 100 元出售，一次成交 40 万斤，得款 40 万元。又如集生西经理曾得仁原是经营药材的小商号，自兼营羊毛以来，数年之间，成了城内的大富户。此外，王慎庵、白洁如的资金，亦高达银币 40 万元。”[②]

在羊毛收购上，除河州回汉族商人在拉卜楞居家经营者外，尚有平、津、沪、汉的“行商”及当地的小商贩。

---

① 刘圃田、秦宪周：《临夏羊毛商的盛衰》，载临夏州政协文史资料委员会编：《临夏文史资料选辑》，第二辑，1986 年。

② 刘圃田、秦宪周：《临夏羊毛商的盛衰》，载临夏州政协文史资料委员会编：《临夏文史资料选辑》，第二辑，1986 年。

“行商”一般每年九月挟款运货而来，到第二年四月才满载皮、毛而返。他们倚雄厚的资本，从四川购进川线、丝线、川缎、粮食、松州大茶、民族用品，从江西景德镇购进瓷器（特别是藏碗，甚为名贵，深受藏胞欢迎），由上海购进苏、杭绸缎、百货，从北京购进民族特需品如珊瑚、琥珀、玉翠、药品等，运到河州、拉卜楞一带销售。销售的方法主要是以货易货。他们除集中收购外，也留驻采购人员，进行零星羊毛收购，但数量不多。①

小商贩大都是在拉卜楞居家的回族，他们凭着一口流利的藏语，进入草原深处进行商品交易。凡进入藏区，每次一般都可获取四至五倍以上的利润，越深入牧区获利越厚。如在河州，最高年份平均每92.61尺白布或128.23市斤食盐可换100市斤羊毛，而在拉卜楞，却只要41.25尺白布或63.94市斤食盐就可换取100市斤羊毛。换言之，同样数量的白布或食盐运到拉卜楞，就可赚到对本的利润。据1941年调查，小商贩在拉卜楞藏区收购的羔羊皮，一张只不过值银元0.45元，经过加工，连运费用也不过3元到4元，卖出时价值却猛增到二三十元。又如，在欧拉草原深处，牧民们1斤酥油只能换回火柴3盒，1张牛皮换白布10尺，100斤羊毛换白布1丈多或4块茯茶，1只羊2元，3头犏牛25元。1只铜壶价值1元，到藏区即卖6元②。这种掠夺性的商品交换，严重地损害了牧区人民的经济利益。

这些小商贩由于缺少资本，有些人就先从大商人那里赊货，然后深入拉卜楞寺周围牧区换取土特产品，回到城镇倒卖，再向批发商归还钱币；有些人则向熟悉的牧民赊欠货物，等到宰杀牲畜卖掉后再还银钱。

---

① 党诚恩、陈宝生：《甘肃民族贸易史稿》，兰州，甘肃人民出版社，1988。

② 党诚恩、陈宝生：《甘肃民族贸易史稿》，兰州，甘肃人民出版社，1988。

三、民族贸易中输出与输入的商品

拉卜楞的民族贸易商品，大体上可分为输出和输入两大类。

由于拉卜楞是甘南藏区羊毛收购的主要市场，所以“除二十九年（1940）外，羊毛始终占总输出的第一位，皮类占第二位，牲畜及其副产品占第三位”[①]。民国九年前后，洋行在拉卜楞藏区每年收购羊毛约为150万斤。1927年时，拉卜楞羊毛输出250万斤，每百斤价洋15元；羊皮约出10万张，大张1元有奇。[②]1933年，夏河县出口货值50万元，其中羊毛16.8万余元；入出货值38万元，其中松潘茶7.6万余元。[③]抗日战争前，羊毛年输出量为120万斤，战后略有减少，其中1939年为输出量最盛时期（见附表）。为了换取外汇，抗日战争爆发后羊毛大量向苏联输出。苏德战争爆发后，由于苏联忙于战争，致使羊毛输出锐减至15万斤。1942年虽略有上升，但仍不及1939年的50%。[④]1945年，拉卜楞羊毛只输出121公担[⑤]，合24200斤。

除羊毛外，输出量较大者为皮张、畜产品。1940年，皮革占输出首位。

另据记载，1945年，全县共输出羊毛121公担，哈拉（旱獭）皮3000张，猪鬃3公担；共输入绸1340丈，缎1500丈，茶砖2000块，食糖20000市斤。1947年，输出羊皮40000张，牛皮117365张，猪鬃4000斤，居全省之冠。

① 李式金：《拉卜楞之民族》，载《边政公论》，1947，6（1）。

② 张丁阳：《拉卜楞设治记》，见中国西北文献丛书编委会：《中国西北文献丛书·西北民俗文献》，兰州，兰州古籍书店，1990。。

③ 马建新：《甘南地区百年大事记》，载甘南州政协文史资料研究委员会编：《甘南文史资料》，第二辑，内部资料，1983年。

④ 党诚恩、陈宝生：《甘肃民族贸易史稿》，兰州，甘肃人民出版社，1988。

⑤ 马建新：《甘南地区百年大事记》，载甘南州政协文史资料研究委员会编：《甘南文史资料》，第二辑，内部资料，1983年。

输出的货物中，羊毛与小羊羔皮全部运到天津而后出口；而羊羔皮和老羊皮，几乎全部销于西北各地；其余骡马走陕西，猪鬃走汉口，羊肠走天津，麝香发河南，药材发陕西三原。

拉卜楞藏区之输入，以粮食类及生活消费品为大宗。

拉卜楞羊毛历年输出表[①]

年代	输出斤数	总值（银元）	占总输出的	备注
抗日战争前数年每年调查	1200000 斤	160000 元	30.4%	
民国二十五年	1345000 斤			
民国二十六年	894300 斤			
民国二十七年	354800 斤			
民国二十八年	2000000 斤	720000 元	44%	
民国二十九年	152324 斤	150324 元	5%	
民国三十年	911696 斤	9612093 元	97%	1—9 月数

1936 年前拉卜楞输出货物数量表[②]

货物名称	数量	平均价（元）	总价（元）	备注
羊毛	12000000 斤	0.14	1680000	
狐皮	4200 张	14.00	58800	
白羔皮	64500 张	1.00	64500	
羔叉皮	12000 张	1.80	21600	
猞猁皮	830 张	18.00	14940	
狼皮	1200 张	12.00	14400	
羊皮	25000 张	0.60	15000	
獭皮	2850 张	0.30	855	
黑羔皮	3500 张	2.15	7525	
獾皮	1300 张	2.70	3510	
狗皮	1350 张	3.00	4050	

① 李式金：《拉卜楞之民族》，载《边政公论》，1947，6（1）。

② 丁明德：《拉卜楞之商务》，见甘肃省图书馆书目参考部编：《西北民族宗教资料文摘》（甘肃分册），兰州，甘肃省图书馆，1984。

续表

货物名称	数量	平均价(元)	总价(元)	备注
熟羔皮衣	965 张	2.50	2412.50	
马	1500 匹	35.00	52500	
牛	1300 头	15.00	19500	
羊	15000 只	2.50	37500	
羊肠子	32000 根	0.26	8320	
蘑菇	72000 斤	0.50	3600	
酥油	19200 斤	0.15	2880	
鹿茸	33 架	60.00	1980	
麝香	720 颗	10.00	7.200	
牛油	7500 斤	0.15	1135	
蕨麻	350 斤	1.80	630	

由于拉卜楞藏区所产粮食极少，不敷全县人口三月食用，故多从河州和洮州购买面粉杂粮。计从河州输入70%，从洮州输入30%。

面粉驮到拉卜楞后，落脚在铁匠昂、大院子等处客栈，上午去丛拉，下午和晚上就摆在客栈门口出售。在拉卜楞，一块银元购得面粉8.5斤，最多可购得25斤。

民国年间，拉卜楞运输业尚无专门经营机构，每头骡驮200斤，每日脚价1元5角。从河州驮1担（200斤）面粉到拉卜楞，除去各项花销，回去时，只落1驮柴或1块银元。民国十四年（1925），由拉卜楞向内地输出的土特产品和畜产品有二三十种，价值在55万～60万元之间，而输入拉卜楞的商品也有二三十种，其价值在40万～45万元之间。[①] 民国二十二年，夏河县出口货值50万元，其中羊毛即达16.8万余元。入出货值38万元，其中松潘茶达7.6万余元。民国二十八年（1939），粮食输入为第一位，

① 《甘南藏族自治州概况》编写组：《甘南藏族自治州概况》，北京，民族出版社，2008。

占总输入的46.7%；茶叶为第二位，占总输入的23%；布匹类为第三位，占总输入的11.5%，接下来是杂货类和油盐类，分别占总输入的7.1%和1.6%。①1945年，拉卜楞输入绸1340丈，缎1500丈，砖茶20000块，糖20000斤。

1939年前拉卜楞输出货物数量表②

货物名称	数量	平均价（元）	总价（元）	备注
羊毛	2000000斤	0.36	720000	
猞猁皮	8300张	25.00	307500	
马	1500匹	90.00	135000	
水獭皮	2850张	35.00	99750	
羊	1500只	5.00	7500	
狐皮	4500张	14.00	63000	
哈拉皮	50000张	1.00	50000	
牛	1500头	35.00	52500	
小白羔皮	64500张	0.70	45150	
老羊皮	30000张	1.00	30000	
胎羔皮	1000张	2.50	2500	
熟白羔皮	1000张	2.00	2000	
豹皮	13000张	15.00	195000	
狼皮	1200张	10.00	12000	
黑二毛皮	4000张	2.80	11200	
酥油	20000斤	0.50	10000	
羊肠	30000条	0.30	9000	
麝香	720个	10.00	7200	
狗皮	1400张	3.00	5200	
獾皮	2000张	1.50	3000	
鹿茸	40架	60.00	2400	
牛油	75000斤	0.25	1875	

① 丁明德：《拉卜楞之商务》，见甘肃省图书馆书目参考部编：《西北民族宗教资料文摘》（甘肃分册），兰州，甘肃省图书馆，1984。

② 李式金：《拉卜楞之民族》，载《边政公论》，1947，6（1）。

续表

货物名称	数量	平均价（元）	总价（元）	备注
蘑菇	2000 斤	0.80	1600	
黑小羔皮	1500 张	0.90	1350	
羊油	2500 斤	0.30	750	
蕨麻	350 斤	1.80	630	
总计			1128105	

拉卜楞藏区粮食（面粉）输入表①

年份	输入量	总额（万元）	占总输入的	备注
抗日战争前	200000 斤	14	36%	
民国二十八年	200000 斤	40	47.6%	
民国二十九年	2500000 斤	175	77%	
民国三十年	7000000 斤	700	86%	仅 1—9 月

拉卜楞藏区茶叶输入表②

年份	输入量	总价（元）	占总输入的	备注
抗日战争前数年	松茶 1600 包	76800	28.9%	
	茯茶 11500 块	32000		
民国二十八年	松茶 1600 包	74800	23%	
	茯茶 15100 块	113250		
民国二十九年	松茶 750 包	2400	2.8%	
民国三十年	茶类 9630 斤	57780	10.9%	1—9 月

1936 年前拉卜楞输入货物数量表③

货物名称	数量	平均价（元）	总值（元）	备注
松茶	1600 包	48.00	76800	
茧绸	6000 匹	7.00	42000	

① 李式金：《拉卜楞之民族》，载《边政公论》，1947，6（1）。

② 李式金：《拉卜楞之民族》，载《边政公论》，1947，6（1）。

③ 丁明德：《拉卜楞之商务》，见甘肃省图书馆书目参考部编：《西北民族宗教资料文摘》（甘肃分册），兰州，甘肃省图书馆，1984。

续表

货物名称	数量	平均价（元）	总值（元）	备注
茯茶	2500 块	2.80	7000	
黄烟	5800 斤	0.20	2200	
青蓝市布	280 板	12.00	3360	
纸张	24000 合	0.80	19200	
各种彩缎	250 匹	50.00	12500	
瓷器	32 担	320.00	10240	
官布	120 板	17.00	2040	
棉花	7200 斤	0.65	4680	
斜布	500 板	2.00	1000	
色粗布	1800 匹	2.10	3780	
青盐	135000 斤	0.12	16200	
清油	62000 斤	0.20	12400	
酒	7650 斤	0.50	3827	
糖类	9200 斤	0.55	5060	
面粉	200000 斤	0.07	14000	
挂面	5600 斤	0.10	560	
纸烟	2300 条	2.80	6440	
铜器	35 担	36.00	1160	包括锅壶锣钹等

1939 年前拉卜楞输入货物数量表表①

货物名称	数量	平均价（元）	总值（元）	备注
面粉	200000 斤	2.00	400000	
茯茶	15000 块	7.50	113000	
松潘茶	1600 包	4.80	74800	
纸烟	50 箱	1000.00	50000	
茧绸	600 匹	70.00	5400	
纸张	24000 合	1.20	28800	
各种彩缎	250 匹	1000.00	250000	

① 李式金:《拉卜楞之民族》，载《边政公论》，1947，6(1)。表中部分数据有误。——编者注

续表

货物名称	数量	平均价（元）	总值（元）	备注
黄烟	56000 斤	0.30	16800	
洋烛	500 箱	30.00	15000	
瓷器	35 担	400.00	14000	
糖	9500 斤	1.20	11400	
青蓝市布	280 板	40.00	11200	
斜纹布	500 匹	20.00	10.000	
青盐	13500 斤	0.40	5400	
酒	6750 斤	0.80	5400	
粗布	1800 匹	3.00	5400	
清油	6200 斤	0.70	4300	
铜具	40 担	50.00	2000	
官布	50 板	40.00	2000	
棉花	1000 斤	1.20	1200	
大米	180 升	5.90	1062	
挂面	6000 斤	0.15	900	
小米	50 斤	3.00	150	
共计			840102	

1940 年前拉卜楞历年进出贸易额对照①

年代	出口总值（元）	入口总值（元）	贸易总额（元）	出超总额（元）
抗日战争数年	553529	338805	937397	214724
民国 28 年	1607605	840103	2447707	767502
民国 29 年	2882071	2277898	5195969	604173

藏民所用哈达，以茧绸制成，茧绸从成都输入；糖亦由四川输入；青盐从青海运来。松茶产于四川灌县附近，拉卜楞之售价高出松潘三四倍。川货由商人结对而行，经松潘草地、西仓而上拉市，马站十天可达，牛站则时间加倍。

① 李式金：《拉卜楞之民族》，载《边政公论》，1947，6（1）。

四、居家经营的拉卜楞商业

关于拉卜楞的商户数目许多资料记载都不尽相同。孙滔、马忠的《封建社会回族经济初探》一文说："在清代，各藏区大小寺院几乎住有河州商户，仅夏河县拉卜楞一寺，塔宗环绕，商户达八百余家。"[①]这大概是参照了当地流传的"拉卜楞寺下属八大部落、十二肃化、八百家买卖、三千六百喇嘛"之说。张丁阳在其《拉卜楞设治记》中说，民国十六年时，拉卜楞有大小商贾180余家，多系汉回民族，其中汉民居四分之一，回民居四分之三。丁明德在《拉卜楞之商务》中写道：1936年，拉卜楞商号在10万元以上者，仅为德商普伦洋行、魁元永皮庄、德合生三家；资本在1万元以上者，不过20家，其他杂货及津川杂货小商号，共217家。然据笔者在走访拉卜楞商界老人们时了解到，民国十七年（1928）前后，在拉卜楞经营的回汉商户平时有200户，每年的商业旺季（九月至翌年三月），各地的皮毛商蜂拥而至，此时，各族商人超过400家。这段时间，藏区的牧民们也大量进入拉卜楞，一为拜佛，二为置办年货，因而形成了商业旺季。商人们称其为"仓腊月"（腊月买卖）。到解放初成立"工商联"时，拉卜楞已有居家经营者600余户，其中回商占75%强。加上寺院喇嘛经商和藏族市民摆的地摊，勉强凑够八百家。这些商户主要分布在新、旧街道和铁匠昂、大院子、九层楼、三花门、王爷府周围。陈圣哲在《拉卜楞经济概况》中说，1943年，"本县商业，各商号资本在十万元以上者，皮毛商占十分之四；资本十万元以下者甚多，约一百三十余家；其余杂货业及平津商人共二百一十家。多为青海、临夏之官绅经营"。著名记者范长江在《中国的西北角》一书中也写道："拉卜楞的商业权十之八九在河州回人手中。"

① 孙滔、马忠：《封建社会回族经济初探》，载《宁夏社会科学》，1986（6）。

在拉卜楞的这些商户中，资本最大的是皮毛商，其次为杂货商、面粉商、布匹商、瓷器商，再下来为屠户、客店、饮食、制靴、理发等，商业品种单调而集中。其中，回族和撒拉族“执商业之牛耳。”①

前面说过，皮毛商，“多系临夏回民官绅之资本，多财善贾，生意较为兴隆。营此业者，回商占十之八”②。其资本雄厚者，如德商“普伦”洋行、“魁永元”皮庄、“德合生”者是。然而杂货铺亦占拉卜楞商业之重要位置。据了解，民国十七年前后，在有字号的铺子中，比较盈实有名的有同兴盛（经理人马福林，经营杂货）、同心马（经理人牟来福，经营绸缎）、义兴马（经理人马五子，经营杂货）、世兴锡（经理人马乐天，产业有“大夏药房”和“鸿兴木器店”）、德兴元（经理人马云清，经营绸缎、棉布）、公兴元（经理人马仁轩，经营瓷器）、天顺祥（经理人“马曼巴”，经销药材、绸缎和民族特需品），以及亨丰涌（经理人马如胶，经营绸缎）、春盛魁（经理人蒋福林，经销川货）、荣成泰（经理人杨明廷，经营棉布）、振兴福（经理人马福喜，经营绸缎）、福兴昌（经理人马福海，经营绸缎）、祥顺和（经理人喇瑞生，经营杂货）等。这些铺子的资本，大都在1万元至10万元之间。又如蒋福林的“春盛魁”，民国九年以前，是一个专为洋行代购羊毛的商号。它先从洋行领取一定数量的现金，派人赴牧区收购羊毛，集中到拉卜楞后，交给洋行过秤验收，从中捞取一定数量的酬金。

民国三十年前后，部分皮毛商和杂货商因生意萧条而停业。一些新的铺面代之而起。到解放前夕，拉卜楞的商户除了“公兴元”“振兴福”“福兴昌”“兴盛元”“祥顺和”“世兴锡”“春盛魁”仍存在外，又增加了王忠信的“协隆祥”（经销珊瑚、氆氇）、苏

① 李式金:《拉卜楞之民族》，载《边政公论》，1947，6（1）。

② 丁明德:《拉卜楞之商务》，见甘肃省图书馆书目参考部编:《西北民族宗教资料文摘》（甘肃分册），兰州，甘肃省图书馆，1984。

国义的“义兴元”（经销棉布和茧绸）、马钧的“天顺成”（经营中药材）、马云的“云记”（经营棉布）、韩庆福的“福盛荣”（经营棉布）、贾兴汉的“义兴号”（经营皮毛）以及无字号的马忠实（棉布批发铺）、曹子安（茧绸、民特铺）、魏叔玉（民特铺）、王子元（青纸、土布铺）、蒋敬之（纸张、杂货铺）、张耀山（棉布铺）、王殿元（茧绸、土布铺）、万镒和（松州茶铺）、陕岳（棉布铺）、马伟（棉布、羊毛铺）、马尚德（棉布铺）、张灵山（珠玉、珊瑚铺）等，加上经营面粉、油盐酱醋的铺面，共有七十余家。1956年，上述所有经销民特、布匹、杂货的私营铺大部分通过“以大带小”的形式实行了“公私合营”。私营从业人员全被纳入“公私合营”和“合作商店”等组织。

民国十七年前后，拉卜楞“丛拉”上有饭馆6家、锅盔铺7个、杂割铺3个、甜麦子铺1个。“吃食行”中，帅海里，马三成的凉面，福格爸的包子，虎娃爸的扯面，苟家的麻花，白毛阿爷的锅盔，歪嘴四爷的杂割最有名气。

拉卜楞的客店，大部分在“大院子”和“铁匠昂”两处。“大院子”里的客店，计有“旮旯店”（店主马阿卜都）、“泰成店”（店主马伊斯麻）、“穆家店”（店主穆扎尕）、“丁家店”、“韩家店”等；在“铁匠昂”的客店有“麻沟店”（店主四十九）、“沙家店”（店主沙顺子）等，另外，在上塔哇还有3家“撒拉店”（属循化八工）、1家“官方店”（属拉卜楞寺院）和1家“旧营店”。上述客店，店员人数多则七八人，少则二三人，生意均较兴隆。店家多为“担子客”出身。其中有不少后来成为富户，在拉卜楞购置了田产房屋的。

因拉卜楞藏区“牧民九倍于农民，肉食为主要食品”所以，“屠户占全体商户百分之十三强。业是务者，皆系临夏迁来之回民。资本多借于寺僧”。解放前，在拉卜楞经营屠宰业的比较多，大约有40家。这是因为：一是该业务获利较大。如民国十六年前后，一只羊购入价约2.25元，宰杀出售时，羊肉售价2.15元、羊皮0.55元、羊油0.20元、羔叉皮（羔叉皮即绵羊胎羔皮，山羊胎羔皮称“猾皮”）0.70元、羊肠0.23元、杂碎0.42元，计4.25元，除去成本，纯利2元。尽管到了民国二十五年，一只羊购入价为2.90元，卖出价为：羊肉1.75元、羊皮0.65元、羊油0.15元，羔叉皮0.80元、羊肠0.26元，杂碎0.24元”，但除去成本，仍能获利0.95元。[①]二是屠宰量大。拉卜楞寺3000多僧人的食用肉和2000多市民的食用肉，全靠回族中经营此行者宰杀供应。据资料记载，“拉卜楞地方产牛约2000头，产羊约10万余只……”[②]“夏河全县每年羊销售约6.4万只，仅拉卜楞一地占93.75%，以内销食用为主。”[③]因而导致了屠宰业的兴旺。

在拉卜楞的商业者中，汉民也占一定比例。民国十六年时就“居四分之一”，到解放前夕，已发展到200多户。当时的“韩半街”“杨大院”诸人，可称得上是汉商中的佼佼者。

解放前，拉卜楞的商户中，“藏族极少，约占2.9%”[④]。他们当中，一部分为当地居民，在“丛拉”上摆地摊出售宗教用品和妇女装饰品，解放前夕只有8户操是业，而大多数人则为寺院喇嘛。

解放前，拉卜楞寺喇嘛做生意的有100多人。寺中的喇嘛如吉哇、昂欠管家以及宗教上层人士，大多拥有经商资金。他们在任期内经商放债，互相竞争，经常向管辖区内的“政民”和“教民”放高利贷或出租房屋，或投资经营商品。他们经营商业，主要是：收购藏区的土特产和皮毛、牲畜等，运往汉区出售，直接获取高额利润；从汉区运来京、津藏货、各种佛教用具、布匹、

① 丁明德：《拉卜楞之商务》，见甘肃省图书馆书目参考部编：《西北民族宗教资料文摘》（甘肃分册），兰州，甘肃省图书馆，1984。

② 党诚恩、陈宝生：《甘肃民族贸易史稿》。

③ 张丁阳：《拉卜楞设治记》，见中国西北文献丛书编委会：《中国西北文献丛书·西北民俗文献》，兰州，兰州古籍书店，1990。

④ 党诚恩、陈宝生：《甘肃民族贸易史稿》，甘肃民族贸易史稿》，兰州，甘肃人民出版社，1988。

瓷器、广东茧绸、金纸、铜制佛像、珊瑚、琥珀、铜制茶壶、经堂金顶、汉口水獭皮、四川豹皮、哈达等，从西藏运来毛哔叽、织锦缎、印度礼帽、藏式花帽、氆氇和藏红花等药品，到拉卜楞藏区出售；将枪支、弹药、大烟、走马、大骡、白洋、头发、红枣、甘草、柿饼等商品由拉卜楞运往西藏出售。这些人经商，都不设门市，而是通过有关系的回汉商人远销外地。喇嘛当中，资本最大者拥有银元二十余万，少者也有五六百元。拉卜楞寺院的德哇仓、甲怒化仓、江火日仓、喇嘛尕惹仓、襄佐堪布仓、贡唐仓、火尔藏仓等，在自己昂欠的大院内修了好多间小房子，以备牧区和其他地区来拉卜楞经商的商队居住，每间小房屋可住1个“瓦卡”（商队中的一个单位），将带来的土特产品放在昂欠院内，牲畜拴在院内的槽上，有昂欠的“瓦日瓦”（经纪人）介绍当地市价和行情，介绍顾客，帮助出售货物，从中抽取一定数量的佣金。

在拉卜楞，除货物贸易外，还有一定数量的牲畜交易。牲畜市场上，马、牛与羊分开交易。马、牛市场设在寺院边的河滩上，羊市场设在寺院西南二华里的唐纳合村。“牙行”一职多为回族充当。这些市场天天都有交易，但数量不多，主要交易是在拉卜楞寺定期法会期间。拉卜楞寺每年有七次规模较大的法会，最大的是正月“毛兰木”法会和七月“敦白日扎”法会。拉卜楞牲畜市场货源较广，除附近的西南部落外，还有川、康、青边界的牧民利用拜佛和转“古拉”的时机，常携带着牲畜来此参加交易。据资料记载，全甘南藏区1947年的牲畜生产量为172.16万头（只），年成交量为7.2万头（只），其中拉卜楞市场就占92.02%。该年，拉卜楞市场交易马1500匹、牛3500头、羊60000只。[①]解放前，由于拉卜楞一带尚处于原始的游牧生产方式，商品率极低，拥有大量牲畜的牧民不在生活必需时，往往不愿意出卖牲畜，再加上

---

① 马建新：《甘南地区百年大事记》，载甘南州政协文史资料研究委员会编：《甘南文史资料》，第二辑，内部资料，1983年。

草原不够安全、风险负担太大、运输不良等原因，所以每年成交的牲畜仅占全藏区存栏头数的4.28%。

在旧中国，到拉卜楞谋生的内地人，无论是经商或是从事小手工业，每年都须给王府、寺院、当地政府等交纳一定的苛捐杂税。如：

①官方税（寺院供养费）。清代及民国期间，各寺院在其附近拥有大量的房产。商人租住房屋，每年都要交纳租金，俗称“官方税”。税额视所租间数而定。拉卜楞的回汉商户大都租住铁桑浪、大院子二处的房屋。住大院子的多为贩卖面粉、油盐杂货的商人，住铁桑浪的多为经销珠宝、绸缎、珍贵皮张的外地大亨。铁桑浪的地产、房屋系拉卜楞寺闻思学院产业，130多间；大院子为大昂（嘉木样府邸）产业。这两处商院，两头都有大木门，早开晚闭，十分安全。商户借住时，每间房子每年收取地皮钱（房租）2串铜元，用以维修房屋。

②地皮费。依照惯例，拉卜楞的各族商人每年按规定向寺院交纳地皮税，该税或以各类食品顶替，或直接交纳银币。在拉卜楞，由于“丛拉”是设在河南蒙旗亲王府所管辖的地皮上，所以自“丛拉”形成之时起，王府就规定，“丛拉”的坐商和客店，每年给拉卜楞寺院大僧官交纳地皮费铜钱25串。1928年6月18日，拉卜楞寺与塔哇的回汉商人订立合同，将各商户应送给寺院的肉、钱及义务工役等折合成铜线5000串，作为地皮费上交给拉卜楞寺，规定每年二次交清。

③茶费，也叫“王爷夫人的胭粉钱”。在拉卜楞，凡外来行商，需给河南蒙旗亲王妃交纳胭粉钱，每头骡子交纳铜钱20文，每头毛驴交纳铜钱10文，出售烟酒者加倍。此项胭粉钱由王妃献给寺院，作为喇嘛僧众的“茶费”。

④牲畜交易费。在牲畜交易其间，一般由经纪人介绍行情，周旋于买卖双方，促进交易成功，然后从中抽取一定数量的佣金。

在拉卜楞，佣金不论牲畜种类大小，每头（匹、只）抽取1元。此外，皮毛的交易也抽取佣金，羊皮每张1角，牛皮每张2角，羊毛每驮2元。抽取的佣金上交拉卜楞寺院。

1945年5月1日，夏河县政府开征“牲畜交易监证费”。同年11月1日，开征“牲畜营业费”，同时废止“牲畜交易监证费”。其税率按价值的5%由县政府向卖方征收（代征）。

⑤商品价值税。民国期间，黄氏家族和拉卜楞寺院对凡进入拉卜楞“丛拉”的商品，按值进行征税。大茶每40包征收1包，布匹1驮征收银元5元，杂货1驮征收银元2元，砖茶1驮征收其中3片，过境货物每驮征收银元1元。

⑥粮茶税、担头税和草头税。1916年5月，甘肃省政府以“草头税”代替清朝的“贡献制”，向牧区蒙藏群众开征。1921年—1926年，宁海军在拉卜楞、合作等地设茶粮局，向商户征收粮茶税、担头税和草头税，同时取消了寺院收取官方税的权利。粮茶税，每粮食一驮收银4钱；松潘茶一包，按其大小收银1两～3两；茯茶一包收银5钱。皮毛担头税收银无定章。草头税，每户每年规定缴银3两～5两，但不收现银，纯以皮毛折价。

⑦青盐税。由拉卜楞散销藏区各地的青盐均由脚户从青海湖用牛驮运而来。

1908年（光绪三十四年）清廷开征青海盐税。青盐运抵拉卜楞后，每个驮子收取1元盐税。

1928年甘青分省后，青海榷运局对由青海驮运食盐入拉卜楞者，每驮收取盐税6元，夏河榷运局每驮再加税3.8元，“致使食盐运售者日渐减少，民众怨声载道”。

1937年4月9日起，夏河盐务税收分局规定对盐斤附征“建设事业专款”。

1943年10月，夏河盐务支局随盐征收食盐“战时附税”。

1944年3月，夏河盐务支局随盐增征“国军副食”等费。

⑧屠宰税。1928 年 3 月 13 日，甘肃省政府颁行《甘肃屠宰税单行规则》，规定在城镇征收屠宰税，猪每口征大洋 3 角，牛每头征大洋 1 元，羊每只征大洋 1 角，由宰户完纳，不分大小牲畜一律照征。

1945 年 8 月 1 日，甘肃省政府规定屠宰税率按屠宰肉斤时价以 5% 征收。

1946 年 1 月 5 日，夏河县政府开始对人民婚丧年节自用宰杀的牲畜照章征收屠宰税。

⑨其他税、费、捐：

1927 年，拉卜楞税局开始征收“粮茶、出口药材、皮毛、百货、邮包”等税。

1931 年，夏河县政府开始抽收“牲畜牙佣”（牛马骡每头匹 7 角，羊每只 4 分），“皮行佣”（值百抽二），“斗行佣”（每骡驮 1 角、每驴驮 5 分），“毛竹佣”（每百斤 2 角）。

1932 年夏河县政府开始抽收“青货行佣”，每骡驮 1 角，每驴驮 5 分。

1938 年 2 月 17 日，县政府开征“店佣”（大店每月 1 元、小店 5 角）、“门牌费”（每牌月收 2 角），“称行佣”（每百斤 5 角）。3 月 9 日，县政府开征“杂货行佣”（每石 2 角）。同年还开征“架腿捐”（骡 2 角、驴 1 角）。

1939 年，甘肃全省茶叶公卖价格重新厘定为每市斤 5 角 7 分，仍按 16% 抽收“公卖费”，税率定为每百斤征收 1 元 6 角，并照章将上述费税均加征 5 成。

1940 年，夏河税务查征所开征“遗产税”。同年，县政府通过拉卜楞寺及所属寺院和部落头人向人民征收“草头税、皮毛税、粮食税、屠宰税、水磨税、牙税、邮包落地税”。

1941 年 5 月，夏河县特种消费税局开征“烟酒类营业牌照税”。

1942年7月1日，财政部甘宁青新区税务局夏河办事处开始代征“战时消费税”。

是年，夏河县政府开征“营业牌照税、使用牌照税、屠宰税、筵席税、房捐、公荒牧租”等6种自治税捐。

1943年4月10日，临洮税务分局夏河办事处开征“竹木、皮毛、陶瓷、纸箱”四项新统税，原“战时消费税”停征。

1946年，县政府出台《甘肃省夏河县木材羊毛特产税征收办法》，规定在县辖境内买卖县内所产木材羊毛时，由县税捐机关向买方按所购木材或羊毛原价的5%征收特产税。又决定同时征收皮毛特产税。

1947年3月21日，县政府发布告示，决定以定额委托代征办法征收普通营业税、牲畜营业税、屠宰税、房捐、公荒租牧、营业牌照税、使用牌照税。4月1日正式实施。

1948年3月1日，县内开始征收木材、羊毛特产税。5月，奉令停征羊毛特产税，照常征收木材特产税。

除上述之外，清代和民国年间，所有“寺院僧人多放高利贷，至月利一成，十元之本，对年可得十二元之利，小商人多忍痛借之者”[①]。1928年“河州事变”中，河州一带回、汉民6000余人逃入大夏河、格河流域租种荒地，开垦谋生，所需资本，尽系10分以下，4分以上的高利贷。

纵观拉卜楞商业，一方面藏、汉、回各族人民在历史的长河中，通过商业往来，相互了解、相互依赖，结成了亲密的友谊，共同开发和建设了拉卜楞这块土地；另一方面，善良的拉卜楞藏区人民和宗教界人士，诚招天下客，不但为回汉商人进行贸易提供了极大地方便，而且为他们提供了落脚地，对促进当地社会的发展做出了贡献。同样，回汉商人在拉卜楞藏区的活动，不仅给

① 王树民：《甘青闻见录》，见《甘肃文史资料选辑》，第28辑，兰州，甘肃人民出版社，1988。

藏族同胞带去了内地生产的各种日用品及缝纫、制革、牛羊肉加工等先进的手工技术，在农牧两大经济区中充当了媒介，起了纽带作用，而且在一定程度上促进了拉卜楞藏区的经济发展。

本文原载《甘肃民族研究》，1990（1）。

扫描关注公众号
回复 5 位书号 16937
阅读电子书

百年甘南实录．2 卷

策划：李万瑛　才让加　罗焰
责任编辑：罗焰
字数：338 千字
印张：26